新文科·新传媒·新形态 精品系列教材

新媒体实务

AIGC版

陈秋雷◎主编

人民邮电出版社

北 京

图书在版编目（CIP）数据

新媒体实务：AIGC 版 / 陈秋雷主编. -- 北京：人民邮电出版社，2025. --（新文科·新传媒·新形态精品系列教材）. -- ISBN 978-7-115-64235-6

Ⅰ．G206.2

中国国家版本馆 CIP 数据核字第 202596KC62 号

内 容 提 要

本书立足新媒体时代发展趋势，在新媒体技术不断发展与创新的基础上，对新媒体现有的基础知识及基本操作进行全面介绍。从概念入手，对新媒体的数字化、互动性等相关特点进行介绍，进而对新媒体从业者应该掌握的相关技能展开操作训练；针对媒体策划、采写编评、文案创作、摄影摄像、手机短视频、网络直播、H5 制作等方面，结合全国各高校网络与新媒体专业对学生的培养目标和相关要求，着重介绍新媒体实务的相关知识内容。

本书以新媒体实务的相关技能为线索，带领读者在实训操作中掌握新媒体从业者应该掌握的基本技能。本书可作为高等院校新媒体类专业、新闻传播类专业的相关教材，也可以作为互联网工作者、新媒体相关从业人员的参考书。

◆ 主　编　陈秋雷
　　责任编辑　林明易
　　责任印制　陈　犇

◆ 人民邮电出版社出版发行　　北京市丰台区成寿寺路 11 号
　　邮编　100164　电子邮件　315@ptpress.com.cn
　　网址　https://www.ptpress.com.cn
　　雅迪云印（天津）科技有限公司印刷

◆ 开本：787×1092　1/16
　　印张：14　　　　　　　　　　　2025 年 7 月第 1 版
　　字数：403 千字　　　　　　　　2025 年 7 月天津第 1 次印刷

定价：69.80 元

读者服务热线：(010)81055256　印装质量热线：(010)81055316
反盗版热线：(010)81055315

编委会

前 言

2020 年 6 月 30 日，中央全面深化改革委员会第十四次会议召开，会议强调，"建立以内容建设为根本、先进技术为支撑、创新管理为保障的全媒体传播体系，牢牢占据舆论引导、思想引领、文化传承、服务人民的传播制高点"。让党的声音成为网络空间最强音，需要清醒认知、前瞻布局，也需要有效的治理。党的二十大报告也提出："加强全媒体传播体系建设，塑造主流舆论新格局。健全网络综合治理体系，推动形成良好网络生态。"

2024 年是我国全功能接入国际互联网 30 周年。这 30 年来，互联网技术发展日新月异，引领了社会生产新变革，创造了人类生活新空间，拓展了国家治理新领域。与此同时，互联网已经成为舆论斗争的主战场。新媒体是新技术手段下产生的一种媒介形态，也是时代发展的阶段结果，它特有的数字化、互动性等特点使其在信息传播中有着不可估量的作用。手机作为新媒体的一种媒介形态，已经成为人们获取信息的重要工具之一，新闻、娱乐、服务、社交也已经成为新媒体信息传播的重要领域。

新媒体作为应用型媒体，在信息传播、社交互动、娱乐休闲、商业推广、行业应用等方面都发挥了重要作用。本书旨在帮助读者全面了解新媒体实务的相关知识，掌握新媒体的基本操作和实践技能，提高读者在新媒体环境下的信息获取、处理和传播能力。本书分为上下两篇：上篇为理论篇，侧重于讲解新媒体实务的基础知识；下篇是技能篇，主要讲述新媒体实务的技能操作。尽管本书结构为项目任务式的体例结构，但上下两篇的体例略有不同。通过对本书上下两篇内容的学习，读者可以更好地适应新媒体行业的发展，提升个人竞争力和创新能力。

为方便教师教学，本书提供了丰富的教学资源，包括微课视频、H5 资源、PPT 课件、电子教案等。用书教师可以登录人邮教育社区（www.ryjiaoyu.com），搜索本书书名或书号，获取相关教学资源。

本书编者具有丰富的实践与教学经验，对新媒体的相关知识有深入的研究，故将其整合并编写成书。本书不仅对新媒体实务的相关理论与技能进行了详细介绍，还从新媒体专业毕业设计的视角出发，为学生的毕业设计提供了相关的指导和建议。此外，本书是 2024 年黑龙江省教育科学规划重点课题"应用型本科高校网络与新媒体专业建设与发展路径研究"（课题编号：GJB1424303）和 2024 年黑龙江外国语学院育研项目"数智时代黑龙江省构建全媒体传播体系路径研究"（课题编号：2024YUYAN09）的研究成果。

本书具体编写分工如下：陈秋雷编写前言、目录、项目一，并负责统稿；项目二、项目三由石芳萍编写；项目四由包宇晨编写；项目五由赵文龙、宋文哲编写；项目六由赵金欣编写；项目七、项目八由张聪编写；PPT由赵文龙、宋文哲制作和整理；教案由包宇晨制作；稿件资料由李海洋、韩丹、韩皓雅负责校对和整理。总之，本书具有较强的可操作性，试图从多角度出发，阐述新媒体实务的基础知识及操作技能。在本书的编写过程中，编者借鉴了部分学者的学术成果和行业的相关案例资料，在此对他们表示真诚感谢。由于编者能力及水平有限，书中难免有疏漏之处，欢迎广大读者及专家批评指正。

陈秋雷

2025年5月

目 录

下篇　技能篇

上篇

理论篇

项目一

新媒体概述

内容概要

　　新媒体是随着媒介技术变革而产生的一种信息传播方式，它具有自身的特点，人们的社交、娱乐、新闻、服务等领域显然已经离不开新媒体。新媒体作为一种客观存在的媒介手段，它特有的互动性、数字化等特点使其快速成为人们获取信息的重要载体。与此同时，新媒体也有其行业发展的规律，本项目主要以新媒体客观存在的事实为依据，分别从了解新媒体、新媒体行业工作内容、新媒体行业岗位要求以及新媒体人才的技能和基本素养要求四个方面对新媒体相关知识内容进行讲解。

知识目标

➤ 了解新媒体的概念。
➤ 了解新媒体的类型与行业发展。
➤ 了解新媒体人才的技能和基本素养要求。

能力目标

➤ 能够界定新媒体的类型。
➤ 能够达到新媒体行业的从业标准。

素养目标

➤ 培养以美育人、以文化人的价值观。
➤ 恪守新媒体从业者的职业道德，培养媒体素养，宣传正能量。

课前自学

一、新媒体行业发展案例

随着科技的飞速发展和互联网的普及，新媒体行业迅速崛起，并逐渐成为信息传播、文化交流和商业营销的重要领域。

📋 案例

当今主流的新媒体平台

抖音。抖音是一个短视频分享平台，其通过独特的内容形式和算法推荐，迅速成为全球范围内最受欢迎的新媒体平台之一。抖音不仅为用户提供娱乐和社交的功能，还为品牌和商家提供广告推广和营销的机会。许多知名品牌通过与抖音合作，成功提高了品牌曝光度和用户参与度。

B站。哔哩哔哩（也称B站）是一个以ACG [Animation（动画）、Comic（漫画）、Game（游戏）]为主的视频分享平台，拥有庞大的用户群体和高度活跃的社区。B站通过举办线下活动、与知名品牌合作、推出会员制度等方式，实现了商业模式的多元化和盈利能力的提升。同时，B站也为许多独立创作者提供展示才华和实现价值的舞台。

小红书。小红书是一个以分享消费经验和生活方式为主的社交媒体平台，用户可以通过分享购物心得、晒单等方式进行互动和交流。小红书通过独特的社区氛围和内容形式，吸引了大量年轻用户的关注。同时，小红书也为品牌和商家提供广告推广和营销的机会。

二、新媒体岗位工作案例

随着数字时代的到来，某知名新闻网站为了提升其内容影响力并吸引更多的年轻读者，决定加大其新媒体内容的创作和推广力度。为此，该网站招聘了一名新媒体编辑，负责其社交媒体平台的内容策划和发布。

📋 案例

新媒体编辑工作总结

1. 工作内容

内容策划。新媒体编辑每天需要浏览各类新闻和热点话题，从中筛选出与网站定位相符的内容，并进行深入分析和解读。根据分析结果，制定每日、每周和每月的内容策划方案。

内容制作。根据内容策划方案，新媒体编辑需要撰写高质量的新闻评论、深度报道和热点分析文章。同时，还需要进行图片、视频等多媒体素材的编辑，确保内容生动有趣、易于传播。

社交媒体账号管理。新媒体编辑负责管理网站在微博、抖音等多个社交媒体平台的账号，需要定期发布内容、回复用户评论、管理粉丝关系等，以提高用户黏性和互动性。

数据分析。通过对用户数据、阅读数据、互动数据等进行分析，新媒体编辑需要评估内容的传播效果和用户反馈，以便及时调整内容和提高内容质量。

2. 挑战与解决方案

内容质量把控。在海量信息中筛选出高质量、有价值的内容并非易事，新媒体编辑需要不断提高自身的新闻敏感度和专业素养，以确保内容的准确性和深度。

促进用户互动。在社交媒体平台上，如何增强用户黏性、吸引用户参与互动是一个重要问题。新媒体编辑通过举办线上活动、发起话题讨论、邀请嘉宾访谈等方式，增强用户黏性并提高互动性。

多平台运营。管理多个社交媒体平台的账号需要投入大量时间和精力，新媒体编辑需要制定合理的运营计划和时间表，确保各个平台的内容更新和推广效果。

3. 成果与收获

经过一段时间的努力，这名新媒体编辑成功提高了该网站在各个社交媒体平台上的影响力和用户活跃度。

课中任务展开

本项目通过任务的模式进行，学生在了解新媒体概念、类型、行业发展和应用发展的基础上，探索和学习新媒体行业的工作内容、岗位要求以及人才技能和基本素养要求。学生可以在教师的指导下完成内容的学习。

任务一　了解新媒体

20世纪90年代，随着互联网技术的普及，互联网与新媒体的概念联系在了一起，很多人不清楚互联网与新媒体的区别与联系。随着移动终端技术的出现，互联网与新媒体的概念逐渐清晰，人们对新媒体的探索从未停止过。

一、新媒体的概念

彭兰这样表述过新媒体："新媒体主要指基于数字技术、网络技术及其他现代信息技术或通信技术的，具有互动性、融合性的媒介形态和平台。"

喻国明这样表述过新媒体："任何时代都会有新媒体的出现，报纸时代的广播就是新媒体，广播时代的互联网就是新媒体。在移动互联网日益普及的状况下，再出现的媒体形式也必然将目前的'新媒体'概念的内涵更新与取代。'新媒体'可以是一个研究范畴，其研究的对象并非一种新的媒体，而是随着社会的发展，不断进入'媒体'范畴的新技术、新实体、新分类、新范畴。"

熊澄宇这样表述过新媒体："所谓新媒体，或称为数字媒体，网络媒体，是建立在计算机信息处理技术和互联网基础之上，发挥传播功能的媒介总和。"

匡文波这样表述过新媒体："'新媒体'是一个通俗的说法，严谨的表述是'数字化互动式新媒体'。从技术上看，新媒体是数字化的；从传播特征上看，新媒体具有高度的互动性。数字化、互动性是新媒体的本质特征。"

综上所述，各个学者对新媒体概念的界定各有千秋，无论是从逻辑上界定还是从技术上界定，新媒体都是相对于传统媒体而言的。所谓的新媒体，就是具有互动性、数字化的可视化媒体，互动性是其区别于传统媒体的重要特征。

二、新媒体的类型

随着科技的飞速发展和互联网的普及，各种类型的新媒体不断涌现，为信息传播和社交互动带来了革命性的变革。新媒体的类型繁多，包括社交媒体、视频媒体、新闻媒体、游戏媒体等。

（一）社交媒体

社交媒体是指通过互联网实现用户之间信息交流和内容分享的媒体形式。常见的社交媒体包括微博、微信、QQ等。社交媒体以用户生成内容为主，用户可以发布文字、图片、视频等多种形式的内容，并与其他用户进行互动和交流。

（二）视频媒体

视频媒体是指通过互联网传播视频内容的媒体形式。随着网络带宽的提升和视频技术的发展，视频媒体在新媒体领域的地位越来越重要。常见的视频媒体包括抖音、快手、B站等。视频媒体可以提供丰富多样的内容，包括电影、电视剧、综艺节目、短视频等。

（三）新闻媒体

新闻媒体是指通过互联网传播新闻信息的媒体形式。随着互联网的普及，越来越多的传统媒体机构将新闻内容发布到互联网上，形成了新闻媒体的新形态。常见的新闻媒体包括新闻网站、新闻客户端等。

（四）游戏媒体

游戏媒体是指通过互联网传播游戏内容的媒体形式。随着游戏行业的发展，游戏媒体在新媒体领域的地位越来越重要。游戏媒体可以提供游戏测评、攻略、新闻等内容。常见的游戏媒体包括游戏网站、游戏论坛等。

三、新媒体的行业发展

互联网和移动增值作为新媒体重要的两个领域，在2007年快速发展。2007年我国互联网市场规模超过400亿元，并保持超过40%的年均增长速度，各细分市场，如网络游戏、B2B（Business to Business，企业对企业电子商务）、网络教育、搜索引擎是当时赢利的主流，占59%的市场比例。

2007年，我国新媒体行业快速发展，广阔的市场与日渐凸显的影响力，吸引资本大规模流入，营销价值提高，国际化竞争加剧。与此同时，互联网公司的股价在这一年也大幅攀升，总市值从第一波的10亿美元，膨胀到近700亿美元。这些上市公司涉及领域广泛，包括网络游戏、软件开发、B2B等。

此外，2007年我国互联网行业的发展还呈现出一些明显的趋势。社交网站的日益火爆，网民的自我保护意识越来越强，电子商务的兴起等都是当年互联网发展的重要特点。其中，社交网站的兴起改变了人们的交流方式，而电子商务的兴起则带动了网上购物的热潮，网上购物成为越来越多用户购物的首选方式。

2008年北京奥运会，新媒体平台首次作为奥运会独立传播机构与传统媒体一起被列入奥运会的传播体系。新媒体平台被正式纳入赛事转播渠道，充分表明新媒体平台作为一种新传播渠道的社会价值和商业价值，且催生了中国新媒体行业发展中具有代表性的三个阶段。

（一）三网融合阶段

2008年1月，国务院办公厅转发发展改革委等部门《关于鼓励数字电视产业发展若干政策》的通知，其中明确提出了加强宽带通信网、数字电视网和下一代互联网等信息基础设施建设，推进"三网融合"等内容。这一通知为三网融合的发展奠定了政策基础。三网融合的一个重大影响是造成视频传输的渠道多元化。过去电视机是视频信息的主要载体，电视台只需要尽可能多地抓住电视观众的视线。随着三网融合的实施，受众可以通过有线网络、互联网、互联网电视（Internet Protocol Television，IPTV）和手机等获得视频信息，传输终端由电视机逐步变成计算机、手机和楼宇电视等。

虽然政策上提出了三网融合的目标，但实际的融合过程并非一蹴而就，而是需要逐步推进和实施的。在后续的几年中，我国政府和相关行业一直在努力推进三网融合的进程，包括技术标准的制定、网络基础设施的建设、业务模式的创新等方面的工作。因此，可以说2008年是三网融合在政策层面上的开始时间，但实际的融合过程是一个持续发展的过程，需要政府和相关行业不断地努力和推进。

（二）网络电视阶段

随着中国网民规模的扩大和网络带宽的提升，网络视频的用户规模快速增长。根据CNNIC（中国互联网络信息中心）的统计，2009年我国网络视频用户规模达到2.4亿人，同比增加3 844万人。与此同时，电视机作为家庭娱乐中心的地位正在逐渐淡化。根据易观国际Enfodesk产业数据库的数据，78.3%的网络视频用户减少了观看传统电视的时间。

进入21世纪，特别是2005年至2010年，随着各网络视频平台的崛起，网络视频经历了爆发式增长。用户可以自主上传、分享和观看视频内容，这标志着网络电视进入了一个更为成熟和多元化的阶段。

2010年至今，随着网络带宽的提升和移动设备的普及，各大视频平台如优酷视频、爱奇艺、腾讯视频等相继涌现，为用户提供了更多优质的视频内容和服务。同时，直播平台的兴起，如斗鱼、虎牙直播等，也进一步丰富了网络电视的形式，用户不仅可以观看视频，还可以与主播进行实时互动。

随着5G的普及，网络电视预计将迎来更大的发展空间，高清晰度的视频内容将得到更好的传输和呈现。

因此，网络电视的发展是一个持续演进的过程，涵盖从最初的网络视频到现在的多样化、高清化的网络电视。在这个过程中，技术的不断进步和市场的不断变化都推动了网络电视的发展。

📋 案例

湖南广播电视台的媒介融合发展

从独播到独特，再到独创，以及垂直生态的打造，芒果融媒体每一阶段的发展，都是新老媒体突破彼此逻辑宿命的交互式发展，湖南广播影视集团有限公司在一步步探索中打造了芒果TV这艘"马栏山的诺亚方舟"，从而形成了今天相对独特的媒体融合芒果模式。芒果超媒标志如图1-1所示。

图1-1　芒果超媒标志

（三）互联网新媒体发展阶段

新媒体较传统媒体的优势是，能在很大程度上打破时空的界限，新产品会迅速在互联网上得到传播，使口碑效应进一步增强，用户对产品的体验评价会以病毒式的营销形式传播出去。很多企业看中了该契机，纷纷转变自身产品、品牌等信息的传播形式，由报纸、杂志、电视等传统信息传播形式转变为借助自己经营的新媒体平台进行信息传播，即博客、播客、官网等。

互联网新媒体经历了以下几个时期。

1. 起步阶段（20 世纪 90 年代初期—20 世纪 90 年代中期）

互联网的普及为媒体行业带来了前所未有的机遇。在这一阶段，论坛和早期的博客等互联网新媒体平台开始崭露头角。这些新媒体平台为大众提供了全新的信息获取和交流方式，使得信息的传播速度大大加快，同时也为广告商提供了新的营销渠道。

2. 快速发展阶段（20世纪90年代末—2004年）

随着互联网技术的不断进步和网民数量的急剧增加，互联网新媒体进入了快速发展阶段。门户网站、搜索引擎、社交网站等新型媒体平台相继出现，使得互联网新媒体的内容形式更加多样，用户互动性也极大增强。同时，随着移动设备的普及，移动互联网新媒体也开始崭露头角。

3. 融合创新阶段（2005年—2021年）

在这一阶段，互联网新媒体与传统媒体开始深度融合，形成了多元化的媒体生态。传统媒体纷纷建立自己的互联网新媒体平台，而互联网新媒体也开始涉足传统媒体领域。同时，社交媒体、自媒体等新兴媒体形式不断涌现，使得互联网新媒体的内容更加个性化、多元化。此外，大数据、人工智能（Artificial Intelligence，AI）等技术的应用也为互联网新媒体的发展注入了新的活力，使得媒体内容的生产和传播更加精准、高效。值得注意的是，互联网新媒体的发展阶段并不是孤立的，而是与整个互联网技术的发展、用户需求的变化及政策法规的完善等因素密切相关的。随着技术的不断进步和市场的不断变化，互联网新媒体将继续保持创新和发展的态势，为用户提供更加丰富、便捷的媒体服务。

4. 成熟和多样化阶段（2022年至今）

随着技术的不断创新和市场的不断变化，互联网新媒体的发展进入成熟和多样化阶段，且它将继续保持蓬勃发展的态势。在未来，可能会出现更加智能化、个性化的媒体平台，为用户提供更加精准、便捷的信息服务。同时，随着5G、AI等的普及和应用，互联网新媒体的内容形式和传播方式也将发生深刻变革，为用户带来更加丰富多彩的媒体体验。

四、新媒体的应用发展

新媒体的应用可以表现为很多方面，下面以门户网站、QQ、微信、抖音为代表来具体说明新媒体应用的发展过程。

（一）门户网站

门户网站的发展与应用随着互联网技术的不断进步和市场需求的变化而持续演进。门户网站最初作为用户访问互联网的入口，提供查看新闻、搜索信息等基础服务。新浪、搜狐、网易等是门户网站的代表性企业，它们通过提供丰富的内容和便捷的服务吸引了大量用户。随着移动互联网的兴起，门户网站开始注重移动端的用户体验，并推出相应的移动应用程序，以满足用户在移动端的需求。

与此同时，大数据、AI等新技术也为门户网站的发展提供了新的动力。近年来，门户网站行业经历了整合与多元化的发展：一方面，大型门户网站通过并购、合作等方式整合资源，提升自身竞争力；另一方面，小型门户网站也逐渐拓宽业务范围，提供视频、社交等多元化服务。

门户网站主要应用在以下几个方面。

（1）新闻资讯

门户网站是用户获取新闻资讯的重要渠道。它们通过专业的新闻团队和先进的技术手段，为用户提供及时、准确、全面的新闻报道。

（2）搜索引擎

许多门户网站都开发了搜索引擎功能，方便用户快速查找所需的信息。

（3）社交网络

随着社交网络的兴起，门户网站也开始提供社交功能，如论坛、博客等，以满足用户之间互动的需求。

（4）个性化内容

利用大数据和AI等新技术，门户网站可以根据用户的兴趣和阅读习惯推荐相关的个性化内容，提升用户体验并增强用户黏性。

（5）电子商务

一些门户网站还开通了电子商务业务，为用户提供在线购物、支付等便利的服务。

总的来说，随着互联网技术的不断进步和市场需求的变化，门户网站的发展与应用将持续创新和完善，并将继续在新闻资讯、搜索引擎、社交网络、个性化内容、电子商务等领域发挥重要作用，不断探索新的商业模式和服务形式，以满足用户的需求。

（二）QQ

作为腾讯公司推出的一款即时通信软件，QQ的发展与应用经历了多个阶段，并且随着技术的进步和市场需求的变化，其功能和形态也在不断演进。

QQ最初作为一款简便的即时通信软件，借助简单易用的界面和稳定的通信功能，迅速赢得了大量用户的喜爱，特别是在年轻群体中，QQ成为在线聊天、交友的重要平台。

随着互联网技术的快速发展，QQ也不断推出新的功能，满足用户的多元化需求。从最初的文字聊天，到后来的语音、视频通话，再到文件传输、共享文件、网络硬盘等功能，QQ逐渐成为一个集通信、娱乐、社交于一体的综合性平台；随着智能手机的普及，QQ迅速推出移动端应用，并实现了与PC端应用的无缝连接和信息共享。除此之外，QQ还覆盖了macOS、iPadOS、Android、iOS、Windows Phone、Linux等多种操作系统，为用户提供更加便捷、灵活的通信体验。近年来，QQ不断与腾讯公司旗下的其他产品进行深度合作，如与QQ空间、腾讯文档等产品进行合作，为用户提供更加丰富的社交和办公体验。同时，借助AI，QQ还推出了精准气象预报、视频字幕展示等功能，提升了用户体验。

QQ主要应用在以下几个方面。

（1）即时通信

作为一款即时通信软件，QQ的核心自然是为用户提供在线聊天、语音通话、视频通话等功能。无论是与亲朋好友保持联系，还是与同事进行工作沟通，QQ都能满足用户的即时通信需求。

（2）社交娱乐

QQ不仅是一个通信工具，更是一个社交平台。用户不仅可以在QQ上发布动态、分享生活点滴，与好友互动，还可以加入兴趣部落、参与话题讨论，结交志同道合的朋友。此外，QQ还提供了丰富的娱乐功能，如音乐、游戏等，让用户在沟通之余享受更多乐趣。

（3）办公协作

随着远程办公的兴起，QQ也逐渐成了一款办公协作工具。用户可以借助QQ进行文件传输、共享文件，还可以利用腾讯文档等产品进行在线协作办公。这使得QQ在满足个人通信需求的同时，也能满足企业和团队的办公需求。

总的来说，随着互联网技术的不断进步和市场需求的变化，QQ的发展与应用将持续创新和完善。未来，随着5G、AI等技术的普及和应用，QQ将继续拓展其功能和形态，为用户提供更加便捷、高效、智能的通信和社交体验。

（三）微信

微信作为腾讯公司推出的一款即时通信软件，自2011年初始版本上线以来，经历了多个发展阶段，并在社交、生活、商业等多个领域得到了广泛应用。

1. 微信的发展阶段

（1）初创阶段（2011年）

微信最初只提供基本的即时通信功能，用户可以通过它发送文字、图片、语音消息等。在初创阶段，微信主要在中国市场推广，并与腾讯公司旗下的QQ整合，迅速吸引了大量用户。

（2）功能扩展阶段（2012年—2013年）

随着用户数量增加，微信开始逐步扩展其功能。2012年，微信推出了"朋友圈"功能，使用户可以分享照片、状态和链接等内容，进一步加强了用户之间的社交互动。

（3）全球扩张阶段（2014年—2016年）

为了满足全球用户的需求，微信开始积极拓展海外市场，推出了多种语言版本，如英语、西班牙语、法语等。

（4）AI应用与社交生态建设阶段（2017年至今）

微信开始加强对AI的应用，并持续加强对社交生态的建设，为用户提供更丰富、更智能的社交体验。

2．微信的应用领域

微信主要应用在以下几个领域。

（1）社交领域

微信提供语音、文字、表情、图片、视频等多种方式，促进用户之间社交关系的建立和维系。用户可以利用微信认识新朋友、加入群聊、分享生活、发布状态等。

（2）生活领域

微信提供了很多实用的功能，如微信支付、公众号、小程序等，满足了人们的各种生活需求。微信支付可以使用户轻松完成购物、转账等支付操作；公众号和小程序则为用户提供了便捷的服务入口，如获取信息、预订机票等。

（3）商业领域

微信已成为各行各业的商务沟通平台，既方便了企业内部沟通，也提供了更快捷、可靠、便捷的供应链管理、客户服务、广告投放等商业服务。许多企业都通过微信公众号或小程序进行产品推广、销售和客户服务，取得了良好的商业效益。

总的来说，随着互联网技术的不断进步和市场需求的变化，微信的发展与应用将持续创新和完善，并在社交、生活、商业等多个领域发挥重要作用。

（四）抖音

抖音是一款短视频社交软件，自诞生以来，经历了快速发展与广泛应用的阶段。

1．抖音的创新发展

（1）平台成立初期

抖音成立初期，内容以搞笑短视频为主，吸引了大量年轻用户的关注。这种独特的定位和内容使得抖音在短视频市场中脱颖而出。

（2）内容个性化推荐

从2017年开始，抖音根据用户的喜好和行为习惯，利用算法进行内容的个性化推荐，增强用户黏性。这一策略使得许多用户能够更方便地接触自己感兴趣的内容，从而增加和提高了用户的使用时长和活跃度。

（3）合作与扩张

抖音积极与艺人、达人等合作，邀请他们入驻平台，提高平台的内容质量和影响力。同时，抖音迅速扩张，推出了TikTok，并在多个国家/地区获得了广泛的用户认可和好评。

（4）功能创新

为了满足用户多样化的需求，抖音不断推出新的功能。例如，推出了直播功能，使用户可以在平台上实时分享自己的生活；完善了内容创作和传播的生态系统，推出了很多创作工具和功能，为用户创作提供更多的可能。

2．抖音的应用领域

抖音主要应用在以下几个领域。

（1）社交娱乐

抖音作为一个短视频社交平台，用户可以在平台上观看、分享和创作短视频，与其他用户进行互动。因此，抖音成为用户休闲娱乐的重要平台。

（2）内容创作与分享

抖音提供了丰富的创作工具和功能，使得用户可以轻松创作出高质量的短视频。用户可以在抖音上通过分享自己的视频来展示自己的才华和生活，满足自我表达的需求。

（3）商业推广与营销

随着抖音用户数量不断增加，越来越多的商家开始将抖音作为品牌推广和营销的重要渠道。他们通过在抖音上发布广告、合作引流等方式，吸引更多的潜在用户。

此外，抖音还在不断探索新的应用领域。例如，近年来抖音开始布局本地生活化服务，如打车、外卖等，通过增加服务场景，满足用户多样化需求，提升用户体验。同时，抖音还针对中小企业和"蓝V"用户推出了相应的专属服务，帮助他们更好地利用抖音平台进行推广和营销。

总的来说，抖音的发展与应用随着用户需求和市场环境的变化而不断创新和完善，抖音已经成为人们生活中一个重要的工具，并在社交、娱乐、商业等多个领域发挥着重要作用。

任务二　新媒体行业工作内容

随着互联网的快速发展，新媒体逐渐崭露头角，成为现代社会信息传播的重要渠道。新媒体行业的工作内容丰富多样，涵盖内容策划、社交媒体运营、视频制作、广告投放、数据分析、电商运营、用户体验设计、技术开发、市场调研等多个方面。

一、内容策划

主要负责新媒体平台的内容规划、撰写、编辑、审核和发布，制定创意和方案，研究和分析用户需求，并且进行优化。

二、社交媒体运营

主要负责建立相关社交媒体账号，并根据用户的行为规律进行日常运营，包括内容推送、社群管理等。

三、视频制作

主要负责创意设计、方案策划、拍摄指导、后期剪辑等视频内容创作工作。

四、广告投放

主要针对特定用户群体，采取在线广告投放模式，评估广告效果，对广告进行实时跟踪和优化。

五、数据分析

主要负责分析和评估新媒体运营效果，包括网站流量、用户留存率等。

六、电商运营

主要负责新媒体平台中电子商务业务的日常运营，包括页面设计、商品运营、用户管理等。

七、用户体验设计

主要负责设计新媒体平台的用户交互界面、信息架构，改善用户体验，增强用户黏性。

八、技术开发

主要负责研发、测试和维护新媒体平台的基础技术，包括网站前端设计、后端数据库设计、安全机制设计等。

九、市场调研

主要负责新媒体行业市场调研，包括研究市场新趋势、竞争对手情况和行业发展规律等。

在学习和了解上述内容后，学生以小组为单位，讨论作为一名新媒体工作者，如何才能做好工作，并将其填入表1-1。

表1-1 新媒体工作者应该如何做好工作

新媒体工作者必备技能	新媒体工作者必备素养

任务三 新媒体行业岗位要求

新媒体行业中不同的岗位对新媒体工作者有着不同的要求，以下是一些通用的岗位要求。

一、熟悉互联网和移动端产品

掌握新媒体相关技能，熟悉新媒体平台（如微博、抖音等）的运作机制，了解各平台的用户特点和内容创作规范。

二、熟悉行业趋势和标准

对新媒体行业趋势有清晰认识，了解所从事的领域的最新发展，特别是熟悉本行业的标准。

三、创意和营销思维

具备良好的创意和营销思维，能够独立思考、策划和实施项目，撰写高质量的原创内容。

四、掌握新媒体技术

熟练掌握图片处理、视频剪辑等技能，能够独立完成新媒体内容的制作和发布。

五、优秀的沟通能力

新媒体岗位重视与团队、品牌、合作伙伴、用户的有效沟通和协调。

六、快速学习能力

新媒体行业发展极快，从业者需要随时学习和适应新的技术、标准。

七、自我管理和团队合作

拥有很强的自我管理能力，同时也懂得如何与团队成员合作和领导团队，在面对工作中的压力和挑战时，能够保持冷静和乐观的态度，积极寻求解决方案。

八、熟练应用数据

能熟练运用数据分析工具，处理和分析不同的数据信息，能够根据信息创作出相应的新媒体作品。

九、具备相关专业知识

大多数新媒体岗位通常要求本科及以上学历，新闻学、广播电视学、广告学、网络与新媒体、市场营销等相关专业，具备1～3年的新媒体相关工作经验或新媒体相关工作的实习经验（对于大学毕业生来说）。

任务四　新媒体人才的技能和基本素养要求

在这个日新月异、信息爆炸的时代，新媒体人才成为新媒体行业的中坚力量，他们不仅肩负着引领媒体创新、推动文化传播的重任，更赋予了信息传播新的意义。新媒体人才应具备扎实的专业知识和技能，还要拥有敏锐的洞察力、创新的思维能力，以及良好的职业素养。

一、新媒体人才的技能要求

（一）数字媒体制作技能

数字媒体制作技能是新媒体人才最基本的技能之一。它包括图形设计、图像处理、视频剪辑、音频编辑，以及基于Web的数字媒体制作等技能。这些技能可以帮助新媒体人才创作出高质量的数字作品，吸引更多的用户。

> **▤ 案例**
>
> **图形用户界面的探索者——前田·约翰**
>
> 前田约翰——世界著名的数字图形设计师。他是图形用户界面的第一批探索者，与其他几位数字设计先驱组建了"美学与计算技术小组"，该学术组织致力于将艺术设计和技术融合，多年来在计算机领域创作了许多著名的作品，其中包括可视化艺术创作编程语言Processing。此外，前田约翰也会在各种学术活动之余，用程序代码创作诸多交互艺术作品。

（二）信息传播能力

信息传播能力是新媒体人才必备的能力之一。信息传播知识包括传播理论、传播策略、传播效果评估等内容，帮助新媒体人才了解传播规律和用户需求，提升信息传播的效果。

> **▤ 案例**
>
> **王凯的信息传播能力**
>
> 王凯——前央视著名主持人，曾主持过《财富故事会》《第一时间》等节目。在信息传播方面，王凯具备出色的语言表达能力和扎实的专业知识，能够准确、生动地传递信息。他还善于运用新媒体平台，与观众进行互动交流，提升信息的传播效果。此外，王凯还具备敏锐的社会洞察力和独特的视角，能够捕捉到社会热点和人们关注的焦点，为观众提供有价值的信息。

（三）营销传播能力

营销传播是企业与潜在用户进行沟通的一系列方法，包括数字营销和内容营销等方面。数字营销包括搜索引擎优化（Search Engine Optimization，SEO）、社交媒体营销、电子邮件营销、网站设计和开发等，可以帮助企业更好地利用数字渠道来提高品牌知名度和销售额。内容营销则指通过创建高质量、有价值的内容来吸引目标用户，建立品牌声誉、吸引潜在用户并提高销售额。

📋 **案例**

小米的营销传播

小米的新媒体营销团队以精准的定位、新颖的活动和饥饿营销策略，成功打造了红米等热门产品，使小米在社交媒体平台上获得了广泛曝光。他们善于运用各种新媒体平台，如微博、微信、抖音等，与用户进行互动，提高品牌知名度和用户忠诚度。此外，小米的新媒体营销团队还具备敏锐的市场洞察力，能够捕捉到市场变化和用户需求，为品牌带来商业价值。

（四）跨文化沟通能力

随着全球化的发展，跨文化沟通能力成为新媒体人才必备的能力之一。它包括语言能力、跨文化交流技巧等，能帮助新媒体人才更好地了解不同文化背景下的用户需求和习惯，为企业和组织开拓更广阔的市场空间。

📋 **案例**

李子柒美食短视频的跨文化传播

在李子柒的美食短视频中，她以中国传统美食文化为主线，围绕中国人传统而淳朴的生活习惯，向世界展示了一个诗意般的中国。她的短视频在YouTube上获得了超高的点击率，收获了大批海外粉丝的关注与喜爱。她以新媒体为平台，通过跨文化交流的方式，成功地将中国传统美食文化传播到世界各地，提高了中国传统美食文化在国际上的影响力。

（五）团队合作与领导能力

团队合作与领导能力是新媒体人才必备的能力之一。在数字化时代，良好的团队协作成为企业成功的关键因素之一。新媒体人才需要具备团队合作与领导能力，积极参与团队工作，发挥自己的优势和特长，为企业和组织带来更好的业绩和促使其发展。

📋 **案例**

BuzzFeed的团队合作与领导优势

BuzzFeed是一家以内容创新为核心的新媒体公司，其在团队合作与领导方面有着独特的优势。BuzzFeed的领导者注重营造开放、包容和富有创意的工作环境，鼓励团队成员积极提出新想法和建议。这种领导风格不仅激发了团队成员的创新思维，也提高了他们的工作积极性和参与度。

BuzzFeed重视跨部门合作与沟通。在内容创作过程中，编辑、记者、设计师、开发者等具有不同职能的员工紧密合作，共同打造高质量的内容。这种跨部门的合作方式不仅提高了内容的质量，也增强了团队成员之间的默契和信任。

BuzzFeed还建立了完善的人才培养和激励机制。公司定期为员工提供培训和发展机会，帮助他们提升技能和知识水平。同时，BuzzFeed还通过设立奖励制度、晋升制度等方式激励员工努力工作，实现个人和团队的共同发展。

二、新媒体人才的基本素养要求

在基本素养方面，新媒体人才应该具备政治素养、职业素养、审美素养、创新思维等。

（一）政治素养

作为新媒体人才，政治素养要求比较高，这也是一项政治要求。新媒体人才应该具备高度的政治敏锐性，始终以国家和民族利益为出发点，进行信息传播；坚定正确的政治理想与鲜明的政治立场，具备较强的政治鉴别力，善于从政治高度出发，增强政治把关能力。

📋 案例

白岩松的政治素养

作为一位资深的新闻工作者和主持人，白岩松一直以敏锐的政治洞察力和高度的社会责任感而著称。他在报道新闻时，总是能够准确把握时事政策，以政治眼光洞察社会现象，为观众提供深入、客观的分析和解读。

（二）职业素养

作为新媒体人才，职业素养尤为重要，在信息处理上应该遵循实事求是、客观真实的原则，这是基本的职业素养。新媒体人才绝对不能传播假消息，应做到正确、真实、迅速、及时地传播信息。

📋 案例

李艳青的职业理念

李艳青——贵州子非鱼文化传播有限公司创始人，运营新浪微博账号"盘州头条排行榜"。他以"助力家乡宣传、讲好盘州故事、传播盘州正能量"为己任，通过微博、微信等新媒体平台，宣传盘州的文化、旅游、美食等，获得了大量粉丝的关注和支持。

（三）审美素养

新媒体人才应快速适应各类新媒体工作平台，并具备一定的审美能力。在内容创作方面，要有优秀的写作和编辑能力，能够撰写吸引人的文章，制作有趣的视频，生产高质量的内容，这些都与新媒体人才的审美素养分不开。

（四）创新思维

创新思维是新媒体人才必备的基本素养之一。在数字化时代，技术和市场变化迅速，新媒体人才需要具备创新思维，不断探索新的工作方式和思路，提高自身的竞争力和适应性。创新思维又可以分为以下3个方面。

1. 用户体验创新

新媒体运营的核心是用户，创新思维在提升用户体验方面发挥着至关重要的作用。

2. 内容创新

新媒体的内容需要与时俱进，创新思维能够挖掘和呈现新的内容形式和主题，吸引用户的关注。

3. 平台创新

新媒体平台需要不断创新，提供多元化的服务和功能，满足用户的多元化需求。

课后巩固提升

【案例分析】

以下是北京新京报传媒有限责任公司的两则岗位招聘信息，请根据招聘内容分析应聘者只有做好哪些准备工作并具备哪些素养才能胜任新媒体岗位的工作。

案例1："我们视频"策划报道编导招聘信息

岗位职责：

1. 负责视频类新闻策划项目和重大主题策划项目报道，推进线上线下活动；

2. 负责人物纪实类视频产出，挖掘故事亮点，进行年轻态的影像表达；

3. 负责全网新闻选题监控，并参与新闻短视频的采编、生产工作；

4. 负责对选题进行监控和分析，根据分析结果调整产出策略。

任职要求：

1. 具备两年以上视频编导类相关工作经验，有人物栏目、综艺节目、重大新闻策划经验者优先；

2. 剪辑水平较高，特别是剪辑新闻策划类、人物纪实类和综艺类视频，常用软件为Premiere、Final Cut Pro X，要求有成熟作品；

3. 会拍摄且有编导思维，能熟练使用拍摄机器，熟悉视频表现手法，有大型策划类、综艺类、深度人物纪实类出色作品者优先，要求有成熟作品；

4. 对热点话题敏感，了解短视频新闻生产的基本流程，脑洞大、网感强，经常使用微博、B站、快手、抖音、豆瓣。

案例2：数据分析师——贝壳财经招聘信息

岗位职责：

1. 关注新经济、新科技领域，并对相关行业、具体公司展开独立的深入调研；

2. 关注社会热点和新兴产业及趋势，了解国家宏观政策；

3. 根据业务需求开展定制化行业研究及咨询服务等工作。

任职要求：

1. 具备较强的研究分析、协调沟通、项目管理能力，良好的口头和文字表达能力，可独立撰写研究报告；

2. 具备两年以上工作经验，具有良好的经济知识储备，经济统计学、数字经济、大数据管理与应用、市场营销等相关专业优先。

【拓展训练】

请结合实际案例，分析新媒体对社会生活的影响。

请分析新媒体对大学生的影响，并提出大学生应对新媒体发展变化的建议。

项目二

新媒体策划与营销

内容概要

新媒体平台覆盖面广、传播速度快且内容丰富多样，为企业和组织提供了品牌推广、产品营销的新渠道。如何策划有效的方案、利用新媒体平台进行有效传播及项目管理，是企业品牌推广和新媒体从业者必须面对的挑战。本项目通过分析新媒体策划案例、新媒体营销案例，以及AI在新媒体项目中的应用案例，使学生理解新媒体策划和营销的基本要素。本项目将系统讲解新媒体策划的方法与原理、新媒体策划方案的制定、新媒体策划方案的撰写、新媒体营销的原理与方法，以及新媒体营销方案的撰写，同时深入探索AI在新媒体营销中的应用，以期提升营销效率和用户体验。这一系列的学习将使学生全面掌握新媒体策划与营销的核心技能，并了解AI在新媒体领域的潜力与价值。

知识目标

➤ 掌握新媒体策划的原理与方法。
➤ 掌握新媒体营销的原理与方法。
➤ 了解AI在新媒体营销中的应用。

能力目标

➤ 能够独立完成新媒体项目的策划工作。
➤ 能够独立撰写产品的新媒体营销方案。
➤ 能够在新媒体策划与营销中运用AI工具。

素养目标

➤ 培养创新思维。
➤ 培养善于探索新知识的能力。
➤ 培养系统思维。

课前自学

一、新媒体策划案例分析

瑞幸咖啡的新媒体策划无疑是其市场策略中的一大亮点，瑞幸咖啡成功的背后是对新媒体平台的深刻理解和精准运用。扫描右侧二维码查看瑞幸咖啡的新媒体策划案例分析。瑞幸咖啡的某一新媒体宣传图如图2-1所示。

图2-1　瑞幸咖啡的某一新媒体宣传图

案例

瑞幸咖啡的
新媒体策划

二、新媒体营销案例分析

小米手机具有一个全面、精准、创新的新媒体营销体系。扫描右侧二维码查看小米手机的新媒体营销案例分析。小米手机官网截图如图2-2所示。

图2-2　小米手机官网截图

案例

小米手机的
新媒体营销

三、AI 在新媒体项目中的应用案例分析

ChatGPT，作为AI的一个具体应用，专注于自然语言处理任务，特别是对话生成和语言理解。它利用深度学习技术和大量训练数据来模拟人类对话，并尝试理解和生成自然语言文本。ChatGPT在新媒体项目中的应用案例丰富多样，充分展示了其在内容创作、用户交互和数据分析等方面的优势。

案例

AI在Lacta
新媒体项目中
的应用

课中任务展开

随着互联网的飞速发展，人们可以在新媒体上获取信息并交流互动。新媒体策划与营销作为一项重要的工作，旨在通过各种新媒体渠道，向用户传递有价值的内容，吸引更多的关注，进而达到一定的传播效果。本项目的目标是让学生学会通过各类新媒体渠道，包括社交媒体平台、网络直播平台、短视频平台等，向用户传递有价值的信息，提升品牌影响力，促进销售。学生可以在教师的指导下完成内容的学习。

任务一　新媒体策划的方法与原理

新媒体策划的方法与原理至关重要，它能帮助企业精准分析用户需求、定位市场，并制定有针对性的策划方案，提升信息传播效率和品牌影响力，优化用户体验，提高项目执行力，是个人和组织在新媒体时代取得成功的关键。新媒体策划的方法与原理涉及多个层面，各大品牌通过互动的方式，提升品牌形象、扩大传播范围，并增强用户黏性。

一、明确目标与定位

企业的新媒体策划的首要任务是确定明确的目标和定位，这包括明确希望通过新媒体活动实现什么目标，如提升品牌知名度、增加销售额等。同时，企业需要深入了解目标用户群体，以便精准地制定推广策略。

📋 **案例**

鸿星尔克的目标与定位

鸿星尔克在品牌营销中明确了自己的目标，即通过赞助国际赛事提升品牌的国际知名度，它将自己定位为一个具有国际视野的运动品牌。鸿星尔克连续两年助力澳大利亚网球公开赛亚太区外卡赛，此外，鸿星尔克还通过助力球童选拔赛等一系列推广活动，全面展示了品牌形象。这些活动大大提高了鸿星尔克的品牌曝光度，增强了其在国际市场上的影响力。

二、研究用户行为

企业的新媒体策划通过问卷调查、访谈等方式了解目标用户的购买决策过程、消费习惯等，以制定有针对性的营销策略，这有助于企业更好地把握用户需求，提升营销效果。

📋 **案例**

雅诗兰黛对用户行为的研究

雅诗兰黛深知在新媒体时代，理解并研究消费者行为是提升品牌影响力和销售业绩的关键。因此，雅诗兰黛投入大量资源进行用户行为研究，以便在新媒体平台上制定更有效的营销策略。

雅诗兰黛通过数据分析和市场调研，深入了解目标用户的年龄、性别、所处地域、购买习惯、兴趣爱好等信息。同时，雅诗兰黛还关注了目标用户在新媒体平台上的行为特点，如浏览习惯、搜索关键词、互动方式等。

基于这些用户行为研究，雅诗兰黛制定了精准的新媒体营销策略。例如，在社交媒体平台上，雅诗兰黛根据用户的兴趣和喜好，发布与化妆技巧、护肤知识、产品测评等相关的内容，吸引用户的关注和互动。同时，雅诗兰黛还通过精准投放广告，将产品信息推送给潜在用户，提高品牌知名度和购买转化率。

三、优化内容策略

内容是新媒体策划的核心，企业需要制定有针对性的内容策略，包括内容主题、形式、发布频率等。同时，要确保内容具有创新性、有趣性和实用性，以吸引用户的注意力并激发他们的购买欲望。

案例

可口可乐的优化内容策略

在新媒体策划中，优化内容策略是品牌战略的关键。可口可乐在新媒体时代通过精心策划和优化内容，成功地提升了品牌知名度和影响力。

首先，可口可乐深入研究目标用户的喜好和兴趣，确定了新媒体平台上内容的方向和风格。它注重内容的创意性和趣味性，通过发布有趣、引人入胜的故事、短视频、互动游戏等内容，吸引用户的关注和参与。这些内容不仅展示了可口可乐的品牌形象和文化，还与用户的日常生活和兴趣爱好紧密相连，引发了用户的共鸣。

其次，可口可乐注重内容的时效性。它紧跟时事热点和社会潮流，及时发布与当前热门话题相关的内容，引发用户的讨论。这种具有时效性的内容策略不仅增加了品牌的曝光机会，还提升了用户对品牌的关注度和好感。

最后，可口可乐注重数据分析和用户反馈。它通过分析用户在新媒体平台上的行为数据和反馈意见，了解用户对内容的喜好和需求，不断优化和调整内容。这种以用户为中心的内容优化方式，使可口可乐能够更好地满足用户的需求和符合其期望，提升品牌的口碑和影响力。

四、利用社交媒体平台

社交媒体平台是新媒体策划思路的重要来源。企业通过优化自身在社交媒体平台上的形象和内容，提升品牌的吸引力和知名度。此外，企业也可以利用社交媒体平台的互动功能，与用户进行实时互动，增强用户黏性和提高用户忠诚度。

案例

蓝月亮利用社交媒体平台进行新媒体策划

五、创新营销策略

企业的新媒体策划需要不断创新营销策略，以吸引用户的注意力并引发共鸣。可以尝试利用UGC（User Generated Content，用户生成内容）、KOL（Key Opinion Leader，关键意见领袖）等提升品牌影响力和口碑。同时，可以结合热点事件或话题，进行有针对性的推广，提高品牌曝光度。

案例

华为的创新营销策略

六、数据驱动决策

企业的新媒体策划需要充分利用数据分析工具，对活动效果进行实时监测和评估。企业通过收集和分析用户数据、行为数据等，不断优化策划方案，提升营销效果。

案例

京东的数据驱动决策

任务二　新媒体策划方案的制定

制定新媒体策划方案时，要做好以下几个方面的工作。

一、进行市场研究

企业需要收集与目标细分市场和行业相关的数据，如用户画像、市场规模以及增长趋势等。同时，还需要对竞争对手进行深入的分析，了解他们的产品、定价以及营销策略等，从而确定自己在市场竞争中的优势和劣势。

二、明确新媒体营销的目标和定位

企业基于市场研究的结果，确定目标细分市场，并明确该市场的特点和需求。然后，根据市场需求和竞争环境，设定具体的营销目标，如提升品牌知名度、促进用户互动或推动产品销售等。同时，明确产品或品牌的定位，制定差异化竞争策略。

三、制定内容策略

内容策略是企业新媒体策划的核心，企业要注重内容的创新性和独特性，从不同的角度来创作有价值的作品。同时，关注热点话题和流行趋势，及时为用户提供新的信息和观点。此外，企业还需要考虑内容的发布频率、形式以及与其他营销活动的协同作用。

四、选择合适的新媒体平台

根据目标用户的活跃平台和特点，企业要选择合适的新媒体平台进行推广，比如社交媒体平台、短视频平台等。同时，考虑不同平台之间的协同作用，实现资源的最大化利用。

五、制定互动策略

企业利用新媒体平台的互动功能，设计各种互动环节和活动，如问答、抽奖、话题讨论等，引导用户参与和分享。通过增强用户参与感，提升品牌知名度和用户忠诚度。

六、进行数据分析与优化

企业通过新媒体平台的数据分析工具，对策划方案的效果进行实时监测和分析。根据数据分析结果，了解用户的反馈和行为，评估策划效果，并根据结果调整和优化策划方案。

案例

"烟台苹果"
的数据监测
与分析

总之，新媒体策划方案的制定是一个综合性的过程，企业需要综合考虑市场、竞争、目标、内容、平台、用户等多个方面的因素，通过科学的方法和创新的思维，制定出符合品牌和市场需求的策划方案，从而实现营销目标。

任务三　新媒体策划方案的撰写

新媒体策划方案的撰写是将已经形成的新媒体策略和构思转化为具体、可执行的文档。在撰写新媒体策划方案时，需要注意的内容与新媒体策划方案的制定阶段有所不同，更注重细节和可执行性。以下是在撰写新媒体策划方案时需要注意的要点。

一、策略目标的详细化

在新媒体策划方案制定阶段，企业制定的策略目标可能是宏观的，如"提升品牌知名度"。而在新媒体策划方案撰写阶段，企业需要将策略目标详细化，例如："通过本次新媒体活动，在三个月内将品牌知名度提升10%，具体衡量指标为社交媒体关注度增长量和搜索引擎中的品牌曝光量。"

案例

李宁的新媒体策划方案

二、用户分析的细化

在新媒体策划方案制定阶段，企业可能确定了目标用户。而在撰写方案时，企业则要进一步细化用户特征，包括年龄、性别、兴趣、消费习惯等，并基于这些数据制定更精准的内容和推广策略。

三、内容策划的具体化

在新媒体策划方案制定阶段，企业提出了内容的大致方向和主题。而在撰写方案时，企业需明确每一篇内容的标题、主题、形式、发布时间等，甚至包括语言风格和视觉设计元素。方案撰写得越具体，其可执行性越高。

四、明确执行步骤和时间表

在新媒体策划方案制定阶段，企业可能只是初步设想了活动流程。而在撰写方案时，企业需要详细列出每一步的执行计划，包括具体的工作内容、负责人、时间表等，确保团队成员能够清晰了解并执行。

五、预算和资源分配

在撰写新媒体策划方案时，企业需要详细列出预算分配，包括各个环节的费用（如广告费用、内容制作费用、人工成本等），并明确资源（如人力资源、物资等）的具体分配方式。

六、风险评估与应对措施

在撰写新媒体策划方案时，企业应识别出潜在的风险点，如技术故障、市场变化等，并提出相应的预防和应对措施。

七、数据监测与效果评估方法

在新媒体策划方案制定阶段，企业只是提出评估的大致方向。而在撰写方案时，企业需明确具体的数据监测指标（如视频点击率、用户转化率等），并设定评估方法和周期，以便准确衡量策划方案的效果。

总之，新媒体策划方案的撰写相较于方案的制定更为详细和具体。它不仅需要将策略和构思落实为可执行的计划，还需要考虑执行过程中的各种细节和风险，确保方案顺利实施并达到预期效果。

在学习了新媒体策划方案的制定与撰写后，学生需以小组为单位，尝试以理论知识和案例为基础，自选品牌，制定一份新媒体策划方案，并由指导教师或企业导师进行评价与修改。

任务四 新媒体营销的原理与方法

新媒体营销是指利用互联网和新兴数字技术，以及社交媒体平台等新媒体渠道，进行品牌传播、营销推广等的一种方式。它将传统营销理念与互联网技术相结合，进行产品或服务的推广，从而实现覆盖范围广、互动性强、实时性高的营销效果。

一、新媒体营销的原理

新媒体营销的原理是，企业通过新媒体平台发布相关信息，将用户吸引到具体的营销活动中，以推广产品或服务，吸引潜在用户并提高品牌知名度。

新媒体营销具有覆盖范围广、传播速度快、互动性强等特点，可以快速地传播信息，提高品牌曝光度和知名度，并与潜在用户建立联系，增强现有用户黏性和忠诚度。新媒体营销对企业品牌建设、产品推广、市场拓展等方面都有着重要的作用，是企业实现营销目标的重要手段之一。

在学习新媒体营销的原理后，学生以小组为单位，在各类新媒体平台上查找新媒体营销案例，并讨论新媒体营销可以使用哪些方法，填写表2-1。

表2-1　新媒体营销方法探究

新媒体营销案例	新媒体营销方法

二、新媒体营销的方法

新媒体营销的方法丰富多样，每种方法都有其独特的优势和适用场景。以下是一些常见的新媒体营销方法。

（一）社交媒体营销

企业可用社交媒体平台（如微信、微博等）进行品牌推广和营销，即通过在社交媒体平台上发布有趣、有价值的内容，吸引用户关注，并与他们进行互动，从而提高品牌知名度和用户忠诚度。

📋 **案例**

伊利的社交媒体营销

伊利作为知名乳制品企业，在社交媒体平台上发布了一系列与亲情、友情等情感相关的广告，引发用户的共鸣。同时，伊利邀请艺人作为品牌代言人，在社交媒体平台上发布艺人与品牌的合作内容，提升品牌的形象和知名度。

伊利通过情感营销和艺人代言等策略，在社交媒体平台上获得了较高的曝光度，成功提升了品牌的知名度和影响力。伊利微信视频号作品截图如图2-3所示。

图2-3　伊利微信视频号作品截图

（二）内容营销

企业通过创作和发布高质量的内容来吸引和留住目标用户。内容可以涵盖产品介绍、行业资讯、用户故事等多个方面，旨在为用户提供有价值的信息，同时提升品牌形象。

案例

海底捞的内容营销

海底捞是一个以经营川味火锅为主的知名连锁品牌，为了进一步提高品牌影响力和消费者黏性，海底捞积极开展了内容营销活动。2020年，海底捞发布了《妈妈天天在》微电影，这部微电影以情感为主线，通过展示海底捞员工与消费者之间的温馨故事，成功传递了海底捞的品牌温度和服务理念。同时，海底捞充分利用微博、微信等社交媒体平台，发布与品牌相关的有趣内容和互动活动。例如，分享消费者的用餐体验、员工的服务故事，以及火锅底料的制作技巧等。这些内容不仅吸引了大量消费者的关注和互动，还进一步巩固了海底捞在消费者心中的良好形象。

海底捞的内容营销策略取得了显著的成效。其微电影在各大视频平台上获得了大量的点击量和分享，进一步提升了品牌的知名度和美誉度。同时，通过在社交媒体平台上的持续互动和传播，海底捞成功吸引了更多潜在消费者的关注，并转化为实际的消费行为。这种内容与服务的深度结合，使得海底捞在竞争激烈的餐饮市场中脱颖而出。

（三）搜索引擎优化

搜索引擎优化是企业通过优化网站结构、内容和关键词，提高网站在搜索引擎中的排名，从而提升和增加品牌曝光度和流量。这有助于提升品牌知名度，吸引潜在客户。

案例

亚马逊的搜索引擎优化

亚马逊作为全球最大的电商平台之一，深知搜索引擎优化的重要性。亚马逊通过优化商品页面、提供详细的商品描述和用户评价等方式，提高了网站在搜索引擎中的排名。

用户在搜索相关商品时，亚马逊的相关网页链接往往能够排在搜索结果的前列，从而吸引了大量的用户。这种优化不仅提升了亚马逊的品牌知名度，还直接促进了销售额的增长。

（四）电子邮件营销

企业通过发送电子邮件向潜在客户或现有客户推广产品或服务。邮件内容包括促销信息、新品发布、活动邀请等，旨在引导客户购买产品或服务。

案例

美的的电子邮件营销

美的作为中国家电行业的领军企业，拥有广泛的产品线和深厚的市场基础。为了进一步提升品牌影响力和促进销售，美的积极采用电子邮件营销作为市场推广的重要手段。

1. 个性化邮件推送

美的根据用户的购买历史和浏览行为，通过电子邮件向用户发送个性化的产品推荐和优惠信息。例如，对于经常购买厨房电器的用户，美的会推送最新的厨房电器产品和相关优惠信息。

2. 节日促销活动

在重要节日或购物节（如"双11""6·18"等）前夕，美的会通过电子邮件向用户发送节日促销信息，包括满减优惠等，吸引用户前来购买。

3. 新品发布通知

当美的推出新产品时，其会通过电子邮件向用户发送新品发布通知信息，详细介绍新品的功能和特点，并提供购买链接。

4. 用户关怀与维护

美的还会定期向用户发送关怀邮件，询问用户对产品的使用感受，收集反馈意见，并提供售后服务支持信息，以提高用户满意度和忠诚度。

通过电子邮件营销，美的成功吸引了大量用户访问其官方网站或电商平台，从而促进了销售额的增长。其中，个性化的邮件内容和定期的互动，提高了用户对美的品牌的关注度。邮件传递的品牌理念和优质服务，让美的进一步巩固了其在用户心中的专业、可靠形象。

（五）短视频营销

利用短视频平台（如抖音、快手等）发布短视频内容，引起用户的兴趣并吸引用户的关注。短视频具有传播速度快、互动性强等特点，有助于企业快速提升品牌知名度。

案例
迪奥的短视频营销

（六）直播营销

直播营销是指企业通过直播平台进行产品展示、互动答疑等，吸引用户关注和购买。直播营销具有实时互动、真实体验等优势，有助于提高用户信任度。

案例
花西子的直播营销

案例
完美日记的"网红"营销

（七）KOL/"网红"营销

企业可以与KOL或"网红"合作，通过他们的影响力和粉丝基础来推广产品或服务。KOL/"网红"营销有助于快速提高品牌曝光度，吸引更多潜在用户。

（八）数据分析与精准营销

企业进行新媒体营销需要通过收集和分析用户数据，了解用户需求和偏好，从而制定更精准的营销策略。数据分析有助于企业提高营销效率、降低营销成本，也有助于企业全面了解市场和用户需求，制定更精准、更有针对性的营销方案。

案例
麦当劳的数据分析与精准营销

任务五　新媒体营销方案的撰写

撰写新媒体营销方案是一个综合性的过程，旨在通过新媒体平台实现品牌传播、用户互动和销售增长。以下是新媒体营销方案的基本框架和要点。

一、项目概述

项目概述是对新媒体营销方案的整体介绍，一般包括项目背景和项目目标等内容。

（1）项目背景：介绍品牌的基本情况，包括品牌定位、目标用户、产品特点，以及选择新媒体营销的原因和预期目标等。

（2）项目目标：明确新媒体营销的具体目标，如提高品牌知名度、用户参与度、销售额等。

二、市场分析

市场分析是对引起市场供需变化的各种因素及市场的动态、趋势的深入分析。企业撰写新媒体营销方案时所做的市场分析，一般包括行业趋势分析和目标用户分析。

（1）行业趋势分析：分析所在行业的市场趋势和发展方向，以及竞争对手的新媒体营销策略。

（2）目标用户分析：详细描述目标用户的特征，如年龄、性别、兴趣、消费习惯等，以便制定具有针对性的营销策略。

三、策略规划

企业在撰写新媒体营销方案时，必须明确企业在内容策略、平台选择、互动策略和合作策略等方面的规划，这关系到新媒体营销方案的成功实施。

（1）内容策略：确定新媒体营销的内容、类型和风格，如短视频、图文、直播等，并规划内容产出的频率和节奏。

（2）平台选择：根据市场分析的结果，选择合适的新媒体平台，如微博、微信、抖音、B站等。

（3）互动策略：设计互动环节，如话题讨论、抽奖活动等，以提高用户参与度并增强用户黏性。

（4）合作策略：考虑与其他品牌或KOL进行合作，以扩大品牌影响力和提升营销效果。

四、执行计划

企业在撰写新媒体营销方案时，必须明确时间节点、人员分工、预算分配等具体事宜，以保证新媒体营销活动有序开展。

（1）时间节点：设定新媒体营销活动的起止时间，以及关键节点的任务安排。

（2）人员分工：明确各岗位的职责和任务，确保营销活动的顺利进行。

（3）预算分配：根据营销活动的规模和需求，合理分配预算，如广告投入、人员成本等。

五、效果评估

企业的新媒体营销方案效果评估不仅是衡量营销活动效果的关键，也是优化营销策略的基础。

（1）评估指标：设定明确的评估指标，如浏览量、点赞量、转发量、销售额等，以衡量营销活动的效果。

（2）数据分析：收集和分析营销活动的数据，如用户行为、用户转化率、广告投入回报（Return on Investment，ROI）等，以评估营销活动的成效和存在的问题。

（3）优化调整：根据数据分析的结果，对营销策略和执行计划进行优化调整，以提升营销效果。

六、风险与应对

企业的新媒体营销方案中应该包括市场风险分析和执行风险分析，帮助企业预防风险，保障活动的合法性，提升营销效果，维护企业利益。

（1）市场风险分析：分析可能面临的市场风险，如竞争对手的强烈反击、行业政策的调整等，并制定相应的应对措施。

（2）执行风险分析：考虑在执行过程中可能遇到的问题，如内容产出质量不稳定、平台政策变化等，并提前制定应对策略。

企业在撰写新媒体营销方案时，需要注重逻辑性和条理性，确保方案的可行性和有效性。同时，要根据实际情况不断调整和优化方案，以适应市场的变化和满足用户的需求。

在学习了新媒体营销方案的撰写后，学生需以小组为单位，尝试以理论知识和案例为基础，自选品牌，撰写一份新媒体营销方案，并由指导教师或企业导师进行评价与修改。

任务六　AI在新媒体营销中的应用

AI在新媒体营销中的应用广泛而深入，主要体现在以下几个方面。

一、智能推荐算法

智能推荐算法在当今的数字化时代扮演着至关重要的角色，广泛应用于电子商务、社交网络、音乐、新闻、视频等领域，旨在为用户提供个性化、精准化的内容推荐。在电子商务领域，淘宝、京东等电子商务平台利用智能推荐算法分析用户的浏览行为、购买行为、评论等信息，为用户推荐其感兴趣的产品。这不仅提高了用户的购物体验，还增加了平台的销售额。在社交网络领域，抖音、B站等平台利用智能推荐算法分析用户的活动、兴趣爱好等信息，为用户推荐其可能感兴趣的内容。在音乐、新闻、视频等领域，也可以利用智能推荐算法根据用户的历史行为和喜好，推荐相应的内容。

案例

淘宝的智能
推荐算法

AI可以通过智能推荐算法为企业提供精准投放服务。通过对用户行为和偏好的分析，AI可以自动推荐相关的内容给用户，从而提高用户的转化率。这种算法的应用不仅优化了用户体验，还帮助企业更好地了解目标用户的需求，精确制定营销目标。

二、个性化营销

个性化营销是一种根据用户的兴趣、需求和行为特征，通过数据分析和算法技术，为用户提供定制化的产品、服务和体验的营销策略。个性化营销的核心在于精准定位用户，并通过提供个性化的解决方案来满足用户独特的需求和期望。个性化营销具有以下几个显著特点。

案例

亚马逊的
个性化营销

（一）精准性

通过利用大数据和算法技术，对用户进行精准画像和分类，根据用户的特点和需求制定营销策略，从而提升营销效果。

（二）定制化

根据用户的需求和偏好，提供个性化的产品、服务和体验。这有助于满足用户的个性化需求，提高用户的满意度和忠诚度。

（三）实时性

通过实时数据分析和算法技术，及时调整和优化营销策略，快速响应市场需求。

（四）注重交互和体验

个性化营销强调与用户的互动和提供愉悦的购物体验，通过多样化的交互方式和个性化的页面设计，强化用户对品牌的认知和印象。

为了实现个性化营销，企业需要收集和分析用户的行为数据，包括购买历史、搜索记录、浏览行为等，以了解用户的需求和偏好。在此基础上，制定个性化的营销计划，针对不同用户实施不同的营销策略和渠道推广计划。

三、自动化内容创作

新媒体营销中AI在自动化内容创作方面扮演着越来越重要的角色，它极大地改变了传统的内容生产方式，使得内容创作更加高效、精准和个性化。

首先，AI可以根据大数据和用户喜好等信息进行精准的内容创作。通过分析用户的搜索关键词、浏览行为、购买历史等数据，AI可以深入了解用户的兴趣和需求，从而生成更符合用户口味的内容。这种个性化的内容创作方式，不仅提高了用户的参与度和互动频率，也增强了营销信息的传播效果。

案例

文心一言App
的自动化内容
创作

其次，AI可以应用于自动化编辑中，借助自然语言处理和机器学习技术，智能地搜集、策划和编辑内容，从而提升创作效率。这种自动化的内容生产方式，使得营销团队能够更快地响应市场变化，满足用户需求。

最后，AI可以进行语音识别，将语音转换为文字，进而进行自动化编辑、翻译等内容创作工作。这在视频、音频等新媒体内容的制作中尤为重要，可以大幅缩短制作周期，提高内容产出效率。

四、互动营销与聊天机器人

互动营销是一种营销方式，它强调在营销过程中充分利用用户的意见和建议，用于产品的规划和设计，为企业的市场运作服务。

AI中的聊天机器人可用于新媒体的互动营销。通过自然语言处理和机器学习技术，聊天机器人可以与用户进行智能对话，提供相关资讯和产品推荐。这种互动方式能够提高用户的参与度和忠诚度，从而提高品牌曝光度和销售额。

聊天机器人可以根据用户的提问或输入，自动回答或响应，实现与用户的实时交互。这种交互性在互动营销中尤为关键，因为它允许企业与用户之间建立更直接、更个性化的联系。通过聊天机器人，企业可以更有效地进行市场调研，了解用户的需求和偏好，进而制定更精准的营销策略。

此外，聊天机器人还能通过提供个性化的推荐、推送相关的促销活动和优惠券等方式，优化用户的购物体验，强化用户的购买意愿。这种个性化的营销方式不仅可以提高用户转化率，还可以帮助企业降低成本、提高运营效率。

同时，聊天机器人还能智能识别舆论性。通过用户的回帖活动和对产品的正面或负面评价，企业可以了解产品的市场口碑，及时调整营销策略，提升品牌形象和声誉。

总的来说，聊天机器人在互动营销中发挥着越来越重要的作用。它不仅可以帮助企业提高营销效率、降低成本，还可以提升用户体验、品牌形象。随着AI和自然语言处理技术的不断进步，聊天机器人在互动营销中的应用将越来越广泛，为企业带来更多的商业机会和更大的商业价值。

五、数据分析和挖掘

在新媒体营销过程中，AI可以帮助企业更好地分析数据，从而有效地采集新的有价值的用户信息，提高用户的转化率和增长率。通过对用户数据的深度挖掘，AI可以帮助企业更深入地了解用户需求和习惯，制定更加精准的营销策略。AI在数据分析和挖掘方面发挥着重要作用，主要体现在以下几个方面。

（一）自动化数据清洗与预处理

数据分析的第一步通常是对原始数据进行清洗和预处理，以确保数据的准确性和完整性。AI可以自动执行这些任务，大大提高数据处理的效率和准确性。

（二）智能数据挖掘和模式识别

AI可以从大量数据中发现隐藏的关联信息，例如，通过对客户购买行为数据进行分析，可以识别出潜在的用户群体和产品偏好，从而有针对性地制定营销策略。

（三）预测分析和决策支持

通过建立预测模型和算法，AI可以分析历史数据并预测未来趋势和结果。这种能力使得企业能够更明智地制定市场策略、调整产品方向，从而降低风险并做出正确的决策。

（四）情感分析和舆情监测

AI可以分析文本数据中的情感倾向和观点，帮助企业了解公众对品牌、产品或服务的看法，以及时调整市场策略。

AI在数据分析和挖掘领域的应用广泛且深入，为企业提供了强大的决策支持工具，帮助企业从海量数据中挖掘出有价值的信息，优化业务运营和市场策略。

课后巩固提升

【案例分析】

在学习完理论知识后，学生们需要继续通过案例分析的形式了解和学习各个品牌的新媒体营销方案，期待各位学生在未来能够做出富有创意的新媒体营销方案。

案例1：乐事的新媒体营销方案

春节是各个品牌的关键营销节点，乐事在2024年春节推出"有家就有乐事"的营销内容，通过捕捉不同用户的情绪点，让乐事产品融入新春团聚消费场景中。

活动1：2024年乐事携手品牌新春代言人沈腾、马丽拍摄轻喜剧短片，以直接简单的表达方式，让用户感受到春节家人团聚的温暖与快乐。

活动2：乐事与《人民日报》共同在微博发起征集活动，鼓励用户分享自己的春节"乐事"，该活动围绕小家团聚的温馨场面，以微小的幸福体验激发用户的情感共鸣。乐事与《人民日报》联合发布的海报如图2-4所示。

图2-4　乐事与《人民日报》联合发布的海报

活动3：乐事结合用户"点赞"的惯性动作，在微博发放福利回馈用户。用户点赞带有"乐事"关键词的微博时，有机会触发乐事新春领券活动页面，如图2-5所示。

活动4：乐事结合春节返乡的出行场景，在北京、上海、广州、成都等地的火车站展示"有家就有乐事"的营销内容，进一步加深乐事与春节的关联，如图2-6所示。

活动5：春节期间，乐事在常规款薯片和桶装薯片包装的基础上，融入"生肖龙""祝福语""鞭炮"等中国传统文化元素，让乐事成为龙年限定"吉祥物"，如图2-7所示。

图2-5　乐事在微博举办的活动页面

图2-6　乐事在火车站展示的春节广告

图2-7　乐事推出的春节包装

案例2：九阳的新媒体营销方案

九阳的《星期九餐厅》突破了传统商业电视广告的常规内容风格，用多场景的自然切换给大家带来了一场奇幻之旅，让人仿佛穿梭在布达佩斯大饭店、巧克力工厂等场景里。此广告片一经推出，迅速在网络上掀起热议，仅几个小时就以100多万的转发量和评论量以及600多万的点赞量强势出圈。

除了商业电视广告内容的创新，九阳还在商业电视广告的传播上下足功夫。

1. 通过制造代言人悬念预热

九阳发布了一段极具悬念的预告视频，该视频中没有露脸的代言人频繁穿梭于各种场景，营造出一种神秘感，引起网友的关注、猜想和讨论。最后，代言人通过个人微博账号发布完整视频，正式揭开神秘面纱并宣布代言九阳，获得了粉丝的热情追捧，代言人官宣的相关话题在微博上引发了用户的热烈讨论。

2. 联合KOL，实现全渠道共振

九阳不仅将商业电视广告通过自有渠道进行了广泛传播，还针对微信、微博、抖音、小红书等多个平台，联合行业KOL进行了内容破圈，多方位触达用户。

3. 携手乐高大师推出"星期九餐厅2.0"

面向年轻用户，九阳在"星期九餐厅"的营销中，携手乐高专业认证大师，用乐高颗粒积木打造"星期九餐厅2.0"，给年轻用户制造了更多的惊喜和快乐，牢牢地抓住了年轻用户的心。

【拓展训练】

请依据本项目新媒体营销相关知识点，为乐事品牌的新口味推广项目撰写一份新媒体营销方案。

项目三

新媒体采访、写作、编辑、评论

内容概要

　　新媒体采访、写作、编辑、评论是新媒体工作者在新媒体环境下不可或缺的核心能力。首先，新媒体工作者需掌握新媒体采访技巧，利用远程采访、社交媒体采访和直播采访等形式迅速获取新闻线索。其次，新媒体工作者要能够写出具有互动性、即时性、个性化及语言风格多样化的新闻稿件，以吸引用户阅读。再次，新媒体工作者还需要通过多元化的手段进行新闻编辑，以提升内容的吸引力与可读性。最后，新媒体工作者还需要具备准确表达观点的能力，进行适当评论，从而引导用户讨论。这些内容共同构成了新媒体工作者在新媒体时代全面、高效地传递新闻信息的能力，也是本项目将要阐述的核心内容。

知识目标

➢ 掌握新媒体采访、写作、编辑、评论的基本概念、特点。
➢ 掌握新媒体采访、写作、编辑、评论的技巧。

能力目标

➢ 具备新媒体采访、写作、编辑和评论的能力。
➢ 具备信息搜索和整合能力。
➢ 具备数据分析能力。
➢ 具备团队合作能力。

素养目标

➢ 增强职业责任感和使命感，意识到新媒体平台在信息传播、社会舆论等方面的重要作用。
➢ 关注社会热点和民生问题，通过新媒体平台积极传播正能量和社会主义核心价值观。
➢ 提升自我认同感，通过学习和实践，在新媒体领域获得自信和成长。

课前自学

在新媒体中采访、写作、编辑、评论往往是一个不可分割的整体，所以为了帮助学生更好地进行课前自学，本部分以一个新闻案例作为切入点，并从新媒体采访、新媒体写作、新媒体编辑和新媒体评论四个角度进行分析。

案例

"12·18" 积石山地震

北京时间2023年12月18日23时59分，甘肃省临夏回族自治州积石山县遭遇了6.2级地震，这次地震给当地带来了严重的破坏和人员伤亡。

央视新闻抖音号对此次地震事件进行了及时、深入的报道。央视新闻抖音号通过实地采访、现场拍摄等方式，向用户传递了灾区的真实情况和救援进展。报道内容涵盖地震的破坏情况、受灾群众的生活状况、救援工作的最新进展等方面。众多用户通过央视新闻抖音号等媒体渠道关注灾情动态，为受灾地区和群众祈福。社会各界纷纷伸出援手，提供物资和资金支持，共同助力灾区重建工作。

甘肃积石山地震（即"12·18"积石山地震）是一次严重的自然灾害。在这次灾害面前，政府、救援机构以及社会各界都展现出了强大的凝聚力和救援能力。央视新闻抖音号作为重要的信息传播渠道，在此次地震报道中也发挥了积极作用，及时向公众传递了灾情和救援进展等情况。

一、新媒体采访案例分析

央视新闻在抖音平台上扮演着举足轻重的角色。作为国家级媒体，央视新闻通过抖音平台传递国内外时事新闻，确保公众迅速获取准确信息，引导社会舆论；同时以其权威性和公信力，为公众提供高质量的新闻内容，提高抖音平台的信息价值和媒体影响力。在报道甘肃积石山地震事件中（见图3-1），央视新闻抖音号的新媒体采访主要表现为以下特点。

图3-1 央视新闻抖音号关于甘肃积石山地震的报道截图1

（一）时效性

在甘肃积石山地震发生后，央视新闻抖音号展现了极高的新闻敏感度和响应能力，他们立即派遣专业记者团队前往地震现场进行深入采访。这一举措不仅充分展现了央视新闻抖音号的专业素养，更是对新闻时效性的有力保障。记者们克服重重困难，第一时间从现场发回了大量珍贵的实时报道，让公众能够及时了解地震的最新情况，满足了公众对于了解灾害信息的迫切需求。这种对新闻时效性的高度重视，无疑提高了公众对央视新闻抖音号的信任度和央视新闻抖音号的影响力。

（二）深入现场采访

记者们勇敢地深入甘肃积石山地震灾区，置身于废墟与危险之中，他们直接采访了受灾群众和奋战在一线的救援人员，通过面对面的交流，收集到了大量珍贵而真实的第一手资料。这些资料不仅详细记录了灾区的实际情况，还生动展现了救援过程中的艰辛与温情。通过央视新闻抖音号的深入报道，公众得以了解灾区的现状以及救援工作的最新进度，这也让更多人能够关注和参与救援行动。这种深入现场的采访方式，无疑增强了新闻报道的真实性和感染力，为传递灾区信息和凝聚社会力量提供了重要支持。

（三）多角度采访

央视新闻抖音号在地震发生后对灾情和救援情况进行了全方位、多角度采访，向公众提供了更全面的救灾信息。例如，在救援工作中，不仅报道了党和政府的方针、政策，也报道了救援队伍的救援进展，还对百姓热心救援和灾后重建的情况进行了重点报道，体现了党和人民团结一心，共同抗震救灾的凝聚力和向心力。

二、新媒体写作案例分析

央视新闻抖音号在甘肃积石山地震事件中及时报道、全时段发声的举措，不仅为公众提供了及时可靠的灾情和救援信息，也向全国人民和世界展示了中国抗击灾情的坚强决心和团结力量。央视新闻抖音号在新媒体写作中展现出以下特点。

（一）符合主流媒体的定位

央视新闻作为主流媒体之一，在抖音上发布了关于甘肃积石山地震的权威信息。这些信息来源可靠，数据准确，为公众提供了第一手的地震灾情和救援进展，体现了主流媒体在信息传播中的公信力和权威性。在报道中，央视新闻抖音号积极传递正能量，宣传救援人员的英勇事迹和受灾群众的坚强乐观精神，通过正面的舆论引导，稳定了公众情绪，增强了社会凝聚力，体现了主流媒体在社会舆论中的引领作用。

（二）简洁明了的文案

央视新闻抖音号用简洁的语言准确概括甘肃积石山地震事件，便于公众快速获取关键信息。央视新闻抖音号在发布关于甘肃积石山地震的视频时，配上了简洁明了的文案。例如，央视新闻抖音号在2023年12月19日7时25分发布标题为"甘肃积石山县发生6.2级地震！截至今晨，地震已造成甘肃省86人遇难96人受伤，青海省11人遇难140人受伤。救援正在进行，@央视新闻持续关注！"的视频。视频中，画面和文字准确地描述了地震的基本情况、受灾范围以及救援进展等关键信息，帮助公众快速了解事件的核心内容。

三、新媒体编辑案例分析

央视新闻抖音号在甘肃积石山地震报道中，紧跟灾情和救援进展，能在新媒体行业中保持强有力的竞争力，得益于央视新闻抖音号能够掌握新媒体编辑技巧并进行实时创新，其新媒体编辑技巧如下。

（一）强化信息整合

在甘肃积石山地震事件中，央视新闻抖音号迅速搜集、整合各方信息，并用简洁明了的语言概括新闻要点，吸引用户点击观看。例如，央视新闻抖音号在地震救援报道中引用了《广东民声热线》栏目新闻素材，发表了题为"12岁震区小男孩过生日许愿'我想当兵'"的新闻（见图3-2），并在文字部分写道："长大后我就成了你……"这种有效的信息整合和简洁有力的文字表述符合新媒体用户快速阅读、扫描式阅读的特点，也传达了人民子弟兵为人民服务的现实影响力。

图3-2　央视新闻抖音号关于甘肃积石山地震的报道截图2

（二）精选震撼画面

具有视觉冲击力的现场画面能增强新闻的表现力和感染力。在编辑环节，央视新闻抖音号精选了关于地震现场和救援行动的震撼画面，这些画面具有强烈的视觉冲击力，能够让用户深刻感受到地震的破坏性和救援的艰难性。

（三）把控节奏

央视新闻抖音号注重视频的节奏感和视觉冲击力，通过精选素材和配乐，营造出引人入胜的观看体验，使用户在观看过程中产生共鸣。这种编辑方法有助于提升视频的传播力和影响力。

四、新媒体评论案例分析

央视新闻作为国内主流媒体的代表，近年来在抖音平台上展现出了强大的影响力和传播力。央视新闻抖音号所发布的新闻内容及其评论区，都为用户提供了一个观察公众对新闻事件态度的窗口。以下是对央视新闻抖音号新媒体评论的简要分析。

（一）新媒体评论的及时性

在央视新闻抖音号的评论区内，可以看到各种观点的碰撞与交流。这体现了新媒体平台——抖音开放、及时的特点，使得用户能够迅速获取信息，自由表达自己的观点。从评论中，用户可以了解到公众对某一新闻事件的看法，这种及时性有助于用户更全面地理解新闻事件。

（二）新媒体评论的双面性

针对某些热点或具有争议性的新闻，新媒体评论具有双面性，既有客观因素又有主观因素。新媒体工作者可以洞察到公众对该新闻事件的基本态度。例如，对于正面的新闻报道，评论中往往充满了赞扬和支持的声音；而对于一些负面新闻，评论中则可能充满了批评和质疑。在甘肃积石山地震事件中，央视新闻抖音号正面的新闻报道让人们更加团结奋进，纷纷在评论区留言赞扬党员的先锋模范作用和全国人民的团结力量。甘肃积石山地震事件中央视新闻抖音号评论区人们发声的截图如图3-3所示。

图3-3　甘肃积石山地震事件中央视新闻抖音号评论区人们发声的截图

（三）新媒体评论的舆论引导性

央视新闻作为主流媒体之一，其抖音号在引导舆论方面发挥着重要作用。通过发布权威、准确的新闻报道，并配合适当的评论引导，央视新闻抖音号有助于形成积极、健康的网络舆论环境。在甘肃积石山地震报道中，央视新闻抖音号通过发布各方救援力量的相关故事，让公众感受到党和政府对灾区的关怀，感受到各种民间力量的倾力相助，感受到老百姓的相互温暖，公众纷纷留言盛赞。

总的来说，央视新闻抖音号的新媒体评论为用户提供了一个观察和分析公众态度的重要窗口。通过深入研究这些评论，央视新闻抖音号可以更好地理解公众对于新闻事件的看法和态度，进而为新闻传播和舆论引导提供有益的参考。

课中任务展开

本项目通过理论与实践的模式进行，学生在学习了新媒体采访、写作、编辑和评论等知识的基础上，完成相应的实训任务，学生可以在教师的指导下完成内容的学习。

任务一　新媒体采访

随着新媒体技术的发展，新闻传播形式变得丰富多样，新媒体采访应运而生。新媒体采访实质上是新闻采访的一种新形式，它采用了新的技术手段和传播渠道，使得新闻采访更加高效、便捷和多样化。新媒体采访，作为新媒体时代下的新闻采集活动，具有独特的方式和技巧。

一、新媒体采访方式

新媒体采访是指在新媒体环境下，新媒体工作者通过多样化的媒体平台和工具，如社交媒体平台、网络论坛、在线视频平台等，对新闻事件、人物或现象进行的信息采集和访问活动。它突破了传统采访的时空限制，呈现出即时性、互动性、多媒体性等特点。新媒体采访方式多样，其中远程采访、社交媒体采访和直播采访为主要采访形式。

（一）远程采访

远程采访即新媒体工作者与被采访者并不在同一个地方，通过视频电话、电子邮件或其他远程通信工具进行采访交流的一种采访方式。这种方式突破了传统采访的地理限制，使得新媒体工作者能够更灵活地获取信息，并扩大报道的覆盖面。在远程采访中，新媒体工作者需要熟练掌握各种远程通信工具，并具备良好的沟通能力和敏锐的观察力，以确保获取准确、全面的信息。

（二）社交媒体采访

社交媒体采访是指新媒体工作者通过社交媒体平台，如微博、微信等，与被采访者进行文字、图片、视频等多种形式的交流。这种方式具有高度的互动性和即时性，能迅速捕捉新闻线索，并能让新媒体工作者与被采访者进行实时互动。许多新闻机构在社交媒体平台上设有官方账号，通过发布话题、征集问题等方式，与被采访者进行互动。

（三）直播采访

直播采访是指新媒体工作者利用新媒体平台，如网络直播平台、社交媒体平台等，进行实时直播的采访活动。在直播过程中，新媒体工作者需要引导被采访者回答问题并保持良好的互动交流，同时要注意控制直播节奏和时间。这种采访方式能够实时传递信息，让用户第一时间了解到被采访者的观点和想法，同时用户也可以通过发送弹幕、评论等方式与被采访者进行互动交流。

案例

新华社新媒体
中心的5G
全息异地同屏
访谈

二、新媒体采访技巧

新媒体采访技巧对新媒体工作者来说至关重要，它们不仅能够提高采访效率，还能够提高新闻或信息内容的吸引力和影响力，提升个人职业素养。因此，新媒体工作者应该不断学习和实践新媒体采访技巧，以适应新媒体时代的发展需求。

（一）发现新闻线索

新媒体工作者可积极利用社交媒体平台、网络论坛等多元化信息渠道，主动查询和走访，以获取有价值的新闻线索。同时，新媒体工作者需要保持高度的新闻敏感性，对任何可能的新闻线索都要进行深入探讨。

（二）提前准备

在进行采访之前，新媒体工作者需要充分了解被采访者的背景信息，通过多种方式查找相关的资料和新闻报道，确保采访的顺利进行。

（三）发掘独特的视角

在新媒体时代，信息爆炸，同时存在大量的新闻报道。新媒体工作者需要通过发掘独特的视角，来吸引用户的注意力。

（四）运用社交媒体平台

新媒体工作者可以运用社交媒体平台，与用户进行互动和沟通。新媒体工作者通过实时发布采访进程和结果，开放讨论和解答用户的疑问，提升用户的参与感和对新媒体工作者的信任度与关注度。

（五）采用多媒体形式

在新媒体时代，新媒体工作者可以采用多媒体形式呈现采访内容，如图片、视频、音频等，丰富报道的形式和内容，增强报道的吸引力和真实感。

（六）实时更新与反馈

根据新媒体的即时性特点，新媒体工作者需要迅速编辑和发布采访内容，并根据用户的反馈及时调整报道方向和策略。

新媒体采访是新媒体时代下新闻采集活动的重要形式，具有多样化的采访方式和独特的采访技巧。借助新媒体平台，新媒体工作者可以更好地进行新媒体采访，为用户提供及时、准确、全面、深入的新闻报道。

案例

城市垃圾分类
政策的实施
效果采访

三、提升新媒体采访水平的建议

在新媒体环境下，采访工作面临着前所未有的挑战与机遇。为了更好地适应这一变化，新媒体工作者需要不断提升自身的专业素养和技能。以下是一系列关于提升新媒体采访水平的建议，旨在帮助新媒体工作者在新媒体时代更好地捕捉新闻、传递信息。

（一）提升新闻敏感度与观察能力

新媒体工作者需要不断提升自身的新闻敏感度与观察能力，通过分析各种细节来发现有价值的新闻线索。同时，善于从各种信息中筛选出有价值的内容进行深入报道。例如，定期浏览各类新闻网站、社交媒体平台，对行业动态、社会热点保持敏感，关注聚合性的新闻网站，以及自己所在行业的专业新闻渠道。此外，新媒体工作者也可以对关注的新闻事件进行脉络梳理，分析新闻成因、可能的影响及辐射范围，挑选有价值的新闻进行后续跟进，以验证自己的分析，从而提升新闻敏感度与观察能力。

（二）调整心态与端正采访动机

在面对新媒体的快速传播特点时，新媒体工作者需要调整心态和端正采访动机：在采访前应对被采访者进行深入了解，包括其基本信息、背景、经历等，准备有针对性的问题，确保采访的针对性和深度。同时，明确采访目的和主题，确保采访过程中的问题都是围绕这一主题展开的。在整个采访中应保持冷静和客观，不要因个人情绪或偏见影响采访的公正性。

（三）善于倾听与运用语言和非语言符号

在采访过程中，新媒体工作者应善于倾听被采访者的表达并给予充分的回应，如要求对方补充说明，或对不清楚的地方进行提问，复述对方的内容，阐述自己的理解，以表明自己在认真倾听。同时注重对语言和非语言符号的运用，如利用眼神、面部表情和手势等以加深与被采访者的沟通和理解。

（四）创新报道方式与加强合作

在新媒体时代背景下，新媒体工作者需要不断创新报道方式以适应用户需求的变化，如可以尝试采用数据可视化、互动式报道等新颖形式来呈现新闻内容。此外，加强与其他媒体、专家等的合作也是提升新闻报道质量和影响力的有效途径。

四、新媒体采访实训

在学习了新媒体采访的知识内容后，学生以小组为单位，围绕"城市垃圾分类"的选题，了解所在城市垃圾分类的现状，在实地调研中获得新闻线索，在此基础上仔细阅读与垃圾分类有关的政策、文件，努力发掘独特的视角，拟定相关的采访问题，并将相关准备信息填入表3-1，最后由指导教师或企业导师进行总结和点评。

表3-1　"城市垃圾分类"采访信息表

垃圾分类的新闻线索	
垃圾分类现状	
垃圾分类的政策执行情况	
报道的角度	
采访问题	1. 2. 3. ……

任务二　新媒体写作

新媒体新闻写作是新媒体写作中的一个重要类型，故本任务以新媒体新闻写作为例，来介绍新媒体写作的相关内容。

一、新媒体新闻类型

新媒体新闻按照体裁可以分为新媒体消息、新媒体通讯、新媒体特写、新媒体深度报道和融合新闻报道等，各有特点和写作要求。

（一）新媒体消息

新媒体消息是通过新媒体平台传播的短小、简洁、准确、实用的新闻信息。它主要用于迅速传递事实、事件或消息，是新闻报道中十分常见、基础的一种形式。

1. 新媒体消息的写作结构

新媒体消息的写作结构包括以下几部分。

（1）标题

标题是新媒体消息的"眼睛"，需要简洁、醒目地概括新媒体消息的主要内容，吸引用户的注意力。

（2）导语

导语是新媒体消息的开头部分，用于简要介绍新媒体消息的核心内容或重要的事实，引起用户的兴趣。例如，倒金字塔式的新媒体消息写作结构，就是按照新闻价值的大小，将重要、新鲜或用户可能感兴趣的事实放在前面，即放在导语部分，然后将其他内容按照重要性由高到低依次排列，形成一种倒置的金字塔形状，以保证用户能在短时间内了解新闻的核心内容。

（3）主体

主体是新媒体消息的主要部分，详细阐述新闻事件的来龙去脉、前因后果。主体写作要注意层次分明，逻辑清晰，确保信息的准确性和完整性。

（4）结尾

结尾是对整篇消息的总结或提出希望、展望，有时也可以省略。

2. 新媒体消息的写作形式

在新媒体消息写作中，新媒体工作者可以对新闻素材进行最优化的排列组合。新媒体消息的写作可以采取以下形式。

（1）倒叙式（倒金字塔结构）

将重要或吸引人的事实放在导语中，然后按照重要性递减的顺序排列其余信息。

（2）顺叙式（金字塔结构）

按照事件发生的时间顺序来安排材料，先发生的先写，后发生的后写。

（3）悬念式

在导语部分设置悬念，引发用户的好奇心，然后在主体或结尾部分解开悬念。

（4）并列式

将同等重要的事实平行排列，没有明显的主次之分。

在选择新媒体消息结构时，应根据新闻事件的具体情况和用户的阅读需求来决定。合适的写作形式可以更好地突出新闻的重点，提升用户的阅读体验。同时，清晰的写作结构也有助于提高新媒体消息的传播效率和影响力。

3．新媒体消息的特点

新媒体消息的特点包括以下方面。

（1）简洁明了

新媒体消息的篇幅通常较短，能够以简洁的文字传递重要的信息。只有做到语言简练、重点突出，用户才能够迅速抓住关键信息。

（2）准确客观

新媒体消息必须确保所传递的信息客观、真实、准确，尽量避免插入个人主观评价或情感，以确保新媒体消息的公正性和可信度。

（3）时效性强

新媒体消息是对即时事实或事件的报道，要求及时、迅速地传递信息，以确保信息的时效性。在新闻事件中，消息传播速度越快，越能抓住更多的用户。

（4）内容完整

尽管篇幅短小，但新媒体消息仍需包含新闻事件的基本要素，如时间、地点、人物、起因、经过和结果等，以提供全面的新闻信息。

4．新媒体消息的优势

新媒体消息不仅能够简洁、高效地传递信息，还能确保信息的精准度和完整性，满足用户对信息的即时性、准确性和全面性等需求，其优势是显而易见的。

（1）适用范围广

新媒体消息作为一种基础的新闻报道形式，适用于报道各种类型的新闻事件，包括政治、经济、社会和文化等领域。

（2）发稿速度快

由于新媒体消息具有简洁明了和时效性强的特点，它通常能够更快地被编辑和发布，从而满足用户对新闻时效性的需求。

（3）易被用户接受

新媒体消息的简洁明了使其容易被用户理解和接受。无论是专业人士还是普通公众，都能通过新媒体消息快速了解新闻事件的核心内容。

（4）新闻冲击力强

由于新媒体消息注重简洁性和时效性，它往往能够在第一时间传递新闻事件的关键信息，从而产生强烈的新闻冲击力，吸引用户的广泛关注。

📑 **案例**

2024越山向海人车接力中国赛·张家口站鸣枪开跑

　　人民网北京7月1日电（记者杨磊）　日前，2024越山向海人车接力中国赛·张家口站鸣枪开跑，本届赛事吸引了来自8个国家和地区的3 500名跑友报名参与。

　　今年的比赛迎来全新升级。赛道新增"山海10速"竞速赛段，线路为从清五营到阳坡村，全长10千米，选手们可以全力体验竞速乐趣，组委会也将对该赛段成绩进行单独排名。此外，今年赛事还全新推出"坡儿后"奖牌。由此，越山向海赛事的"完赛奖牌""日行千里""坡儿王""坡儿后"奖牌构成了全新的奖牌体系。

　　6月28日22时，参赛选手们从张家口市张北县塞那都跑马场分批次出发，途经草原天路，接力奔跑143.1千米，另外还有20千米的自驾路段，共计16个接力点，最终抵达张家口市崇礼区国家跳台滑雪中心。

　　索康尼胜利1队、朱雀少年队、索康尼胜利2队分别以7小时59分48秒、8小时12分29秒、8小时22分38秒的成绩获得本届赛事完赛成绩前三名。最终，经过23小时35分的比赛，691支队伍成功抵达赛事终点。

（二）新媒体通讯

　　新媒体通讯是新媒体环境下的一种新闻报道形式，它运用叙述、描写等多种手法，对新闻事件、人物等进行详尽而生动的报道。

1. 新媒体通讯的写作结构

　　新媒体通讯的写作结构多样，常见的有以下几种。

　　（1）总分总结构

　　这种结构通常指先总述引入，再分三到四个小标题或分论点进行论述，最后总结升华。在分的部分，可以采用并列、递进或正反对比等方式展开。

　　（2）并列结构

　　该结构使用三个独立的分论点来证明观点，分论点之间没有先后之分，共同服务主题。

　　（3）递进结构

　　采用递进结构的新媒体通讯由"是什么""为什么""怎么做"构成，每个分论点有先后主次之分，层层递进展开。

　　（4）SCQA结构

　　采用SCQA结构的文章由情景（Situation）、冲突（Conflict）、问题（Question）和解答（Answer）四个部分组成，这四个部分可以调换位置任意组合，或只写任意三个部分。

　　（5）正反对比结构

　　正反对比结构指通过提出正面和反面的对比例子来论证观点，从而让用户更清晰、直观地了解新媒体工作者所要表达的事实和观点。

2. 新媒体通讯的特点

　　新媒体通讯有其独特的风格和写作要求，不仅保证了信息的真实性和时效性，还通过生动的语言和完整的情节，让用户更深入地了解事件和人物。接下来，本部分将具体探讨新媒体通讯的几大核心特点。

　　（1）真实性

　　新媒体通讯必须确保报道内容的真实性，不允许虚构或"合理想象"。

　　（2）时效性

　　虽然新媒体通讯的时效性可能不及新媒体消息，但也必须及时报道。

（3）生动性

新媒体通讯尤其是人物通讯具有一定的文学色彩，可以借用文学手段，如描写、抒情、对话，以及比喻、象征、拟人等修辞方法，使报道更加生动、形象。

（4）完整性

新媒体通讯要求详尽且具体地阐述事件的经过、人物信息等，充分展开情节以展现内容的完整性。

（5）评论性

在报道事件或人物的同时，新媒体工作者会表露自己的感情与倾向，并依据事实做出适时的、恰到好处的评论。

3．新媒体通讯与新媒体消息的区别

新媒体通讯与新媒体消息虽然都是新媒体新闻报道的重要形式，但是两者之间存在着较大的差异，具体如下。

（1）内容深度和细节

新媒体通讯提供详细而深入的报道，注重事件的背景、过程和人物描写。它通常包含丰富的细节，旨在为用户提供全面的信息。新媒体消息的重点在于简洁明了地报道新闻事实，传递信息的基本要素，如时间、地点、人物等，通常不包含太多细节。

（2）写作结构和形式

新媒体通讯的写作结构相对自由，可以按照时间、逻辑或二者结合的方式组织内容。新媒体通讯更侧重于叙述和描写，运用多种表达方式，如议论和抒情，来增强文章的表现力。新媒体消息写作需要遵循固定的结构形式，通常包括标题、导语、主体和结尾。新媒体消息写作更注重直接陈述事实，较少使用其他表达方式。

（3）写作技巧和风格

新媒体通讯包含多种写作技巧，如对比、烘托、设置悬念等，以增强文章的吸引力和感染力；语言富有文采，较为生动活泼。新媒体消息以客观事实为基础，避免个人主观评价；语言简洁明了，风格朴实，重点在于准确传递信息。

（4）时效性

新媒体通讯虽然通常也追求时效性，但由于要求内容具有深度和详细，编辑和发布可能需要更多时间。新媒体通讯适用于对事件或现象进行深入分析和报道。新媒体消息由于其简洁明了的特点，能够更快地被编辑和发布，因此在时效性方面通常优于新媒体通讯，其更适用于快速传递最新发生的事件或变化。

（三）新媒体特写

新媒体特写是指在新媒体平台上，对某一新闻事件、人物或场景进行细致入微的描写的一种新闻报道形式。新媒体特写注重捕捉和展现细节，通过生动的语言和丰富的情感表达，将用户带入新闻现场，使其切实地感受新闻事件或人物的真实情况。

1．新媒体特写的写作结构

新媒体特写的写作结构通常更为灵活，但一般应包含以下内容。

（1）引言

引言是引人入胜的开头，可以迅速抓住用户的注意力，为后续的特写内容做铺垫。

（2）主体

在主体部分详细描绘新闻事件或人物，突出特写对象的特点和重要性。这部分通常包含丰富的细节描写，以增强文章的生动性和真实感。

（3）结尾

在结尾部分对特写对象进行总结或评价，有时也可以提出个人的观点或期望，引导用户进行更深入的思考。

2．新媒体特写的特点

作为一种独特的新闻报道形式，新媒体特写侧重于通过精彩的文笔展现新闻事件的独特魅力，具有突出细节、聚焦特定对象、情感丰富和语言生动等特点。

（1）突出细节

新媒体特写注重对细节的捕捉和描绘，通过生动的细节来展现新闻事件或人物的独特之处。

（2）聚焦特定对象

与一般的新闻报道不同，新媒体特写侧重于对某一特定对象（如人物、事件或场景）进行深入细致的描写。

（3）情感丰富

新媒体特写往往带有较多的情感色彩，使用户能够更深刻地感受到新闻事件或人物的情感内涵。

（4）语言生动

为了增强文章的吸引力和感染力，新媒体特写通常会采用更为生动、形象的语言。

3．新媒体特写的优势

新媒体特写能够在新媒体环境下得到用户的喜爱，源于其具有以下优势。

（1）增强真实感

详细的细节描写，使用户仿佛身临其境，增强了新闻的真实感。

（2）深化用户理解

新媒体特写能够更深入地挖掘新闻事件或人物背后的故事，帮助用户更全面地理解新闻事件或人物。

（3）引发情感共鸣

丰富的情感表达和生动的语言描述能够引发用户的情感共鸣，提高用户对新闻事件或人物的关注度和认同度。

（4）提升传播效果

新媒体特写的独特风格和深刻内涵能够吸引更多用户的关注和转发，从而提升新闻的传播效果和影响力。

（四）新媒体深度报道

新媒体深度报道是指在新媒体环境下，对某一事件、现象或话题进行深入挖掘和全面分析的一种新闻报道形式。它不仅关注事件的表面情况，更注重探究事件的深层次原因、背景及其产生的社会影响。通过综合运用文字、图片、视频、音频等多种形式，新媒体深度报道能够生动地展现事件的来龙去脉，揭示其中的问题和矛盾，引导用户进行深入思考，从而提供更丰富、更有深度的新闻信息。这种报道形式旨在帮助用户更全面地了解事件真相，提高社会的透明度和公正性。

1．新媒体深度报道的写作结构

新媒体深度报道的写作结构，通常会依据新闻真相所涉及的几个关键点来构建。例如，新媒体工作者将用户关心的几个关键问题作为文章中的小标题，并在文章中逐一解释清楚。这种结构安排旨在让用户快速抓住新闻的关键点，同时也起到引导用户思考的作用。

2．新媒体深度报道的特点

新媒体深度报道相较于其他新媒体新闻体裁有其独有的特点。

（1）叙事内容具有立体感

新媒体深度报道采用多元化的叙事视角对新闻事件进行全面剖析，从多位人物的视角来立体地呈现更加真实的情况。相较于其他新媒体新闻体裁，其叙事内容更具有立体感。

（2）题材具有重要性

新媒体深度报道的题材应当关系社会改革发展的大局，关系社会发展的难题和痛点问题，关系广大人民群众关注的热点问题。

（3）内容、价值、体裁等具有综合性

新媒体深度报道内容容量大；可以体现新闻价值、社会价值或学术价值等；体裁多种多样，如新媒体深度报道也可以以消息、通讯、评论、特写等形式呈现。

3．新媒体深度报道的优势

新媒体深度报道相较于其他新媒体新闻报道形式，具有明显的优势。

（1）深度挖掘，全面解析

新媒体深度报道专注于对事件或话题的深入探究。它不仅报道事实，还致力于解析事件背后的原因、动机和影响。这种全面的分析为用户提供了更丰富的信息和更深刻的见解，能帮助用户更好地理解和评价所发生的事件。

（2）多种媒体形式融合，丰富呈现

新媒体深度报道充分利用新媒体的技术特点，结合文字、图片、音频、视频等多种形式，为用户提供多元化的信息呈现形式。多种媒体形式的融合使得报道更加生动、直观，能提升用户的阅读体验。

（3）引导思考，提升公众意识

通过深入剖析事件，新媒体深度报道能够引导公众进行更深入的思考。它不仅传递信息，还旨在提升公众的社会意识并树立批判性思维，促使公众对新闻事件进行更全面的审视和评价。

（4）建立信任，树立权威

新媒体环境下的信息丰富但杂乱，部分信息甚至是无用或捏造的，而深度报道通过详尽的调查和专业的分析，能够在公众心中建立信任。这种信任有助于树立媒体的权威形象，提高其在公众中的影响力和公信力。

（5）持续影响，引起社会讨论

新媒体深度报道往往能够引起广泛的社会讨论。通过深入挖掘事件背后的社会问题，它能够持续引发公众的关注和思考，进而推动社会的进步和变革。

（五）融合新闻报道

融合新闻报道是一种新闻报道形式，这种报道形式不依赖单一的文字或图片，而是将文字、图片、视频、音频等多种媒介元素融合在一起，共同构建一个全面、生动的新闻故事。在融合新闻报道中，各种媒介元素相互配合，共同传递信息，使得新闻报道更加立体、多元，能够更好地吸引用户的注意力。

1．融合新闻报道的写作结构

融合新闻报道在写作结构上通常采用多板块组合形式，这种结构将不同媒介元素所形成的功能意义区域（即板块）组装联合起来，使之成为一个整体。以某个事件为例，报道可能会将该事件从发生到结束的不同阶段分割为不同的大板块，并以一天内不同的时间为节点将每个大板块划分为各个小板块进行叙事。这种结构允许报道在不同的小板块中灵活运用各种媒介元素，如纯文字、文字与图片、文字与视频等，以丰富多样的形式呈现新闻内容。

2．融合新闻报道的特点

融合新闻报道以其独特的报道方式和多样的传播手段，展现出鲜明的特点。

（1）载体数字化

随着数字技术和通信技术的飞速发展，融合新闻报道的载体呈现数字化特点。电信服务商和互联网服务商纷纷推出各种数字移动终端作为新闻内容的载体。

（2）视觉传达丰富

融合新闻报道将文字、声音、图片、视频等集于一体，因此在视觉传达上将更加丰富多样、形象生动。

（3）满足用户个性化需求

融合新闻报道可以根据不同用户对新闻内容和形式的偏好，制成不同类型的作品供他们选择，以满足用户对新闻的个性化需求。

3. 融合新闻报道的优势

融合新闻报道相较于其他新闻报道形式有其独有的优势。

（1）全面性

融合新闻报道可以将多个角度的信息融合在一起，呈现一个更加完整的故事，使用户能够更全面地了解新闻事件。

（2）丰富性

通过综合运用文字、图片、视频等多种媒介元素，融合新闻报道可以丰富报道内容，增强新闻的可读性和趣味性。

（3）互动性

融合新闻报道可以借助平台实现与用户的实时互动，收集用户的反馈意见，提高新闻报道的针对性和实效性。

（4）时效性

融合新闻报道可以迅速整合各种新闻资源，快速发布新闻信息，满足用户对新闻时效性的需求。

案例

记者去哪儿：数字时代，消费升级有了新抓手

二、新媒体新闻的写作技巧

新媒体工作者在写作新媒体新闻报道时，掌握一些关键的写作技巧至关重要，这些技巧不仅能吸引更多的用户，还能提升文章的质量和影响力。以下是一些新媒体新闻的写作技巧。

（一）使用吸引人的标题

标题是吸引用户的第一要素，好的标题能显著提高文章的点击率。通常可以采用以下方法吸引用户关注。

1. 制造悬念

标题中的悬念主要是通过对新闻报道中引人关注的事件或猎奇事件的提炼形成的，以此来引起用户的阅读兴趣。例如，新华网在新华调查中将标题命名为"仅125秒银行卡就被复制了——揭秘新型信用卡盗刷案"，在标题中通过"125秒""揭秘"这样的词汇，引发用户的好奇心，让他们想要阅读。新华网新闻报道标题截图如图3-4所示。

图3-4　新华网新闻报道标题截图

2. 数字具体化

数字具体化指通过对新闻报道中的数字进行提炼、计算等方式，在标题中用数字吸引用户眼球。数字往往可以给用户一个明确的预期，让用户知道文章中包含的要点、关键信息或数量的多少。例如"7个步骤，让你轻松掌握新媒体写作！"就将文章中的步骤进行提炼，给出了具体的数量，让用户在阅读之前有一个初步的心理预期。

3．利用情感词汇

情感词汇主要是能够表现明确情感倾向的词汇，包括正向的情感词汇和负向的情感词汇，往往能够让用户在标题中更好地感受到整篇新闻报道的情感基调。例如，"感人至深：一个普通人的不平凡故事"通过情感词汇"感人至深"来触动用户的内心，提高点击率。

（二）故事化内容

讲述故事，可以让用户更容易产生共鸣，增强新闻报道的吸引力。以下是关于健康方面的新媒体新闻写作案例，通过故事化的方式来阐述如何改变生活习惯以促进健康，可以作为学生写作的参考。

1．开头引人入胜

可以在文章开头利用引人入胜的故事、一个惊人的事实或一个引人思考的问题来吸引用户继续阅读。

例如，李华曾经是一个工作繁忙、生活不规律的职场人，每天熬夜加班，靠吃外卖度日，健康状况堪忧。然而，一个体检结果让他意识到了问题的严重性。他是如何改变生活习惯，重拾健康的呢？让我们一起来看看他的转变之旅。

2．段落简短明了

新媒体时代的用户往往时间有限、注意力有限，因此段落应简短明了，每个段落最好只表达一个核心观点。

- 李华在体检后发现自己血压偏高、血脂异常。
- 李华开始关注健康资讯，了解健康饮食和锻炼的重要性。
- 李华制定了合理的饮食计划和锻炼目标。
- 经过几个月的坚持，李华的健康状况得到了显著改善。

在案例中可以看到每个段落都简洁明了地阐述了李华转变的关键步骤，方便用户快速理解。

3．使用项目列表

项目列表往往采用简单的文字，列出与事件相关的诸多小点，可以帮助用户更快地理解信息。

例如，为了改善健康状况，李华采取了以下措施：

- 调整作息时间，保证充足的睡眠；
- 制定均衡饮食计划，减少高脂高盐食物的摄入；
- 每天坚持进行有氧运动，如慢跑、游泳等；
- 定期体检，及时关注身体状况。

在案例中可以看出，项目列表清晰地展示了李华为改善健康状况所采取的具体行动。

4．引用权威观点和真实证言

引用行业专家的观点或真实用户的证言，可以增强文章的说服力。

例如，营养学专家王博士指出："像李华这样通过调整饮食和增加运动来改善健康状况是非常明智的选择。这不仅能够降低患病风险，还能提高生活质量。"

通过引用专家的观点，为李华的转变提供权威支持，并增强文章的说服力。

上述案例通过故事化的方式，结合引人入胜的开头、简短明了的段落、清晰的项目列表以及权威观点的引用，有效地传达了改善生活习惯对促进健康的重要性，让文章内容更有吸引力，更容易吸引用户的注意力。

（三）使用多媒体元素

在新闻报道中插入图片、视频、信息图表等多媒体元素可以增强文章的视觉效果，增强用户的阅读兴趣。

1. 高清图片

使用高清图片，可以立刻吸引用户的注意力，缓解其文字阅读压力，提升其阅读效果。

2. 嵌入式视频

如果有可能，新媒体工作者可以在采访时拍摄相关的视频，并将其嵌入文章后在新媒体平台发布，这样可以增强文章的互动性和吸引力，让用户在接收新闻信息时有更大的选择空间。

3. 信息图表

对于复杂的数据或信息，新媒体工作者可以使用信息图表（如柱状图、饼图等）帮助用户更快地理解新闻信息。

（四）搜索引擎优化

案例

掌握"引流"诀窍，夯实"留存"基础，开启旅游业发展新纪元

合理布局新闻报道的关键词，可以提高文章在搜索引擎中的排名，从而提高曝光率和阅读量。

1. 关键词研究

在写作之前进行深入的关键词研究是至关重要的。了解用户搜索习惯和需求，可以帮助新媒体工作者确定哪些关键词既与主题紧密相关，又具有较高的搜索量。

例如，要写一篇关于"手工面包制作"的新闻报道。通过关键词搜索和研究，发现"手工面包做法""家庭面包制作""自制面包食谱"等关键词具有较高的搜索量，那么可以在新闻报道写作中将重心放在这些关键词上。

2. 关键词布局

在确定了目标关键词后，下一步是在文章中巧妙地布局这些关键词。文章的标题、开头段落、关键内容段落及结尾部分都是插入关键词的理想位置。但要注意避免过度堆砌关键词，以免显得内容不自然，甚至被搜索引擎视为垃圾信息。

例如，新闻报道的标题是"家庭手工面包制作攻略：从食材准备到烘烤步骤"。在开头段落，可以写："想要学习如何在家制作美味的手工面包吗？本文将为你提供详细的家庭面包制作指南。"在关键内容段落中，可以反复提及"手工面包做法"等关键词。在结尾部分总结："现在你已经掌握了自制面包食谱的所有关键步骤，赶快试试吧！"

3. 内部链接

内部链接是指在文章中嵌入指向新媒体工作者所负责网站其他相关内容的链接。这不仅可以为用户提供更多相关的信息，增加他们在网站上停留的时间和浏览深度，还有助于搜索引擎更好地理解该网站的结构和内容关系。

例如，在标题为"如何在家制作手工面包"的文章中，可以插入一个内部链接，指向之前创作的一篇关于如何选择优质面粉的文章。这样，用户在阅读面包制作指南时，如果对面粉选择有疑问，可以直接点击链接获取更多信息。同时，搜索引擎也能通过这个链接了解到"面粉选择"是"手工面包制作"的一个重要环节。

三、新媒体新闻写作实训

在学习了新媒体新闻写作的知识内容后，学生以小组为单位，继续围绕"城市垃圾分类"的选题，将前期采访过程中了解到的相关信息，梳理总结后写成一篇新媒体新闻报道，可以选择消息、通讯、特写或深度报道的形式，要求尽可能地利用新媒体新闻写作技巧，写出要素完整的新媒体新闻报道，最后由指导教师或企业导师进行总结和点评。

任务三　新媒体编辑

新媒体编辑（本任务中的新媒体编辑主要就是指新媒体新闻编辑）工作涉及从内容策划、信息采集、文稿撰写到最终发布的全过程。与传统媒体编辑相比，新媒体工作者在进行新媒体编辑工作时需要更加灵活地应对快速变化的信息环境，以及更加注重与用户的互动，其工作成果直接影响着新媒体平台的用户黏性、内容质量和品牌形象。

一、新媒体编辑特点

在新媒体环境下，新媒体编辑工作呈现出一些显著的特点，这些特点不仅反映了新媒体平台的独特性，也为新媒体编辑工作带来了新的挑战和机遇。

（一）时效性——迅速捕捉，及时发布

新媒体工作者需要具备敏锐的市场洞察力和快速反应能力。在这个信息爆炸的时代，社会热点和时事动态层出不穷，新媒体工作者必须能够在第一时间捕捉到这些信息，并迅速整理发布相关内容。这种时效性要求新媒体工作者具备较高的工作效率和敏锐的新闻触觉，以便迅速响应市场需求，满足用户的信息需求。

（二）互动性——倾听用户，深化连接

新媒体平台为用户提供了更多的互动机会，新媒体工作者需要善于利用这些机会与用户进行互动和交流。通过积极倾听用户的反馈和需求，新媒体工作者可以更好地了解用户的兴趣和偏好，从而不断优化内容，提升用户体验。同时，与用户的互动还能帮助新媒体工作者建立起稳固的用户群体，提升用户忠诚度和平台影响力。

（三）多样性——丰富形式，创意表达

新媒体内容形式丰富多样，包括文字、图片、视频、数据表格等。新媒体工作者需要熟练掌握各种内容制作工具和技术，以便根据用户需求和平台特点选择合适的表现形式。这种多样性不仅提升了内容的吸引力，也增强了新媒体编辑工作的挑战性和创造性。通过创意表达，新媒体工作者可以将枯燥的信息转化为生动有趣的内容，吸引更多用户的关注和参与。

（四）数据驱动——精准定位，科学决策

在新媒体时代，数据分析成为新媒体编辑工作的重要支撑。新媒体工作者需要密切关注数据分析结果，了解用户的阅读习惯、兴趣偏好和行为模式。这些数据可以帮助新媒体工作者精准地定位目标用户，制定相应的内容策略。同时，数据分析还能帮助新媒体工作者优化内容选题、发布时间和推广方式，从而增强内容的传播效果并提升用户参与度。通过科学决策，新媒体工作者可以更好地把握市场脉搏，推动平台内容的持续创新和发展。

二、新媒体编辑技巧

新媒体编辑技巧对提升内容质量和用户参与度至关重要。以下将详细介绍标题制作、内容策划、多媒体元素运用、搜索引擎优化及用户互动等新媒体编辑技巧，以帮助新媒体工作者更好地把握新媒体时代的信息传播规律。

（一）标题制作——吸引眼球，引发兴趣

标题是吸引用户阅读的关键，一个好的标题能够迅速抓住用户的注意力。新媒体工作者需要掌握

制作具有吸引力的标题的技巧，如使用简短的语句、设置悬念、运用修辞手法等，让标题更具吸引力。同时，标题需要与内容紧密相关，真实反映内容主题，避免夸大其词或误导用户。

（二）内容策划——精准定位，创造价值

内容策划能力是新媒体工作者的核心能力之一。新媒体工作者需要具备出色的内容策划能力，能够结合时事热点、用户需求及平台定位，策划出有深度、有趣味性且具备传播价值的内容。在策划过程中，要注重内容的原创性、实用性和可读性，以及符合用户的口味和兴趣。通过精准的内容定位，新媒体工作者可以创造出更多有价值的内容，满足用户的需求。

（三）多媒体元素运用——丰富形式，提升体验

在新媒体时代，多媒体元素的运用已经成为提升内容质量的重要手段。新媒体工作者需要熟练掌握图片、视频、数据表格等多媒体元素的制作和运用技巧。通过合理地搭配多媒体元素，提升新闻报道的视觉效果和传播力，增加用户的阅读兴趣。但是，要注意多媒体元素的版权问题和使用规范，确保内容的合法性和规范性。

（四）搜索引擎优化——提高曝光率，增加流量

搜索引擎优化是提高新闻报道在搜索引擎中的排名和曝光率的重要手段。新媒体工作者需要掌握搜索引擎优化技巧，如合理布局关键词、优化页面结构、提高网站速度等。通过搜索引擎优化，可以增加新闻报道的可见性和流量，进而提升平台的影响力并增强用户黏性。在编辑过程中，要注意关键词的选择和布局，以及页面结构的优化，确保新闻报道能够在搜索引擎中获得更高的排名和曝光率。

（五）用户互动——建立联系，增强黏性

用户互动是新媒体工作者与用户建立联系的重要途径。新媒体工作者需要善于与用户进行互动和交流，及时回应用户评论和问题，引导话题讨论。通过与用户的积极互动，可以建立起良好的用户关系，提升用户忠诚度和满意度。同时，要注意保护用户隐私和信息安全，确保用户能够在一个安全、可靠的环境中进行互动和交流。

三、新媒体编辑注意事项

在新媒体工作者的日常工作中，有一些关键的注意事项需要时刻铭记在心。这些注意事项不仅关系到内容的质量，也影响着平台的声誉和用户的体验。以下将详细探讨新媒体工作者在保持内容原创性、确保信息准确性、遵守法律法规、关注用户反馈以及持续学习更新等方面的注意事项。

（一）坚持原创，树立品牌形象

原创内容是新媒体平台的核心竞争力之一。在新媒体工作者的新媒体编辑工作中，保持内容的原创性至关重要。新媒体工作者应坚持原创原则，避免抄袭和洗稿行为。通过独特的视角和深入的剖析，新媒体工作者可以创作出具有个性和价值的内容，不仅能够提升平台的品牌形象，还能吸引更多用户的关注。

（二）严格核实，确保信息准确

信息的准确性是新媒体内容的生命线。新媒体工作者在发布信息前，必须进行严格的核实和审查，确保内容的真实性和准确性。对于引用的数据、事实和观点，要注明来源并进行验证，避免误导用户或造成不良影响。只有准确的信息才能赢得用户的信任，提升平台的公信力。

（三）遵守法规，维护平台安全

在新媒体编辑工作中，遵守国家法律法规和相关行业规定是基本要求。新媒体工作者要时刻牢记自己的职责和使命，不发布违法违规信息或涉及敏感话题的内容。同时，要尊重他人的知识产权和隐私

权，避免侵犯他人的合法权益。只有合规的内容才能确保平台的安全稳定运营。

（四）倾听用户，优化内容策略

用户反馈是优化内容策略的重要参考依据。新媒体工作者要密切关注用户的点赞、评论、转发等行为数据以及直接反馈意见，及时了解用户对内容的喜好和需求变化。通过倾听用户的声音，新媒体工作者可以优化内容策略，使内容更加符合用户的兴趣和需求。这种互动式的优化过程有助于提升用户满意度和忠诚度。

（五）持续学习，适应行业变化

新媒体行业变化迅速且竞争激烈，新媒体工作者需要持续学习以适应行业变化。通过参加培训课程、阅读行业资讯、关注前沿动态等方式，新媒体工作者可以不断提升自己的专业素养和综合能力水平。只有不断学习和进步，才能在激烈的竞争中立于不败之地。

四、新媒体编辑实训

在学习了新媒体编辑的知识内容后，学生以小组为单位，继续围绕"城市垃圾分类"的选题，将前期撰写的新闻报道的标题、内容进行优化，为稿件进行搜索引擎优化，增添互动性内容，并为其添加图片、视频、数据表格等多媒体元素，让整篇新闻报道更具吸引力，最后由指导教师或企业导师进行总结和点评。

任务四　新媒体评论

新媒体评论是新媒体时代中的一种重要表达形式，是个人或组织对时事、社会现象、文化事件等进行的及时评价和观点表达。

一、新媒体评论的特点

新媒体评论作为新媒体采访、写作、编辑、评论中的重要部分，具有显著的特点。

（一）即时性与时效性

新媒体评论具有显著的即时性与时效性。由于新媒体平台的实时更新特点，用户可以在新闻事件发生后迅速做出反应。这种即时性与时效性保证了新媒体评论与新闻事件紧密关联，使新媒体工作者能够第一时间了解到用户对新闻的看法和解读。

（二）个性化与多样性

新媒体评论具有强烈的个性化和多样性。不同的用户对同一新闻事件可能有截然不同的看法和观点，新媒体平台为这些多样化的声音提供了展示的舞台。这些个性化评论不仅丰富了新媒体的内容，也满足了不同用户的阅读需求。

（三）政治性与针对性

评论者往往具有鲜明的政治立场和态度，针对当前值得评论的新闻事件和问题发表意见。评论者会从思想、政治、理论的高度分析和论述问题，体现出评论的政治性。同时，新媒体评论也具有较强的针对性，因为评论者往往针对某一具体新闻事件或社会现象进行深入剖析和评论。

（四）群众性与广泛性

新媒体评论面向广大群众，关心群众的切身利益，反映群众的要求和呼声。评论内容通常符合群众的特点和需要，能够吸引和鼓励广大群众关心和参与评论工作。这种群众性和广泛性使得新媒体评论具有更广泛的社会影响力。

新媒体评论的特点主要体现在即时性与时效性、个性化与多样性、政治性与针对性，以及群众性与广泛性等方面。这些特点共同构成了新媒体评论的独特魅力，使新媒体评论在新闻传播和公共讨论中发挥着越来越重要的作用。

二、新媒体评论的类型

新媒体评论的类型可以根据不同的分类标准来划分。以下是一些常见的新媒体评论类型。

（一）按播出平台分类

1. 网络评论频道评论

这类评论通常出现在由网站主导设立的评论栏目中，如各大新闻网站或门户网站的评论。

2. 网络论坛评论

在网络论坛上，评论者可以发帖并引发其他用户的回应，形成互动式的评论，如豆瓣上的评论等。

3. 博客评论

这类评论即评论者在博客上发表的评论，通常围绕博主的主题或文章展开，如新浪博客上的评论等。

4. 微博评论

这类评论即评论者在微博上针对特定话题或内容发表的评论，其因短小精悍而广受欢迎，如新浪微博上的评论等。

5. 微信评论

这类评论即评论者在微信公众号文章下方或朋友圈中发表的评论，通常与文章内容或朋友分享的内容相关。

（二）按评论形式分类

1. 专栏评论

这类评论即通常由专业评论者撰写，署有专业评论者名字的评论，专栏评论无固定形式，能够体现评论者的个人风格和观点。

2. 用户评论

这类评论即对新闻事件或话题发表的评论，形式多样，可以是一句话，也可以是长篇大论。

3. 深度评论

这类评论即对新闻事件或社会现象进行深入剖析和解读的评论，通常需要评论者具备一定的专业知识和分析能力。

4. 系列整合评论

这类评论即针对某一主题或事件进行系列化的评论，评论者从不同角度和层面展开分析，形成全面的观点。

（三）按评论内容分类

1. 政治评论

这类评论即针对政治事件、政策或政治人物发表的评论，具有较强的政治性和针对性。

2．经济评论

这类评论即针对经济现象、经济政策或企业发展进行的评论，需要评论者具备一定的经济学知识和分析能力。

3．社会评论

这类评论即针对社会现象、社会问题或社会风气发表的评论，主要关注社会发展和民生问题。

4．文化评论

这类评论即对文化活动、文化作品或文化现象进行的评论，能体现出评论者的文化素养和审美观念。

新媒体评论的类型多种多样，可以从播出平台、评论形式和评论内容等多个角度进行分类。这些分类方式并不是相互独立的，而是可以相互交叉和重叠的。例如，一篇政治评论既可能出现在网络评论频道中，也可能以专栏评论的形式呈现。

三、新媒体评论的技巧

在新媒体时代，新媒体评论已经成为用户互动交流和舆情形成的重要环节。新媒体评论不仅要求言简意赅，还需要具备一定的深度和见解，以便吸引用户的注意并引导他们参与讨论。以下将详细探讨评论者应该具备的新媒体评论技巧。

（一）观点明确，立场鲜明

在新媒体时代，信息的传播速度极快，用户往往在短时间内就能接收大量信息。因此，评论者在评论中明确表达自己的观点至关重要，这不仅能让用户迅速捕捉到评论者的核心思想，还能引导他们进行更深入的思考。立场鲜明不代表固执己见，评论者应该保持开放的心态，尊重并倾听其他声音，这样才能促进多元观点的交流和碰撞。

（二）言简意赅，直击要点

新媒体评论追求的是效率与准确性的平衡。言简意赅的表达方式能够帮助用户快速理解评论内容，同时直击要点的分析则能够深化用户对问题的认识。为了实现这一目标，评论者需要不断提升自己的语言组织和逻辑思维能力，用精练的文字准确传达自己的见解。

（三）理性分析，避免情绪化

理性是新媒体评论的基石。在表达观点时，评论者应该基于事实和逻辑进行分析，而不是被情绪所左右，这样才能确保评论的客观性和公正性。当然，理性分析并不意味着完全摒弃情感。在适当的时候，情感表达能够增强评论的感染力，使用户更加容易产生共鸣。

（四）用例证支持观点

使用具体的例证来支持观点是新媒体评论中常用且有效的手法。这不仅能够增强评论的说服力，还能够让用户更加直观地理解问题。评论者在选择例证时应该注意其真实性和相关性，确保例证能够为自己的观点提供有力的支撑。

（五）引导讨论，鼓励多元

新媒体评论不是单向的信息传递，而是双向甚至多向的思想交流。评论者可以通过提出问题或设置话题来引导用户参与讨论，激发他们的思考热情。同时，评论者也应该尊重不同的声音和观点，营造多元化的交流氛围。这样不仅能够丰富讨论的内容，还能够促进思想的碰撞和融合。

四、新媒体评论实务

在新媒体时代，新媒体评论作为一种重要的表达方式，已经成为用户参与社会讨论和传递观点的重要途径。下面将详细介绍新媒体评论的实务流程，包括精心选择评论对象、深入撰写评论内容、严格审核与修改、精准发布与推广以及积极互动与反馈等环节。

（一）精心选择评论对象

撰写高质量的新媒体评论，首先需要精心选择评论对象。评论者可以根据自己的兴趣和专业领域，挑选具有讨论价值和社会意义的话题进行评论。在选择评论对象时，不仅要考虑其时效性和关注度，还要确保所选话题能够引起用户的兴趣和共鸣，从而激发更广泛的讨论。

（二）深入撰写评论内容

在选定评论对象后，评论者需要开始撰写评论。撰写之前，做好充分的准备工作至关重要，包括收集相关资料、梳理自己的观点和论据等。这些准备工作有助于确保评论内容的丰富性和深度。在撰写过程中，评论者应注重结构的清晰性和逻辑性，应包括引言、正文（分析论证）和结论等部分。同时，注意语言的简练性和准确性，使用户能够轻松理解并接受自己提出的观点。

（三）严格审核与修改

审核与修改是提升新媒体评论质量的关键环节。在发布前，评论者应仔细审核自己的内容，确保语言通顺、逻辑清晰且没有语法错误或错别字等问题。此外，邀请他人进行审阅并提出修改意见也是一个很好的做法，这有助于进一步完善自己的评论。

（四）精准发布与推广

选择合适的新媒体平台进行发布是提升评论影响力的关键步骤。不同的平台有着不同的用户群体和传播特点，评论者应根据自己的目标和定位来选择合适的发布平台。同时，利用社交媒体平台的功能进行推广也是提高评论曝光度的有效手段。通过转发、点赞等方式，可以提升自己评论的影响力并吸引更多用户关注。

（五）积极互动与反馈

新媒体评论的魅力在于其互动性。评论者应关注用户的反馈和评论，并及时回应。这不仅有助于形成良好的互动氛围，还能激发更多用户的参与热情。对于有价值的反馈和建议，评论者应虚心接受并感谢用户的支持与鼓励。同时，通过深入交流和探讨相关问题，可以进一步丰富自己的见解和认识。

案例

网络正能量，连接亿万心灵的桥梁

总的来说，新媒体评论需要兼具深度和广度，既要准确表达自己的观点，又要尊重和理解他人的看法。通过不断实践和学习，评论者可以逐渐提升评论的质量和影响力。

五、新媒体评论实训

在学习了新媒体评论的知识内容后，学生以小组为单位，继续围绕"城市垃圾分类"的选题，在前期撰写的新闻报道内容的基础上，针对新闻采访中发现的问题，撰写一篇与城市垃圾分类有关的新媒体评论，最后由指导教师或企业导师进行总结和点评。

课后巩固提升

在学习了新媒体采访、写作、编辑、评论的内容后，需要进一步对新媒体新闻作品进行分析，以更好地掌握新媒体采访、写作、编辑、评论的相关技巧。

【案例分析】

请看第33届中国新闻奖一等奖作品《"外婆"的礼物》（有改动）。

"外婆"的礼物

■ "那次回乡，我发现不少老人，既没有稳定的生活来源，也没有精神寄托，整日孤零零地坐在门前，守望着连绵的群山……"张新斌心想，怎样才能帮到这些老人呢？

■ 2016年，张新斌创新实施"百位外婆创业计划"，通过爱心认购，由捐赠者为老人赠送鸡苗，然后老人再向捐赠者返销鸡蛋。这样，老人们不但变得有事可干，而且还有了一笔可观的收入。

2022年3月8日晚，王磊送走餐厅最后一位客人后赶忙打开微信，给远在旬阳的张新斌发了一条信息：你送的500盒"外婆的礼物"存货不多了，赶紧再送一批哦！

王磊是西安高新区一家餐厅的负责人，他口中的"外婆的礼物"其实是来自陕南旬阳大山里的土鸡蛋。这些土鸡蛋看似平平无奇，缘何被王磊称作"外婆的礼物"呢？记者采访后才知道，原来在这些鸡蛋的背后，有着一个暖暖的故事。

故事要从给王磊送鸡蛋的张新斌讲起。

2013年，在西安闯荡多年的"80后"小伙张新斌回老家旬阳市城关镇木厂村探亲。这个典型的陕南村庄，和他离开时一样，每年都有大批青壮年劳动力外出务工，村里只留下一些老人和孩子。有的老人守着三分薄地，种些简单的作物，勉强维持日常生活；有的老人由于没有固定收入，手头拮据，遇到头疼脑热连买药钱都拿不出……这让张新斌深受触动。

"那次回乡，我发现不少老人，既没有稳定的生活来源，也没有精神寄托，整日孤零零地坐在门前，守望着连绵的群山。"张新斌谈及那次回乡的感受，至今让他难以忘怀，"我是农民的孩子，特别能体会他们的感受。一些老人由于没有存款和收入，自己有事的时候每月百十来元的养老金根本解决不了问题，不得不伸手找儿女们要；遇到儿女们有困难，老人想分担也无能为力。"

于是，他萌生了帮助留守老人的念头，并很快成立了守望大山公益组织。

最初，这个组织主要以捐钱捐物的形式帮助老人。同时，张新斌还定期组织城里的朋友到旬阳山里，开展帮扶活动。

"传统公益确实发挥了很大作用。每次志愿者去看望老人，冷清的家一下子变得热闹起来，老人发自内心地开心。"张新斌说，但有一次他们给一位老人送钱送物品时，老人再三拒收现金，而且要求他们临走时带上他家的土鸡蛋。这件事让张新斌意识到，捐钱捐物固然能够帮助老人们解燃眉之急，但是从长远看，这并不能从根本上改善他们的生活现状，还会给他们造成心理负担。所以，公益活动不能光是"授人以鱼"，更要"授人以渔"。

2016年，一个崭新的计划——"百位外婆创业计划"诞生了。张新斌为此专门成立了旬阳大山造物网络科技有限公司，采用以买代捐的公益模式，通过爱心认购，由捐赠者给山里的老人们赠送鸡苗，让老人把鸡养大后，再向捐赠者返销鸡蛋。这种方式既让老人们有了持续增收的能力，还让捐赠者能够得到原生态山货。因为这些鸡蛋都是老人们劳动的成果，所以张新斌给这些鸡蛋起了一个温馨的名字——"外婆的礼物"。

这项计划的实施，已使旬阳市1 278位老人从中受益，年人均收入5 000元，充分展现了社会公益力量的担当。

当前，在巩固拓展乡村振兴的过程中，社会公益发挥着更加积极的作用，越来越多的农村留守老人借助公益的力量，参与到共同富裕的奋斗中。

"去年，我家养了300只鸡。这是个相对轻松的活儿，鸡舍、鸡饲料都是企业给我们准备好的，我们就负责养好鸡。"家住城关镇西沟村4组的赵祥举和老伴参与创业计划后，每年仅养鸡增收就达3万元。

除了土鸡蛋，大山里的腊肉、黄花菜、竹笋等土特产也都成为"外婆的礼物"，经由电商渠道销往全国各地。如今，"百位外婆创业计划"的影响力逐步扩大，很多老人将养鸡作为一项稳定增收的产业进行发展。每年还不断有新增的"外婆"加入这项创业计划。

3月18日，阳光和煦。吃罢午饭，张新斌带着公司的两名员工驱车前往城关镇殿湾村。和往常一样，他们这次深入山区的目的，就是继续寻找有创业想法的"外婆"。他们到来之前，村干部已经帮公司对村里留守老人的家庭情况进行了摸底。张新斌来，要做的是进一步的洽谈工作。

车停在了半山腰的一户人家门前，大门半掩着。3人绕向屋后，村民何邦娣和老伴张开明正在地里劳作。

"婆，种的啥？"

"早上挖了些黄姜，这刚点了些四季豆和豇豆。走，到屋喝茶。"

进屋坐定，热情的老两口便取杯沏茶。

张新斌说："婆，你不招呼，我们公司就在这山下面。看你们身体还好，今年给你们发些鸡苗子，你们来给我养，咋样？"

"不晓得顾不顾得过来哟！"女主人笑着回答。

"我们给你们免费发鸡苗。一只鸡我们给你们发10斤玉米，将来鸡产蛋了一只鸡要先还给我们10枚鸡蛋，之后鸡产的蛋我们按一个鸡蛋1.2元回收。"张新斌一边给男主人点烟一边说，"鸡苗和饲料都给你们免费发，你们啥也不操心，就只管养鸡。除了鸡蛋，年底不下蛋的鸡我们也收购。"

"坎上王家去年也养了20只鸡，一年下来挣了4 000多元，要不我们先养20只试试？"张开明对何邦娣说。

"这坡上适合养鸡，回头我们来帮你们收拾一下，你们可以先养40只试试。"张新斌建议。

……

一个下午，张新斌成功"签约"4位老人，顺便还收购了一批鸡蛋。晚上8时，王磊给张新斌发来微信：新鲜的土鸡蛋收到了。

现在，"百位外婆创业计划"的帮助对象已经从旬阳的留守老人拓展到了岚皋、紫阳等地。据了解，从2016年至今，"外婆的礼物"累计筹款超过350万元，参与人数达40万人，仅仅在西安就有106家企业、单位与"百位外婆创业计划"有合作，带动秦巴山区销售农产品5 000多万元。

通过这篇新闻报道可以看出记者具有较高的新闻敏感度，农村留守老人一直是社会中关注度较高的群体，他们有很重的乡土情结，不愿意离开自己生活了一辈子的家乡，但是随着劳动能力的缺失和普遍的精神空虚，留守老人该如何安度晚年，成为整个社会关注的问题。

记者以旬阳市聚焦农村留守老人的公益项目为新闻线索，以平实的语言讲述张新斌和留守老人的故事，该篇新闻报道以新媒体图文的形式发布后，当日点击量过万，学习强国、人民网等主流平台迅速进行了转发推送。这篇新闻报道也让越来越多的留守老人得到了帮助。

【拓展训练】

以"城市街区中的打零工者"为线索，对其进行深入的调查与采访，完成一篇新媒体深度报道的写作。

项目四

新媒体文案写作与运营

内容概要

本项目通过新媒体文案案例分析、新媒体文案原创内容设计案例分析、新媒体文案运营与传播案例分析及AI在新媒体文案写作中的应用案例分析介绍当前新媒体文案写作与运营的特点和规律；并通过课中任务展开，介绍新媒体文案人员的思维、新媒体文案的策划与写作、新媒体文案的运营与推广、新媒体文案运营的数据分析，以及AI在新媒体文案写作中的应用，以供新媒体相关专业学生和从事文案策划与运营的新媒体人员学习。

知识目标

➢ 了解新媒体文案人员必须具备的思维。
➢ 了解新媒体文案策划与写作要点。
➢ 了解如何进行新媒体文案的运营与推广。
➢ 掌握从哪些维度进行新媒体文案运营的数据分析。
➢ 了解目前AI在新媒体文案写作中的应用。

能力目标

➢ 具备新媒体文案写作与运营的能力。
➢ 具备一定程度的数据分析能力。
➢ 具备运用AI进行新媒体文案写作的能力。

素养目标

➢ 树立正确的从业观念。
➢ 坚持原创性，善于用创新性思维写作高质量的原创内容。

课前自学

一、新媒体文案案例分析

据商务部数据，2023年我国网购零售额达到15.42万亿元，较2022年增长了11%，我国已连续11年成为全球第一大的网络零售市场。从"双11"再到"5·20""6·18"，各种各样的网络购物节相继出现，网络购物节对我国经济和消费市场产生了重要影响。

各个平台都在网络购物节期间搞促销、凑满减、拼热度，力求在价格和内容上吸引更多消费者进行消费。面对各个平台令人眼花缭乱的折扣信息和宣传文案，消费者容易冲动消费，但当理性回归后，消费者可能会发现自己图便宜而买的物品没有可用之处或没有达到心理预期。扫描右侧二维码，查看案例"小红书'6·18'文案"。

案例
小红书
"6·18"文案

二、新媒体文案原创内容设计案例分析

近年来，各平台在新媒体文案的原创内容上都展现出年轻化、故事化的特点，用"年轻态"的内容形态构建新的话语体系并立志于让更多用户愿意参与、转发和扩散已经成为新媒体文案原创内容的重要追求。同时，新媒体文案原创内容也不再简单地从行业角度出发，而是明确目标用户，并针对目标用户讲一个打动人心的故事，品牌要讲出新的品牌故事，引领消费趋势，如美团的"有些快乐，大人特供"、小罐茶的"小罐茶，大师作"、乐纯酸奶的"每一口都像在舔盖儿"等，都在用讲故事的方式打动用户。扫描右侧二维码，查看案例"美团广告片中的文案"。

案例
美团广告片中
的文案

三、新媒体文案运营与传播案例分析

写作不是新媒体文案的终点，在文案被写作出来后需要对其进行传播，以让其发挥出最大的价值，从而让新媒体文案能够为品牌宣传、商品销售、品牌影响力提升做出相应的贡献。扫描右侧二维码，查看案例"网易云音乐乐评万物高考季的特别策划"。

案例
网易云音乐
乐评万物
高考季的特别
策划

四、AI 在新媒体文案写作中的应用案例分析

近年来，AI在多个领域具有广泛应用，给生活带来了深刻影响，其给新媒体领域带来了文本、图像、语音交互、视频等诸多方面的创新应用。扫描右侧二维码，查看案例"AI写作的小说获文学奖"。

案例
AI写作的小说
获文学奖

课中任务展开

本项目通过理论与实践相结合的模式介绍新媒体文案人员的思维、新媒体文案的策划与写作、新媒体文案的运营与推广、新媒体文案运营的数据分析、AI在新媒体文案写作中的应用等知识内容，学生可以在教师的指导下完成内容的学习。

任务一　新媒体文案人员的思维

移动互联网时代，新媒体逐渐成为信息传播的主要渠道，品牌营销已从电视、广播、杂志和报纸

等传统平台逐渐地转移到了新媒体平台上，文案的重要性在新媒体运营和传播的过程中日益突出。新媒体文案成为用户了解品牌和产品的重要渠道。

新媒体时代，由于用户的阅读方式和信息的传播方式发生了天翻地覆的变化，移动互联网呈现出人人皆媒的态势，人人都是写作者和传播者。那么，为了更好地完成新媒体文案写作，吸引用户的注意力，新媒体文案人员应具有以下思维。

（一）用户思维

新媒体文案的重要目的就是吸引用户阅读，那么思考用户对什么感兴趣、用户想要你传递什么价值、什么样的内容能直击用户的内心深处，就是新媒体文案人员的第一要务。

因此，新媒体文案人员要借助用户思维，明确新媒体文案的目的。用户看重的新媒体文案价值一般分为三类：资讯价值，如新闻资讯、行业资讯；知识价值，如人生感悟、知识技能；情感价值，如情感抒发。只有把握用户看重的新媒体文案价值，站在用户的角度去思考，新媒体文案人员写出的文案才有可能被阅读、被转载。

（二）简约思维

简约思维的核心是抓住一个卖点，进行直观化的宣传，专注核心问题，放大亮点并凸显核心价值。

一篇新媒体文案只要能写清楚一件事并让用户记住，那么这篇文案就是成功的。例如，OPPO手机的广告词"充电5分钟，通话2小时"，OPPO手机不可能只有这一个优点，但如果一一赘述会让用户感到冗杂进而导致一个要素也没有记住，得不偿失。因此，只选择一点作为宣传要素更能凸显其重要性，并让用户印象深刻。

（三）大数据思维

数据时代带给新媒体文案人员全新的思维方式，以及产业的颠覆性变革，大数据思维则是指一种以大数据为基础的思维方式和分析模式。在互联网时代，大数据思维可以帮助新媒体文案人员解决诸多问题。

大数据思维强调面向数据进行分析，以数据为依托进行决策和创新，注重从海量、多样化的数据中挖掘出有意义的信息，以支持新媒体文案人员进行更有针对性的文案写作。

任务二　新媒体文案的策划与写作

新媒体时代，新的媒体形态为文案的写作和传播提供了更广阔的平台，一篇好的新媒体文案可以得到广泛的讨论与传播，提升品牌形象，带来巨大的商业价值，故而新媒体文案的策划与写作承担着重要作用，也占据了重要地位。在进行新媒体文案的策划与写作时，新媒体文案人员需要遵循以下几个要点。

一、互动至上

传统媒体的传播方式是单向、线性、不可选择的，具体表现为在特定的时间内由信息发布者向用户传播信息，用户被动接收且难以进行信息的反馈。这种静态的传播方式使得信息不具备较强的流动性。而新媒体的传播方式是双向的，传统意义上的信息发布者和用户成为信息交互的双向主体，并可以依靠新媒体平台随时进行互动。

案例

饿了么"这杯
我请"活动

二、情绪传递

新媒体时代，人们对于观点、价值观和事件的情绪可以更加便捷地表达、分享，情绪的传播更生动、真实，甚至在传播中会不断得到加工和强化，引发更多人的共鸣。故而，开展新媒体文案的策划与写作时要把握用户的情绪，以文案的策划与创意代替用户情绪的表达，这样能引起用户的关注、参与和转发。

📋 **案例**

美团优选"好好吃饭，人生大事"

2023年美团优选在中元节节点，发布了一个短片，用父女间的最后一顿饭讲了"好好吃饭"这件人生大事，同时推出"中午送到"服务。短片讲述了父亲老钱想和女儿再吃一顿饭，为了让女儿小钱吃上她最爱的牛肉丸，老钱用一天追着女儿跑，"中午送到"的美团优选也跟着老钱赶到女儿身边。在过程中，老钱不小心给女儿的工作捣了乱，女儿发了脾气，口不择言。到了夜晚，父女俩敞开心扉，父亲真正在乎的是女儿能不能好好照顾自己，能否真的做到"好好吃饭"。最后小钱也终于学着照顾好自己的一日三餐，和美团优选一起，回应老钱"好好吃饭"的叮嘱。短片中关于文案"好好吃饭"的部分截图如图4-1所示。美团优选选择在中元节发布这则短片，并推出"中午送到"服务，不避讳告别和哀伤，因为爱与思念一直都在，提醒你"好好吃饭"。"好好吃饭"这句贯穿整个短片的文案，传递了父母对子女最朴素的爱意，以这样朴素的价值点切入，代替父母表达情绪，代替子女回应情绪，不仅能够自然承接到品牌文化中对用户的爱与守护的部分，也达成了与美团优选用户情感的自然连接。

图4-1 短片中关于文案"好好吃饭"的部分截图

三、情感创意

依托于新媒体的传播场景和信息传播方式，新媒体时代的情感表达更便捷、迅速，情感传播更加生动、真实，能够在更大程度上引发用户的情感共鸣。面对一篇优质的新媒体文案，也许用户还未领会到品牌的真正意图，就已经被表达的情感感动。故而，在新媒体文案的策划与写作中，情感创意永远不会过时。

📋 **案例**

中国银联诗歌POS机广告《诗的童话》

中国银联诗歌POS机公益行动从2019年正式启动开始，每年推出一部广告片。在2022年，中国银联诗歌POS机讲述了一群大人和孩子们双向守护的感人故事。中国银联诗歌POS机广告《诗的童话》如图4-2所示。

值得一提的是，故事里的主人公写的每一首诗歌，都改编自中国银联诗歌POS机公益行动中接受过捐助的山区孩子创作的诗歌。此外，在主人公黑子以诗歌在渔村兑换财富的时候，渔民们也在孩子们的带动下，成为浪漫的诗人，还召开了诗歌朗诵会，很难不令人动容。这部广告片的创意主题即"守护诗意的人，终会被诗意守护"。中国银联诗歌POS机旨在向用户传递—— 一首诗歌的力量看似微小，可其连接的希望和期待却无比庞大，以此进行情感的表达，引导用户共情。该广告片荣获"2022十大现象级广告"。

图4-2　中国银联诗歌POS机广告《诗的童话》

四、内容为王

对新媒体文案来说，内容更是其灵魂，吸引用户并将其转化为长期流量的关键并非花哨的功能或吸引眼球的噱头，而是能够真正满足用户需求的信息和打动人心的内容。只有真正有意义的内容对用户来说才是有价值的，才能够赢得用户的信任。内容为王，是永远都不会过时的法则。

📄 **案例**

B站春节特别企划《第3 286个站》

2023年春节期间，B站做了一个春节特别企划，以视频的形式给全国的3 285个铁路车站写了一封信，并在视频中采访了来自不同城市、不同年龄段的人，包括年轻人、中年人和老年人。他们分享了自己回家的经历，包括旅途中的困难和挑战，以及与家人团聚的喜悦和感动，B站通过采访不同地区的人们，了解他们回家的故事和感受，展现了中国人对家庭团聚的渴望和重视。视频的文案引起了广大网友的共鸣，文案内容："你好，上海站、重庆站、贵阳站、长春站、昆明站，还有那些可能没几个人听过的，一面坡站、三把火站、六个鸡站，全国的3 285个铁路车站，你们好，我是'B站'""你们有的很远，有的很小，有的可能还有点破，但每一个站，都是一个家乡""从世界，奔向家"等。B站的这部短片名义上是写给全国的3 285个铁路车站的，实际上是写给每一个归家的人的。《第3 286个站》文案摘录如表4-1所示。

以春节回家为主题的贺岁型广告片其实比较常见，许多品牌都记录过中国人回家过年的旅途，以此来表达品牌的人文关怀，并塑造品牌形象，而B站这次特别企划的成功得益于内容的设置和主题内涵的表达。

表4-1　《第3 286个站》文案摘录

序号	文案内容
1	你好，上海站、重庆站、贵阳站、长春站、昆明站，还有那些可能没几个人听过的，一面坡站、三把火站、六个鸡站，全国的3 285个铁路车站，你们好，我是"B站"
2	你们有的很远，有的很小，有的可能还有点破，但每一个站，都是一个家乡
3	这个春节，你们会遇见很多年轻人，而我有几件小事，想要拜托你们，如果他在站台上不小心撞到了人，别怪他，心里想着快点到家，脚上难免匆匆忙
4	遇到拖着大箱子的姑娘，请帮个忙，她可能不太好意思开口麻烦别人
5	途中孩子吵闹，还请见谅，这可能是新手父母，三年来第一次带孩子回老家
6	车快到站的时候，看见睡过头的年轻人，还请提醒他们一下
7	碰到用家乡话问路的小伙，别见怪，几年没回家，故乡的变化比他想得要大
8	想拜托的事还很多，只因我们希望每个年轻人，今年都能顺顺利利地回家，因为今年他们，特别想回家
9	从世界，奔向家
10	外面的世界很精彩，但过年要回家才痛快

　　相较于广告片，B站的这次特别企划可以被称为一则纪录片，其以明线——车站和旅途中的人们为主题内容，讲述在外漂泊一年终于归家的喜悦和期待；以暗线——3 285个铁路车站为主题内容，潜移默化地表现出了中国面积之大、游子之多、人群流动之广，同时也在无形中向用户讲述了中国铁路铁道建设迄今取得的巨大成就，最终紧扣主题"从世界，奔向家"。以"站"（B站）对"站"（铁路车站）的嘱托建立了强连接，将B站和铁路车站连接起来，寓意B站也一直陪伴在用户身边，从这个角度来讲，B站和众多铁路车站一样，是一个"站"，但也是家乡。

　　2023年春节期间，B站的这则特别企划总曝光量超5亿次，全网播放量超1亿次，覆盖朋友圈渠道，成为微信、微博、抖音视频号的爆款，单账号获赞超10万个，并且在多平台引发接力二创。但其中最令人意想不到的是，B站的这部短片发布于2023年1月14日，2月15日，也是2023年春运的最后一天，中国铁路官方也用一部短片《3 285个铁路车站的回信》，对B站的这封"信"进行了回应。B站和中国铁路的两部短片在以春运为时空的大场景下彼此呼应，与当下中国人的民族传统、家乡和人际情感完全契合，以精妙的创意和感人至深的内容共同描绘了中国当代数以亿计的人民在神州大地上奋斗和获得幸福的画卷。而B站这次不仅仅被称为年轻人的快乐老家，也与众多铁路车站一样，成为所有人温馨的家乡。

　　在完成了理论知识的学习后，学生以小组为单位，查阅"百岁山矿泉水"的品牌理念、宣传重点、产品特色等信息，在此基础上，为其写作适合在新媒体平台发布的短文案，要求包含其品牌理念、产品特色等信息，并利用相关的写作技巧，以吸引用户关注，再将文案写作内容和修改后的内容填入表4-2中，并由指导教师或企业导师进行总结和点评。

表4-2　"百岁山矿泉水"文案写作

文案写作内容	
1	
2	
3	
修改后的内容	
1	
2	
3	

任务三　新媒体文案的运营与推广

　　信息化社会，新媒体作为一种全新的传播方式，已经成为人们获取信息、互动交流的重要平台，它不仅改变了人们的生活方式，还对品牌的运营模式产生了深远影响，具有重要意义。品牌应充分利用新媒体文案的价值，把握市场机遇，实现企业的长期发展。新媒体文案的传播不仅可以提高品牌的知名度、增强用户黏性、促进产品销售，还可以提升企业形象、降低营销成本、优化策略。

　　新媒体文案运营与推广的流程具体可以分为市场调研、明确定位、实施推广和数据分析四个步骤。市场调研和明确定位属于新媒体文案运营与推广的前期准备阶段；实施推广关乎新媒体文案能否真正被用户看到，并对用户产生影响；数据分析则属于运营与推广的后期部分。这里主要介绍市场调研、明确定位、实施推广，数据分析则在下一任务展开讲解。

一、市场调研

　　在市场调研阶段，新媒体文案人员需要深入了解市场环境和用户需求，力求吸引用户关注并提高转化率。具体的调研内容，包括以下几个方面。

（一）品牌和产品定位

　　对品牌和产品定位进行深入调查和分析，确保清楚了解品牌和产品自身的定位，这是进行新媒体文案运营与推广的基础。简单来说，品牌和产品的定位就是用一句话能够概括出来这个品牌和产品是做什么的。

（二）用户分析

　　只有了解用户是哪一部分人群，以及对用户的基本属性和行为特征进行分析，才能够更有针对性地进行文案内容的写作和传播。用户分析的维度具体包括以下三方面。

1．用户的基本属性

　　用户的基本属性包括年龄、性别、所处地域、学历、职业等。如果品牌的主要用户是年轻人，那么可以策划更加年轻化的文案内容和表现形式，以吸引他们的关注。

2．用户的行为特征

　　用户的行为特征包括消费心理、用户偏好、生活追求、兴趣爱好等。品牌对用户在新媒体平台上的浏览、点击、转发等行为进行分析，可以了解用户的兴趣和偏好。例如，如果用户更倾向于浏览故事类内容，那么在新媒体文案的策划与写作过程中就可以着重讲"故事"；如果用户倾向于浏览功能性内容，那么在新媒体文案的策划与写作过程中就可以着重讲"功能"。另外，还可以通过用户的留存率和转化率等指标来评估新媒体文案的效果，并对新媒体文案进行调整和优化。

3．用户的反馈和评论

　　通过对用户的反馈和评论进行分析，品牌可以了解用户对文案内容和形式的评价和建议。这些反馈和评论可以来自新媒体平台上的私信，也可以通过问卷调查等形式收集。通过充分倾听用户的声音，品牌可以提高用户对文案的满意度。

（三）竞品分析

　　分析竞争品牌或账号（至少涵盖5个竞争品牌或10个竞争账号），明确品牌或账号与竞争品牌或账号的差异点，在后续的文案写作中着重强调差异，如农夫山泉的广告文案"农夫山泉有点甜"，农夫山泉在其广告中不断重复这句文案，用户就会觉得这是农夫山泉不同于其他饮用水的独有特点并产生兴趣。

二、明确定位

在明确定位阶段，新媒体文案人员需要明确文案写作的目的，以及品牌想要塑造怎样的形象。

（一）明确目的

明确品牌希望通过新媒体文案实现怎样的商业目标，如品牌的宣传曝光、品牌形象的构建、客户服务、危机公关等。

（二）形象定位

在文案的策划中注意品牌的形象定位，明确品牌想要塑造什么样的品牌特性。如果想要塑造年轻化的品牌形象，就要策划有趣、有风格的新媒体文案；如果想要塑造温情的品牌形象，就要用新媒体文案讲动人的故事。

三、实施推广

在实施推广阶段，新媒体文案人员需要根据市场调研和明确定位阶段的结果进行新媒体文案的针对性推广。

在进行新媒体文案内容传播的过程中，仅依靠品牌自身流量出圈是困难的，适时、适度、适当地推广是当前新媒体文案运营与推广的重要环节之一。要让文案在海量的新媒体文案中脱颖而出，获得用户的关注和肯定，需遵循以下几个要点。

（一）选取特殊时间节点

新年伊始，品牌通常会将一年中的重要事件发生时间、节日、节气等特殊时间节点列出来，以此开展一些营销和推广活动。例如，蕉下在惊蛰发布"惊蛰令"的MV[①]，护肤品牌在妇女节和女生说要"不惧年龄"，百事可乐在春节告诉用户要"把乐带回家"，等等。各个品牌在特殊时间节点进行新媒体文案的推广其实并非跟风，而是因为在特殊的时间节点，人们会自发产生消费行为。所以在特殊的时间节点，与当下热点结合的新媒体文案会更容易得到人们的关注。

📋 **案例**

蒙牛母亲节影片《同岁妈妈》

每一年的母亲节，母亲这一角色都会被置于大众议题中。而品牌要做的是，抓住母亲节这一特殊时间节点，蒙牛以"妈妈的年龄，是从孩子出生那刻算起的"这一精准又独到的文案，在母亲节当日，推出《同岁妈妈》主题影片。该影片以年龄为纽带，记录妈妈和孩子每一个"同龄"的状态，影片中不同年龄的妈妈如图4-3所示。该影片中，蒙牛的牛奶自然融入各场景中，真实展现妈妈不同阶段的成长与变化，勾起目标群体的回忆，引发高度情感共鸣，传达"一杯牛奶，为爱要强"的品牌主旨。该影片在同质化表达中脱颖而出，最终在2023年母亲节期间，微博总曝光量2.4亿次，视频播放量1 327万次，话题阅读量3.3亿次，讨论量达到26万次。

---

① MV是音乐短片的简称，也称为音乐视频。

图4-3　影片《同岁妈妈》中不同年龄的妈妈

（二）结合当下热点

热点指受用户关注的新闻、信息，甚至可以是人物、地点与问题等。换而言之，热点就是较受用户关注的某个或者某些点，具有较高的传播度和讨论度。新媒体时代，热点意味着流量，而新媒体文案推广的目的就是获得流量，那么适度结合当下热点，进行品牌的新媒体文案推广不失为一种好的方式。

（三）二次或多次传播造势

在新媒体平台上发布原创内容并进行推广是品牌营销和账号经营的重要手段之一，但品牌仅依靠自身的流量显然不能保证新媒体文案推广活动的效果。如果能够与行业从业者、不同品牌"蓝V"或广大用户联动，引发二次或多次传播，甚至引发刷屏式转发，就能够达到更好的推广效果。

📖 案例

比亚迪短片《在一起，才是中国汽车》

2023年8月9日，比亚迪第500万辆新能源汽车下线。比亚迪这一次的推广活动并没有着重宣传自身取得的成就，而是将这份里程碑式的荣光延伸，变成中国汽车发展脉络的一环，比亚迪发布短片《在一起，才是中国汽车》并举办线下发布会，致敬大部分友商，并成功引起刷屏。在这部短片中，比亚迪从第一辆"解放"牌汽车问世讲起，沿着中国汽车发展的时间轴，让用户不仅看到东风、长安、上汽、广汽等老牌造车厂商的发展足迹，也看到小鹏、蔚来、理想等国产汽车品牌新秀的崛起。从企业自身发展，放大到行业的发展，再着眼全球，比亚迪用文案表达了中国品牌屹立于世界之林的荣誉和自豪，代表性文案如表4-3所示，并最终落脚于"在一起，才是中国汽车"的主题文案。比亚迪在线下举办发布会，让友商的汽车和自己的汽车一同展出，呼应本次推广活动的主题文案"在一起，才是中国汽车"。比亚迪这场线上线下联动的推广活动，收获了广泛好评，引发了用户在多个社交媒体平台的刷屏，汽车行业从业者纷纷转发，多个品牌"蓝Ｖ"为其站台，用户也对此喜闻乐见，引发了二次传播。

表4-3　比亚迪影片《在一起，才是中国汽车》的代表性文案

序号	文案内容
1	我们的故事各不相同，但方向却又如此相通
2	奔流于每寸热土，挺立于新能源潮头之上
3	在那里，我们不分你我
4	在那里，我们乘风破浪，打破旧的神话，踏出新的长空，成就世界级品牌
5	这个名字，将由你，由我，由每一位中国汽车人共同书写
6	这个名字叫，……中国汽车
7	在一起，才是中国汽车

在完成了理论知识的学习后，学生以小组为单位，继续以"百岁山矿泉水"为运营对象，为任务二中写作的新媒体文案拟定一份运营与推广方案，包含市场调研、明确定位、实施推广三个部分，再将结果填入表4-4，最后由指导教师或企业导师进行总结和点评。

表4-4　"百岁山矿泉水"文案运营与推广方案

方案部分	细分内容	具体内容
市场调研	品牌和产品定位	
	用户分析	
	竞品分析	
明确定位	明确目的	
	形象定位	
实施推广	文案推广	

任务四　新媒体文案运营的数据分析

数据分析是新媒体文案运营中的关键，能有效助力决策制定。通过深度剖析用户行为及内容表现各方面的数据，新媒体文案人员可以更好地洞察用户需求并优化文案策略，同时提高用户转化率并增强其黏性。对新媒体文案进行数据分析不仅有助于新媒体文案人员明确用户偏好，同时也为其文案运营提供决策支撑，助推精确营销并促进业务增长。

目前，新媒体文案运营的数据分析主要涵盖用户画像分析、文案效果评估、流量来源分析以及用户行为路径追踪四个方面。在新媒体文案运营中全面且深度地整合与挖掘这些数据，新媒体文案人员能够更为精确地掌握用户特性，提高新媒体文案品质，并实现更为精准的新媒体文案推广。

一、用户画像分析

用户画像是基于用户各项数据勾勒而成的用户形象，全面涵盖了新媒体用户的基本信息、娱乐喜好及日常行为习惯等多个层面的元素。对用户画像进行深度剖析，新媒体文案人员能够更为精准地洞察目标用户的特性及内在诉求，进而制定出针对特定人群的文案运营策略及推广方案。

具体而言，依据用户年龄区间、性别比例与地域分布等相关信息，新媒体文案人员可写作出个性化的文案内容，从而有效提高自身作品的吸引力并增强用户黏性。例如，新媒体文案人员经过数据分析后发现目标用户年龄较小，即目标用户为年轻群体，则可以针对用户特点写作有趣、有风格的年轻化文案；如果目标用户年龄较大，年轻化的新媒体文案显然不合适。需要注意的是，在深度分析用户画像的过程中，用户行为数据中的浏览时间、评论量等关键指标能够揭示用户真实的喜好及行为特性，为新媒体文案人员精确解读用户需求，提供量身定制的个性化服务提供支持。

二、文案效果评估

文案效果评估的主要目的是通过监测与评析新媒体文案质量及传播效应等关键指标，适时调整与优化策略。在新媒体文案运营机制中，文案效果评估的意义重大，能够帮助新媒体文案人员深入洞悉各类文案的表现，并找出最佳的内容表达方式，进而有效提升用户转化率。依托对新媒体文案的浏览次数、分享比例、评论条数等众多指标的监测，以及对用户反馈与互动状况的综合考量，新媒体文案人员可对文案效果做出整体评估。

三、流量来源分析

流量来源分析旨在对网络或应用程序访问来源所在地进行严密监控与深度统计，以此鉴别各传播途径带来的流量质量及转化率。在新媒体文案的运营领域，准确掌握流量来源信息对科学优化新媒体文案的推广策略，全面提升流量转化的效率具有重要意义。

新媒体文案人员可以利用百度统计等数据分析工具对流量来源进行深入分析，把握各种推广渠道，如直接访问、主页推荐、搜索引擎、社交媒体平台等不同来源的访问量比例及贡献值。百度统计数据分析页面如图4-4所示。新媒体文案人员可以有选择性地改进和优化推广策略，同时改善页面引导路线，进而提升转化效果。

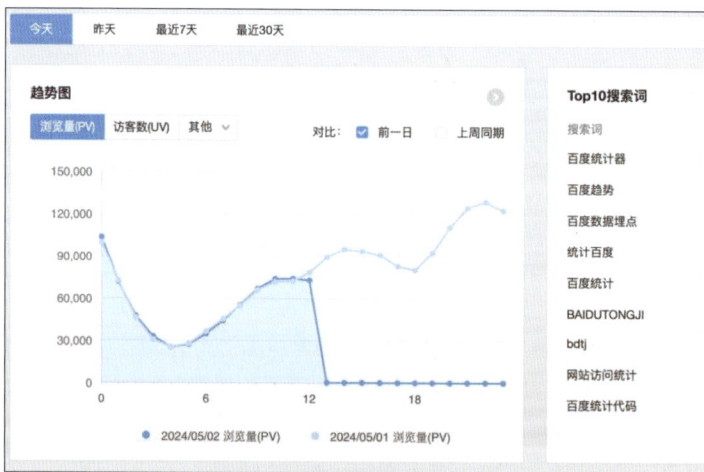

图4-4 百度统计数据分析页面

四、用户行为路径跟踪

用户行为路径跟踪，即针对网站或平台用户的浏览及点击操作，结合页面深度及停留时长等数据进行精细分析。新媒体文案人员对用户的行为路径进行跟踪能深入洞察用户兴趣与阅读习惯，在确保最大限度地优化新媒体文案内容的基础上，调整新媒体文案呈现的页面结构及导航设置，提高服务质量。

例如Hotjar、Crazy Egg等数据分析工具能够生成详尽的用户行为路径跟踪报告，提供页面热图、点击热图等直观的数据可视化图表。通过深入研究和全面对比，新媒体文案人员可以调整并完善页面布局及功能设定，改善用户体验，增强用户黏性，进而达到更佳的文案阅读转化效果。

需要注意的一点是，新媒体时代数据泄露频发，如何确保用户信息安全已成为所有从业人员不可回避的挑战。新媒体文案人员在进行数据收集与分析的过程中还需构建完备的个体数据护卫体系，这是新媒体行业持续、稳健运行的核心要素之一。

在项目实训中，学生可以借助新榜等数据统计网站，查看新媒体头部账号的作品数据，并对其进行分析。学生可以以小组为单位，根据以下步骤查看头部账号的数据。

首先，在百度中搜索"新榜"，并单击进入。

其次，搜索想要分析的账号，例如搜索"十点读书"，即可进入数据展示页面，如图4-5所示。

图4-5　数据展示页面

最后，单击"发布规律"，可以查看热门的原创文案，单击任意一篇热门的原创文案后，即可看到该篇文案的相关数据（见图4-6），并对其进行分析。

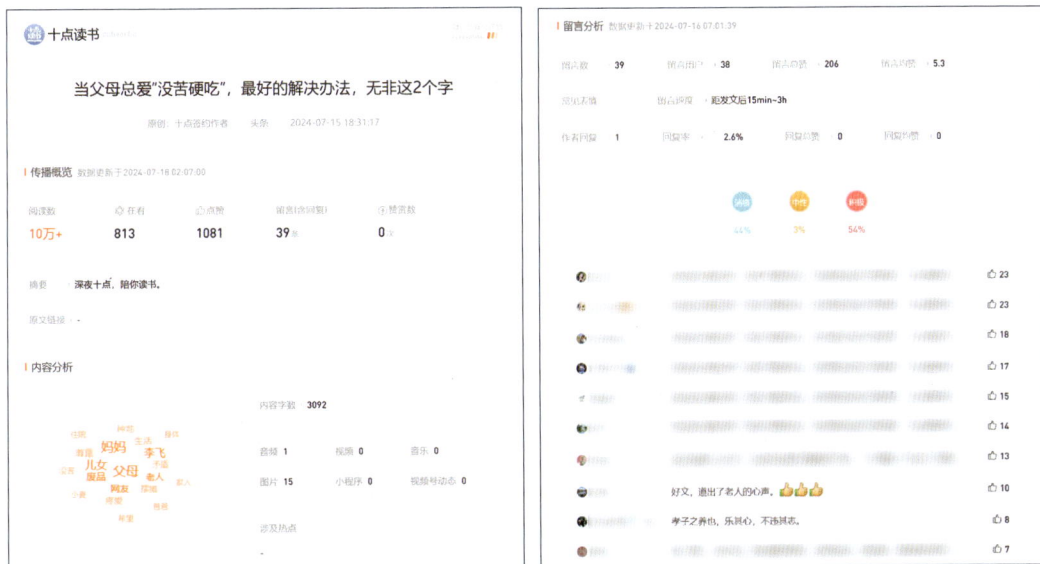

图4-6　利用新榜查看文案数据

任务五　AI在新媒体文案写作中的应用

有专家学者指出，尽管行业专家或工作者能够识别AI和人类写作的文案，但很多用户已无法区分。AI的发展可能会带来新一轮的人力资本替代，其中生成式AI的创造力引发广泛讨论。目前，国内外AI大模型及各领域应用的落地和迭代速度日新月异，AI在新媒体文案写作中的应用也日益深入。AI写作工具能够自动或半自动地完成文本写作，AI在新媒体文案写作中的应用，主要体现在以下几个方面。

一、利用 AI 能够有效预测用户的行为和喜好

AI具有强大的数据挖掘和分析能力，能通过对海量数据的挖掘和分析，发现数据间的潜在关联，并从中提取出有价值的信息。例如，对历史销售数据进行分析，找出与用户购买决策相关的因素，这些因素可能包括产品特性、定价策略、促销活动等。通过对这些因素进行整合和分析，企业可以写作更具针对性的广告文案，更准确地预测用户未来的购买行为。

同时，企业还可以基于用户历史行为和兴趣，使用AI自动生成个性化推荐内容。例如，在电子商务平台上，根据用户过去的购买记录、浏览行为等数据，智能推荐系统可以向用户展示其可能感兴趣的产品或服务。AI通过分析用户的个人喜好和偏好，帮助新媒体从业者更准确地了解用户行为和喜好，制定更符合市场需求的营销策略，从而使广告文案策划更有针对性。

二、利用 AI 进行语音和图片处理

视觉内容和语音识别在新媒体文案中越来越重要，AI可以利用语音识别技术，将语音转换成文字，然后进行分析、编辑和处理。例如，实现音频的自动化转写、剪辑、翻译、智能在线硬笔书写等。AI还可以帮助新媒体文案人员更快地完成图像处理工作，如自动剪裁、去水印、降噪、美化、补光、光学字符识别等。

三、利用 AI 进行文案智能化写作和编辑

AI可以写作更具创意和想象力的广告文案，从而吸引更多的用户。通过自然语言处理和机器学习技术，AI可帮助新媒体文案人员更快、更准确、更智能地完成搜集、策划、写作等工作，提升写作效率和质量。例如，AI可以根据用户选择的主题、风格、时长等要求智能生成文章、视频、音频等内容。此外，AI还可以进行内容自动化、语义模板匹配、关键词优化等一系列操作，从而帮助新媒体文案人员完成新媒体文案的内容策划、优化和推广工作。

AI的出现为新媒体文案人员提供了更多的工具和资源。目前国内的AI写作工具已有很多，在使用和功能方面都受到广泛好评，这里介绍三个较有特色的AI写作工具，其各有优势。

（一）聪明灵犀软件

聪明灵犀软件是一款集聊天和写作于一体的AI实用工具，能够进行基础的知识问答、资讯查询等。聪明灵犀软件的主要功能之一为写作，利用其写作日报、周报等各类报告，"种草"广告文案等各类文案，也可用于写作新闻稿、辩论稿等各类稿件。

新用户可以免费使用聪明灵犀软件，且该软件功能区分明确。聪明灵犀软件主页面如图4-7所示。聪明灵犀软件的AI写作功能强大，利用率高，支持的写作类型较为丰富，这款软件基本能够解决全部写作问题。相较于其他AI写作工具，聪明灵犀软件的写作安排更为合理，故而文章输出质量较高。

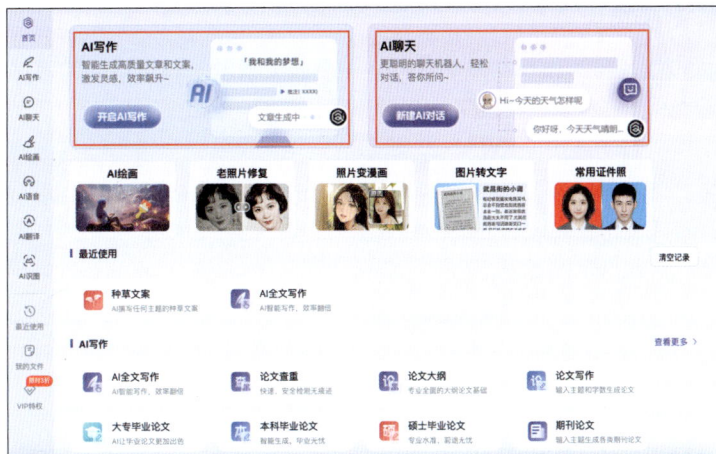

图4-7　聪明灵犀软件主页面

用户在用聪明灵犀软件进行AI写作时，通常使用的是"AI写作"功能，如有特殊写作需求可以从细分类别中进行选择，并进行针对性写作。聪明灵犀软件"AI写作"功能页面如图4-8所示。例如想写一份推广方案，其会从背景、市场、产品、渠道等多方面进行分析，为用户提供较为详细、专业的推广方案，其撰写的推广方案如图4-9所示。

图4-8　聪明灵犀软件"AI写作"功能页面

图4-9　聪明灵犀软件撰写的推广方案

（二）讯飞星火认知大模型

讯飞星火认知大模型是科大讯飞研发的一款认知智能大模型，具有较强的自然语言处理能力，可以提供语言理解、智能写作、问答、推理等认知类服务，一般用于写作、润色、了解最新资讯、询问软件或网站的功能情况等，其功能页面如图4-10所示。讯飞星火认知大模型回答速度快、内容有逻辑且正确，是一款很值得尝试的AI写作工具。新媒体文案人员用讯飞星火认知大模型进行写作时，只需要将要求以语言交互的方式传达，它会快速生成符合要求的文本内容。新媒体文案人员也可以在它的热门推荐中找到需要的功能，进入特定模式进行写作。它最显著的优点是针对不同新媒体平台，可以生成符合该平台风格的文案。讯飞星火认知大模型生成的小红书种草文案如图4-11所示。

图4-10　讯飞星火认知大模型功能页面

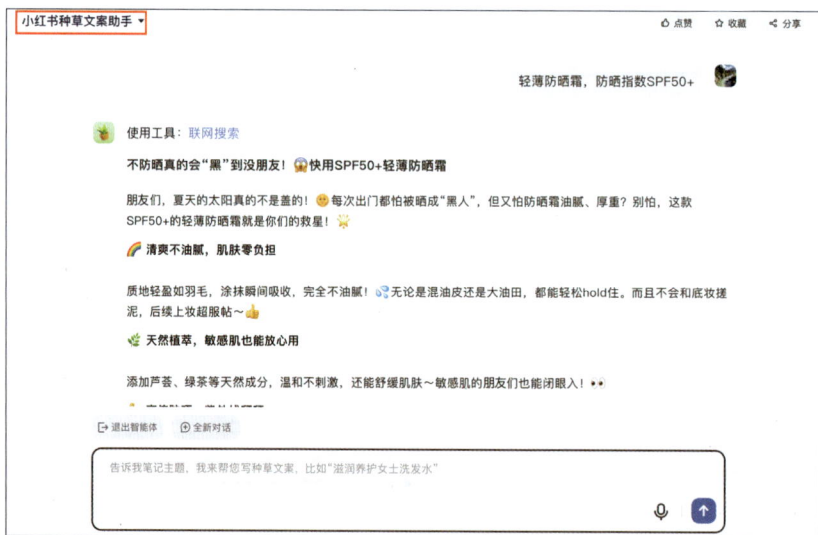

图4-11　讯飞星火认知大模型生成的小红书种草文案

（三）文心一言 App

2023年3月16日，百度宣布正式推出AI写作工具文心一言，并宣布开放测试邀请。2023年8月31日，文心一言App正式向用户开放，其功能与讯飞星火认知大模型相差不大，也是以问答的形式，支持文案写作、AI创意画、AI对话等多种功能，其功能页面如图4-12所示，用户只需要选择需要的功能，进行内容生成即可，操作较为便捷。

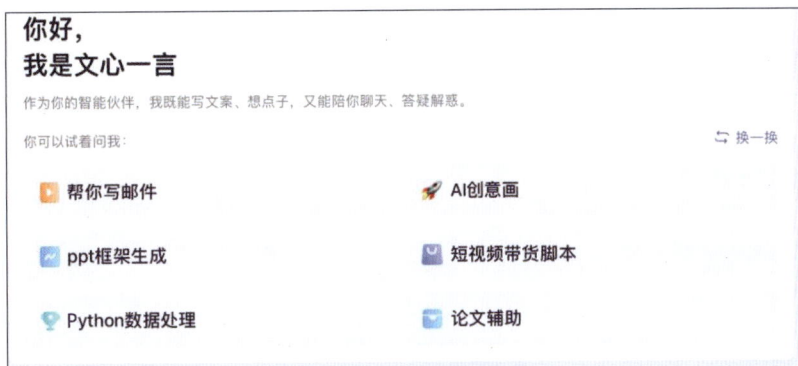

图4-12　文心一言App功能页面

AI写作工具正日益成为现代人在各种写作场景中的得力助手。无论是宣传文案、新闻报道、作业论文，还是商务协议，AI写作工具都能够提供高效、质量可靠的写作支持。随着AI的不断进步，相信未来会有更多创新的AI写作工具涌现，为新媒体文案写作带来更多可能性。但是需要注意的是，在使用AI进行新媒体文案写作时，人工审核仍然是不可或缺的一步，虽然AI可以生成文案，但仍需人工审核以确保新媒体文案的质量和准确性。同时在使用AI写作的时候也可以根据用户的历史数据和偏好，利用智能推荐功能提供个性化的文案建议，进一步优化AI的表现。

同时，由于AI的高效率和24小时不间断工作的特性，一系列新的就业岗位将不断涌现，如首席人工智能官（CAIO）、人工智能生成内容（Artificial Intelligence Generated Content，AIGC）作品加工师、AI训练师等，"人智"协同工作可能会成为未来新媒体文案写作工作的主流方式。

在完成了理论知识的学习后，学生以小组为单位，在任意AI写作工具中输入"为百岁山矿泉水写作新媒体文案"，并将AI写作结果与在任务三中写作的内容进行对比，找出相同和不同之处，最后由指导教师或企业导师进行总结和点评。

课后巩固提升

【案例分析】

近年来，各家企业在新媒体文案上各出奇招，放眼整个新媒体市场，虽然美团的文案不一定句句都能成为金句，但是让人看一遍就能记住，并且融入了问候与关心。那么美团的文案是如何平衡好速度与温度并取得成功的呢？请结合本项目内容从新媒体文案写作与运营的角度进行分析。

案例1：美团酒店宣传短片《像哥一样享受春天》

2023年美团酒店推出宣传短片《像哥一样享受春天》（见图4-13），以"春游上美团订酒店，像哥一样享受春天"为主题文案，形成破圈效应。整个活动宣传期间，短片总曝光量3.8亿次，短片总互动量超400万次，曝光目标达成率210%。

图4-13　美团酒店宣传短片《像哥一样享受春天》的截图

案例2：美团小份饭营销海报《剩饭的告别》

美团小份饭将剩饭人格化，呼吁小份饭的必要性，其营销海报《剩饭的告别》如图4-14所示。海报文案"我不怕被关进小黑屋，我不怕受冻，我也不怕等待，但你别不理我啊""你觉得只有你是被剩下的那个，其实，我也一样被剩下了""我知道，你是因为吃了太多的大饼，所以才吃不下饭"以人格化的表达引发用户共鸣。

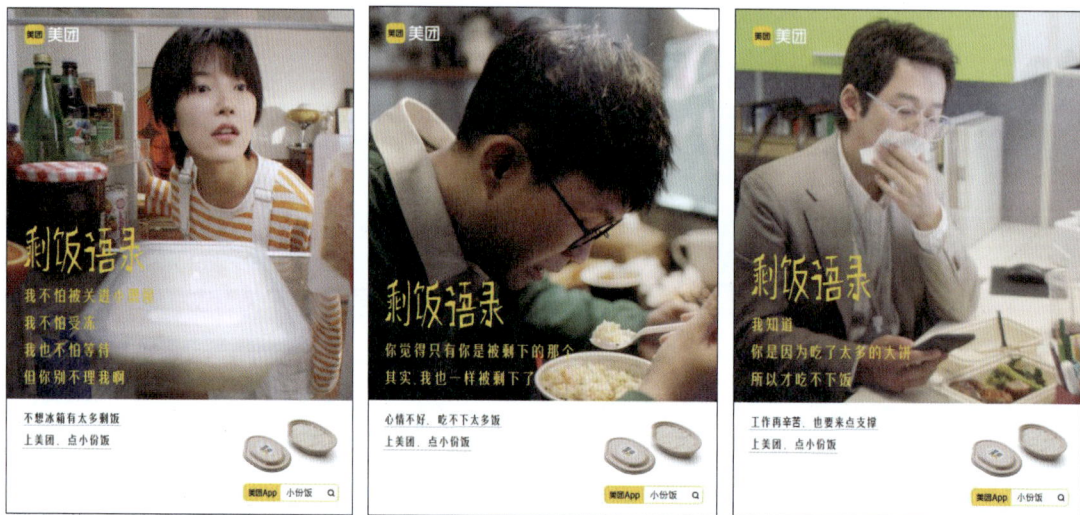

图4-14　美团小份饭营销海报《剩饭的告别》

【拓展训练】

请结合本项目所学内容，分析新媒体文案行业的现状以及未来发展趋势。

请结合本项目所学内容，为理想品牌的新能源汽车写作一篇新媒体广告文案。

下篇

技能篇

项目五

新媒体图像的制作与传播

内容概要

在信息化高速发展的今天，新媒体图像的制作与传播具有重要的意义。摄影技术和网络技术的发展，加之图像处理软件提供的强大的编辑和创作功能，不仅改变了图像的创作方式，还拓宽了图像的传播渠道。例如，新闻摄影作品不仅通过直观的图像向用户传递新闻信息，更通过独特的视角和深刻的内涵，引发人们对社会现象和新闻事件的深度思考，故本项目选取新闻摄影为代表，来讲解新媒体图像的相关知识。新媒体技术能够实现产品在数字空间、社交媒体平台上的广泛传播，充分调动用户的情感。本项目将通过案例与实操结合的形式带领学生学习图形与图像制作基础、摄影的前期准备、摄影的基本构图、图像的后期处理，以及使用Adobe Photoshop进行图像设计与输出等内容。

知识目标

➢ 了解新媒体时代摄影的重要性。
➢ 掌握摄影构图的基本原则和方法。
➢ 掌握使用Adobe Photoshop进行图像处理的理论知识和基本原则。
➢ 掌握使用Adobe Photoshop进行图像设计的方法与流程。

能力目标

➢ 具备摄影构图的能力。
➢ 具备做好摄影前期准备的能力。
➢ 具备关于图像的前期拍摄和后期制作的能力。
➢ 具备利用Adobe Photoshop进行图像处理的能力。

素养目标

➢ 培养一定的图像制作素养。
➢ 培养适应不同新媒体平台传播规则的职业素养。

课前自学

一、新闻摄影作品案例分析

新闻摄影是以技术为手段，以图片、文字为媒介，对新近发生、发现的事实的展示，其具有即时性、直观性、艺术性、互动性和传播性等特点。扫描右侧二维码，查看案例"以运动会为主题的新闻摄影作品"。

案例

以运动会为主题的新闻摄影作品

二、新媒体海报案例分析

新媒体海报是商业领域中重要的营销工具。一张优秀的新媒体海报能有效地提高用户对产品或服务的认知度，提升品牌的形象，并最终带动销售额的增长。

新媒体海报是一种艺术形式，设计师可以通过创作来表达他们的观点、情感和创意。此外，海报设计也是艺术历史和文化研究的重要部分，它们记录了社会、文化和商业发展的历史。

新媒体海报不仅能吸引用户的注意力，同时也能影响用户的观念和行为。通过使用具有影响力的图像、文字和色彩，海报可以激发人们对社会问题的思考和行动。扫描右侧二维码，查看案例"新媒体海报"。

案例

新媒体海报

课中任务展开

本项目通过任务的模式展开，学生在了解图形与图像制作基础后，通过摄影的前期准备、摄影的基本构图、图像的后期处理等任务，掌握新媒体图像的制作与传播的基本内容。除此之外，本项目还介绍了使用Adobe Photoshop进行图像设计与输出的内容。在本项目中，学生可以以小组为单位，选择教材中以"运动会的采拍宣传"为主题的实训任务，也可以依托其他主题展开本次实训任务。

任务一　图形与图像制作基础

图形与图像都是可视化的表达方式，通过使用线条、形状、颜色和纹理等元素来呈现视觉信息。它们广泛应用于各个领域，包括计算机图形学、计算机视觉、游戏开发、动画制作等。图形与图像可以通过计算机生成、处理和显示，也可以通过摄影和扫描等手段获取和存储。为了更好地学习图像的后期处理相关知识，学生需要掌握必要的图形与图像理论知识，以便在理论知识的基础上完成实践。

一、图形与图像的基础知识

（一）任务描述

在计算机科学中，图形和图像这两个概念是有区别的：图形一般指用计算机绘制的画面，如直线、圆、圆弧、任意曲线和图表等；图像则是指由输入设备捕捉的实际场景画面或以数字化形式存储的任意画面。为了更好地探索图形与图像的处理工作，学生可以结合前期理论知识，带着问题进行后续的训练。

（二）方法步骤

学生以小组为单位，在学习完图形与图像的理论知识后，总结图形与图像的异同，在此基础上完成表格填写。

1. 图形与图像

图像有矢量图和位图之分。严格地说，矢量图被称为图形，是以数学向量方式记录图像的，其内容以线条和色块为主。矢量图和分辨率无关，它可以任意地放大且清晰度不变，也不会出现锯齿状边缘。矢量图无法通过扫描获得，主要依靠设计软件生成。位图被称为图像，也被称为栅格图或点阵图，是一种图像格式，它使用像素阵列来表示图像。位图是由单个像素点组成的，每个像素点都有自己的颜色信息，能表现出图像的逼真效果，如果生成文件较大，那么图像放大时清晰度会降低并出现锯齿状边缘。

矢量图和位图之间最大的区别就是位图放大到一定比例时会变得模糊，而矢量图不会。利用Adobe Illustrator打开教材配套资源中的素材图像"运动会.ai"文件，以及使用Adobe Photoshop打开教材配套资源中的素材图像"运动会.jpg"文件，以便查看矢量图与位图的区别，如图5-1所示。

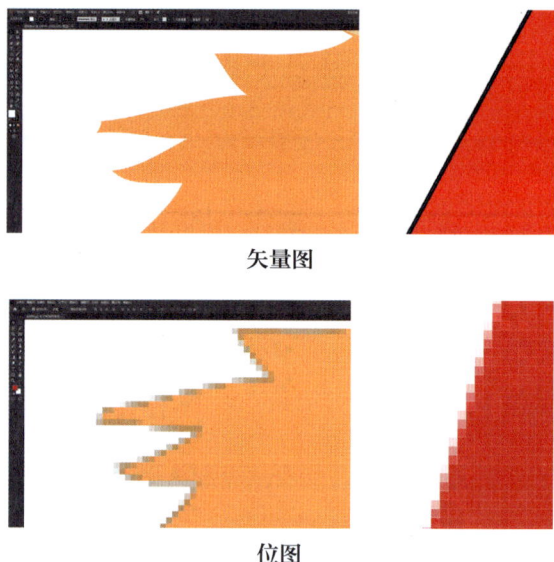

矢量图

位图

图5-1　矢量图与位图的区别

2. 像素与分辨率

像素，是构成图像的最小单位，它表示图像中的一个点。每个像素都有自己的位置和颜色信息，通常用RGB（红、绿、蓝）或RGBA（红、绿、蓝、透明度）来表示像素的颜色。

分辨率，是指图像中每英寸（1英寸=2.54厘米，余同）所包含的像素数量，通常用DPI（Dot Per Inch，点/英寸）来表示。分辨率越高，图像越清晰，但文件也会越大。

📖 知识拓展

分辨率

设备分辨率即常见的支持图像生成或显示的设备屏幕分辨率，是指构成该显示设备的水平像素和垂直像素的个数，如显示器的分辨率为1 920像素 ×1 080像素。

图像分辨率是指图像中存储的信息量，即每英寸图像内有多少个像素点。它用"像素/英寸"（Pixels Per Inch），即PPI表示。例如，分辨率为72PPI，即在2.54厘米 × 2.54厘米的区域内，有72个像素。在相同尺寸内，像素数目越多，分辨率越高，图像越细腻、越清晰。

输出分辨率是指打印机或者输出设备的输出分辨率，单位是DPI。所谓最高分辨率，就是指打印机或输出设备所能输出的最大分辨率，也就是所说的输出的极限分辨率。输出的分辨率与制作文件的尺寸大小、精度等参数有关。

完成上述内容的学习后，学生通过互联网查阅相关资料，总结图形与图像的异同，并将其填入表5-1。

表5-1 图形与图像的异同

异		同
图形	图像	

（三）效果评价

各小组间进行讨论并完善表5-1的内容，再由指导教师或企业导师点评和总结。

二、摄影的基础操作

（一）任务描述

随着摄影技术的不断发展，摄影成为人们获取图像的一个重要途径。摄影已经从之前的记录景物逐渐发展成为一种艺术表达和情感传递的方式。摄影技术不仅关乎摄影作品的质量，也直接影响着摄影师对图像的认知和表达，所以学生需要对摄影基础操作有一定的了解。

（二）方法步骤

学生以小组为单位，学习相关理论，并掌握曝光、光圈、快门速度、ISO的作用，为进行摄影实践打下基础。

1. 曝光

曝光主要用来调节图像整体亮度，如果拍摄场景过于暗淡，可以调节曝光补偿标尺来增加亮度。了解曝光的原理能够帮助摄影师在不同的光线条件下获得准确的参数，保证图像的明暗层次和细节。

2. 光圈

光圈控制镜头的进光量，光圈越大，进光量就越多，照片就越亮；光圈越小，进光量就越少，照片就越暗。不同光圈的区别如图5-2所示。

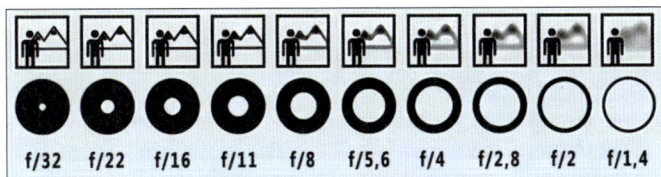

图5-2 不同光圈的区别

大光圈适合拍摄人物、近景等，适合拍摄需要突出主体并产生背景虚化效果的场景。小光圈适合拍摄风景、建筑、食物等，适合拍摄需要整体画面清晰和细节丰富的场景，确保拍摄对象的各个部分都能清晰呈现，从而获得更加真实和立体的画面。

3. 快门速度

快门速度决定了相机在曝光时的时间长度，快门速度越快，相机镜头打开的时间越短，较快的快门速度比较适合拍摄快速移动的物体或者运动的瞬间。常见的快门速度参数通常以秒为单位，主要包括以下几种。

1/1 000秒：适合拍摄高速运动或者捕捉瞬间的动作，能够定格快速移动的物体或人物，保证照片的清晰度。

1/500秒：适合拍摄一般移动速度的物体或者普通情景下的静态物体，能够捕捉到快速移动的物体并保持相对清晰。

1/250秒：适合拍摄一般情况下的静态物体或者移动较慢的物体，通常用于日常拍摄。

1/125秒：适合拍摄慢速移动的物体，如轻风吹动的树叶，适合一般的日常摄影。

1/60秒：适合拍摄轻微运动的物体。

1/30秒：适合在光线不足的环境下拍摄，如拍摄夜景、室内昏暗的场景、黄昏时的场景，还适合拍摄静止的物体。

1/15秒及以上：通常用于拍摄静态物体或者需要特殊效果的场景，如夜景或者流水等特殊情况下的长曝光拍摄。

4. ISO

ISO（International Standardization Organization，感光度）影响相机的感光元件对光线的敏感程度。ISO越高，对光线的敏感度越强；ISO越低，对光线的敏感度越弱。ISO越高，照片越亮，噪点越多；ISO越低，照片越暗，噪点越少。不同ISO呈现的效果如图5-3所示。

图5-3　不同ISO呈现的效果

（三）效果评价

各小组间进行讨论，确定如何通过摄影完成图像的拍摄，拍摄效果由指导教师或企业导师点评和总结。

任务二　摄影的前期准备

学习摄影不等同于学习相机的操作与使用，因为相机的操作与使用非常简单，但是要想用相机拍出好的作品，需要学会使用摄像器材并选择合适的摄影场地，只有做好这些准备，才能在拍摄中取得理想效果。本任务将围绕摄影的前期准备展开，以新闻摄影为例，学生以小组为单位，探究新闻摄影的前期准备工作，了解新闻摄影的重要性、新闻摄影作品的刊登场合、新闻摄影的岗位要求，并在此基础上探索摄影器材的选择、拍摄位置的选择。

一、了解新闻摄影

（一）任务描述

新闻摄影能够真实地记录历史、快速传递信息、引发用户的思考与讨论，学习新闻摄影能够增强图像的获取能力、提升审美素养、激发创作灵感等，但是想要完全掌握新闻摄影的相关技能，就必须对其有清晰的了解。

（二）方法步骤

学生以小组为单位，在教师的带领下完成对新闻摄影的重要性、新闻摄影作品的刊登场合和新闻摄影的岗位要求的探索与讨论，并完善相应表格的内容。

1. 新闻摄影的重要性

新闻摄影对新闻信息的呈现具有重要的作用，它能够快速传递信息，增强新闻的影响力，影响用户对事件的理解，所以了解新闻摄影的重要性是学习后续内容的基础。现以小组为单位，通过互联网查看新闻摄影作品、查阅相关文献资料，讨论新闻摄影的价值与功能，以及其在新媒体环境下呈现的特点，在此基础上完成表5-2的填写。

表5-2　新闻摄影的价值、功能及特点

价值与功能	特点

2. 新闻摄影作品的刊登场合

新闻摄影作品的刊登场合较为多元，在传统的报纸、杂志、电视上，在新兴的网站、社交媒体平台上都能够看到新闻摄影作品。为了更好地了解新闻摄影作品的刊登场合，学生以小组为单位，收集在各类平台的不同场合刊登的新闻摄影作品，如新闻报道、专题报道、封面故事等，在对其进行分类的基础上，讨论刊登在不同场合的新闻摄影作品的特点，并将讨论内容填入表5-3。

表5-3　新闻摄影作品的平台、刊登场合、特点

平台	刊登场合	特点

3. 新闻摄影的岗位要求

新闻摄影岗位已经成为新媒体行业中的重要岗位，所以了解新闻摄影的岗位要求对后续的内容学习和实操具有重要的作用。学生以小组为单位，在智联招聘、BOSS直聘、微信等渠道中搜索"新闻摄影招聘"的相关信息，并对这些岗位的工作内容及岗位要求进行整理。在微信中搜索"新闻摄影招聘"的结果如图5-4所示。

综合整理各个招聘渠道中新闻摄影岗位的工作内容及要求信息，理解新闻摄影在不同媒体机构中的工作差异，并填写表5-4。

图5-4 在微信中搜索"新闻摄影招聘"的结果

表5-4 新闻摄影岗位

岗位	工作内容及要求

（三）效果评价

通过以上实训任务，学生已深入理解新闻摄影的重要性，了解新闻摄影作品在不同场合的应用，以及实际工作岗位的要求，为后续的新闻摄影实践打下了基础。

二、摄影器材的选择

（一）任务描述

摄影器材的选择是摄影的前期准备工作中至关重要的一环。摄影器材合适与否直接关系到拍摄效果的好坏，因此，摄影师需要在拍摄之前根据新闻事件的性质、拍摄环境以及预期效果等因素，精心选择合适的摄影器材。

（二）方法步骤

学生以小组为单位，在教师的带领下，探索摄影器材的选择，并完成表格的填写。

1. 相机的选择

在选择相机时，摄影师需要考虑相机的功能、画质和便携性等因素。对新闻摄影来说，相机需要具备快速的对焦和连拍功能，以便捕捉新闻现场的瞬间变化。同时，画质也是不可忽视的因素，高清晰度和丰富的色彩能够提升照片的质量。此外，因为新闻摄影常常需要在不同环境下进行拍摄，所以相机的便携性也是需要考虑的因素。

当前，主流的相机主要可以分为单反相机、消费级相机和微单相机，这三类相机的代表分别是佳能EOS 5D Mark IV、尼康COOLPIX B500和索尼Alpha 6400 APS-C。

学生在佳能、尼康和索尼的官网或者淘宝旗舰店中搜索上述三种主流相机的适用场合、色彩、画质、便携性和价格，并填写表5-5。

表5-5 主流相机的对比

类型	型号	示意图	适用场合	色彩	画质	便携性	价格
单反相机	佳能 EOS 5D Mark IV						
消费级相机	尼康 COOLPIX B500						
微单相机	索尼 Alpha 6400 APS-C						

2. 镜头的选择

除了相机，镜头的选择同样重要。不同的镜头适用于不同的拍摄场景和拍摄需求。常见的镜头有广角镜头、标准变焦镜头和长焦镜头，这三类镜头的代表分别是佳能EF 16-35mm f/2.8L III USM、尼康AF-S 尼克尔24-70mm f/2.8E ED VR和索尼FE 70-200mm F 2.8 GM OSS。

学生在佳能、尼康和索尼的官网或者淘宝旗舰店中搜索上述三种镜头的焦距范围、适用场景和主要特点，并填写表5-6。

表5-6 主流镜头的对比

类型	型号	示意图	焦距范围	适用场景	主要特点
广角镜头	佳能 EF 16-35mm f/2.8L III USM				
标准变焦镜头	尼康 AF-S 尼克尔 24-70mm f/2.8E ED VR				
长焦镜头	索尼 FE 70-200mm F 2.8 GM OSS				

3. 辅助器材的选择

辅助器材也是新闻摄影中必不可少的。例如，三脚架可以提供稳定的拍摄平台，避免照片模糊；闪光灯和反光板可以在光线不足的情况下作为照明设备，确保照片的亮度和清晰度。下面将探究摄影辅助器材的选择。

（1）三脚架

对于需要长时间曝光或稳定拍摄的场合，三脚架是必不可少的。它可以固定相机，减少拍摄画面的抖动，三脚架的使用方法与使用步骤如下。

首先，打开三脚架，解开三脚架脚管的锁紧装置，分别展开三脚架的脚管，直至各脚管完全展开并平稳落地。

其次，安装相机，将相机底部对准三脚架云台上的快装板，拧紧螺丝固定。

最后，调整高度与稳定性。根据拍摄需求，通过三脚架的升降功能或调整三脚架脚管的角度，来调整相机的拍摄高度与稳定性，使用三脚架头部的水平仪和调节旋钮，将相机调节至水平状态。

三脚架的外观形态如图5-5所示。

（2）闪光灯和反光板

这两种摄影辅助器材是在光线不足或需要特定光线效果时的额外照明设备。除此之外，闪光灯也可以用于填充阴影或创造强烈的光影效果，而反光板可用于反射光线，使拍摄对象更加明亮。闪光灯和反光板的使用方法与使用步骤如下。

首先，在使用闪光灯时，摄影师需确保将相机设置为闪光灯模式，按下闪光灯弹起按钮，调整闪光补偿以控制亮度。闪光灯模式包括手动和自动：手动模式下，摄影师依据GN值[①]公式（光圈×距离）调整光量，适合精细控制，但调整耗时；自动模式下，相机和闪光灯会根据感光系统自动调整补光，通过光圈调节曝光。TTL模式[②]是自动模式的一种，光线通过镜头测光，确保准确曝光，如佳能的E-TTL和尼康的i-TTL。

图5-5　三脚架的外观形态

其次，安装反光板，将反光板展开，根据需要选择反射面，将反光板放置在光源与拍摄对象之间。

最后，调整角度，根据光线需求，调整闪光灯和反光板的角度，以达到理想的效果。需要注意的是，闪光灯避免直射，反光板用于柔化或补充光线。

闪光灯和反光板如图5-6所示。

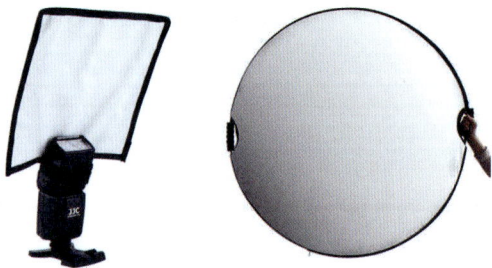

图5-6　闪光灯和反光板

（3）存储卡和电池

存储卡和电池是相机的必要配件，相机本身没有储存空间，需要插入存储卡才可以保证拍摄的照片正常存储。同样，相机本身没有电量，需要电池供电。摄影师需要保证有足够的存储卡和电池，以避免长时间拍摄过程因存储卡满或电池电量耗尽而中断。存储卡和电池的使用方法与使用步骤如下。

首先，安装存储卡，打开相机卡槽盖，将存储卡的金属接触面朝下，按照卡槽方向插入，直到听到卡被锁住的声音。

其次，检查电池，确保电池已充满电，打开电池仓，将电池按照仓内指示方向放入，关闭电池仓。

最后，监控电量，拍摄过程中，注意相机屏幕上的电量显示，适时更换电池或充电，以确保拍摄不中断。

存储卡和电池如图5-7所示。

---

① GN值表示闪光灯的闪光指数，是衡量闪光灯输出光量的单位。GN值越大，表示闪光灯的光量越大，能够照亮更远的物体；GN值越小，闪光灯的光量越小，只能照亮更近的物体。

② TTL（Through the lens）模式是一种自动曝光控制模式，主要用于控制闪光灯的输出，以确保拍摄的照片曝光准确。

图5-7　存储卡和电池

（4）镜头清洁工具

镜头清洁工具非常多元，如镜头布、镜头纸和镜头清洁液等，用于镜头的清洁，确保拍摄质量。镜头清洁工具的使用方法与使用步骤如下。

首先，关闭相机并卸下镜头，清除镜头表面灰尘。

其次，用镜头布或镜头纸轻蘸镜头清洁液，从镜头中心向边缘擦拭，避免划伤。

最后，检查清洁效果，再装回镜头。

（5）防水和防尘罩

在恶劣的天气条件下拍摄时，防水和防尘罩可以保护相机和镜头免受水、灰尘的损害。防水和防尘罩的使用方法与使用步骤如下。

首先，确保相机和镜头已关闭，将防水和防尘罩套在相机和镜头上，确保完全覆盖。

其次，检查防水和防尘罩的密封性，确保与相机和镜头的接口贴合。

最后，进行拍摄，注意在使用过程中保持防水和防尘罩的稳定性，防止水、灰尘进入。

防水和防尘罩如图5-8所示。

图5-8　防水和防尘罩

（三）效果评价

学生能够快速判断不同相机和镜头的适用场景，并学会合理使用辅助器材，如有问题可以向指导教师或企业导师请教。

三、拍摄位置的选择

（一）任务描述

合适的拍摄位置对新闻摄影至关重要，它直接影响照片的信息传达和视觉效果。好的拍摄位置能准确反映新闻事件的环境，提高事件的可信度，同时提供良好的光线和视角，便于摄影师捕捉关键瞬间。所以本部分的任务是学习如何评估并挑选出最佳拍摄位置，以提高新闻摄影作品的质量和影响力。

（二）方法步骤

拍摄位置多样，例如，室内拍摄常用于展示细节，需注意光线控制和背景整洁；室外拍摄则能展现环境氛围，需注意天气等因素对光线的影响；高处拍摄能提供广阔视野，需注意人身安全并留意构图；低处拍摄常用于强调主体，需注意避免过多干扰元素；等等。

如果以"运动会的采拍宣传"为主题进行实训，选好拍摄位置就非常重要。

首先，观众席是理想的拍摄位置，因为在观众席可以捕捉到比赛全景。需要注意的是，虽然观众席可以提供更广阔的视野，但要确保相机稳定，避免因抖动而影响照片清晰度。在观众席的拍摄效果如图5-9所示。

图5-9　在观众席的拍摄效果

其次，赛道边线是捕捉运动员动态的拍摄地点。在这里能近距离记录运动员的冲刺瞬间，但摄影师要留意快速移动的运动员，适时调整对焦和快门速度，同时要避免阻挡其他摄影师或工作人员的视线。在赛道边线的拍摄效果如图5-10所示。

图5-10　在赛道边线的拍摄效果

最后，终点线是拍摄运动员胜利和情感的拍摄位置。在这里，摄影师可以记录运动员的喜悦、失望或疲惫，但这个拍摄位置竞争激烈，摄影师需提前占据，同时注意快门速度和曝光补偿，确保在瞬间捕捉到运动员的精彩表情。在终点线的拍摄效果如图5-11所示。

图5-11　在终点线的拍摄效果

通过选择这三个拍摄位置，学生将全面体会到运动会的各个重要时刻，同时学习如何根据场景特点选择拍摄位置，提升新闻摄影的实战能力。如果选择其他的主题和场景进行拍摄，也可以参考以上内容。

（三）效果评价

根据实训主题，小组相互评价拍摄位置的选择是否合理，如有问题可以向指导教师或企业导师请教。

任务三　摄影的基本构图

摄影的构图是非常关键的，它决定了作品的视觉吸引力和信息传达效果。摄影师通过合理的构图，可以引导观众的视线，增强画面的平衡感，让作品更具表现力和艺术性。

一、构图的基本原则分析

（一）任务描述

在摄影中，构图决定了作品的布局和视觉效果，精妙的构图是摄影师表达主题、情感和创意的重要手段。构图中有许多传统的原则，如对称、平衡、对比等，这些原则有助于我们创建出和谐、稳定的画面。然而，拘泥于这些原则又可能使作品显得呆板、缺乏创意。因此，在掌握基本原则的基础上，我们要学会适当地打破这些基本原则，创造出独特而富有张力的画面。

（二）方法步骤

学生需要以小组为单位，以理论结合案例的形式进行构图的基本原则分析。在进行案例作品分析时，学生可以从作品的构图、色彩、光影和视角等方面对构图的基本原则进行深入分析和讨论。学生可以以教材中给定的案例进行分析和讨论，也可以自选新闻摄影作品。

📄 **案例**

第32届中国新闻奖二等奖作品《除夕，打通百姓回家路》

2021年2月10日，春节前夕，新疆伊犁山区连降暴雪，积雪厚度最深达到2米，平均气温低至零下30摄氏度，部分边境前沿地区发生雪崩，导致道路被积雪封堵。"漆黑的夜"与"照明的灯"形成对比，"寒冷的冰雪"与"温暖的警察"形成对比，展示了警察在恶劣天气条件下努力打通百姓回家路的场景。这幅作品通过真实且生动的画面，呈现了除夕前夕的温暖氛围，突出了警察的奉献精神和担当。

（1）构图分析

① 前景和背景的对比

前景中的警察和雪景与背景中的道路、车辆形成了鲜明对比，突出主要人物和事件的同时，也展示了恶劣的天气条件。低角度拍摄显得人物更加高大，增强了画面的冲击力。

② 人物位置

警察位于画面的黄金分割点或三分构图的交叉点上，这样的构图方法不仅增强了画面的美感，还使得观众的注意力自然地集中在警察的身上。

（2）色彩分析

① 冷暖对比

作品中大量使用了冷色调（如蓝色、白色），这些冷色调表现了除夕前夕的寒冷天气和现场的紧张氛围。在画面中，车灯的暖色调（如橙色）与冷色调形成对比，增强了画面的层次感，同时也传递了一种充满温暖与希望的感觉。

② 色调统一

尽管画面中有冷暖对比，但整体色调保持了和谐统一，避免了色彩冲突。冷色调的雪景增强了画面的协调性。

（3）光影分析

在夜间拍摄的场景中，自然光源有限，主要依靠车灯等人工光源。这些光源不仅照亮了画面中的重要元素，还营造了真实的环境氛围。雪地的反光效果提高了画面的亮度，丰富了色彩层次，使得画面更具立体感。

（4）视角分析

从侧面拍摄，能够捕捉到警察与车辆之间的互动关系，展现他们打通百姓回家路的动态过程。这种视角有助于展示更多的细节，如警察的动作和工作细节，增强画面的生动性和真实性。

该作品通过巧妙的构图和色彩运用，生动地展现了除夕前夕，警察在恶劣天气条件下，为打通百姓回家路而付出的努力。该作品不仅在视觉上具有很强的冲击力，还通过细腻的色彩对比传递了温暖与希望，成功地让观众感受到了警察无私奉献的精神和对百姓的深切关怀。这种真实而富有情感的表达，使得该作品获得第32届中国新闻奖二等奖。该作品如图5-12所示。

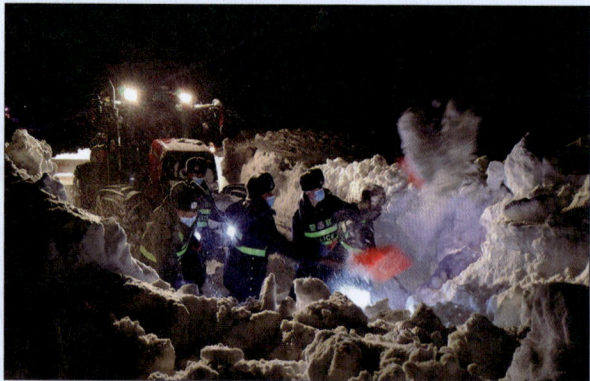

图5-12 《除夕，打通百姓回家路》

在进行讨论和分析之后，各小组需要将讨论内容填入表5-7。

表5-7　构图的基本原则

构图分析	色彩分析	光影分析	视角分析

（三）效果评价

各小组对分析结果进行互评，指导教师或企业导师对最后的分析结果进行点评和总结。

二、常用的构图方法

（一）任务描述

构图方法的使用能够突出新闻摄影作品的主题，引导观众视线和增强作品的层次感，从而提升新闻摄影作品的视觉吸引力。所以本部分让学生重点学习与运用三分构图法、引导线构图法和框架构图法等方法，深入理解构图方法的关键作用。

（二）方法步骤

通过实际操作和案例分析，学生不仅能灵活运用构图方法，还能学会如何结合构图与新闻内容，从而提高新闻摄影作品的质量。

1. 构图方法的应用

构图在摄影中起着十分重要的作用，好的构图会使作品的画面更具故事性，反映出摄影师对作品的感情和认知，突出主题；相反，不好的构图则无法突出拍摄主题。下面介绍几种摄影中常见的构图方法。

（1）三分构图法

这是一种非常实用的构图方法，它将画面横分和竖分为九份，并将重要的元素放置在这些分割线的交点上，该方法也常被称为"九宫格构图法"。分别用两条水平线和垂直线将画面九等分，将主题元素置于分割线的交点之上，这既能突出主题，又能使画面更为协调。

如果以"运动会的采拍宣传"为主题拍摄作品，学生可以将相机的取景器或屏幕分为九份，将运动员放置在分割线的交点上，如起跑线上的运动员，确保奔跑方向与分割线保持一致。三分构图法有助于平衡画面，突出运动员的状态，其拍摄样例如图5-13所示。

（2）引导线构图法

这种构图方法利用画面中的线条元素来引导观众视线，突出主题或营造特定氛围。这些线条可以是实际的物体，也可以是光影、色彩等视觉引导元素。

如果以"运动会的采拍宣传"为主题拍摄作品，学生可以采用引导线构图法来增强作品的视觉效果和表现力。在相机的取景器或屏幕上，学生通过观察运动员的动态路径或赛场布局，选择能够引导观众视线的视觉元素，如赛道边缘、观众的眼神等。确保这些引导线与运动员的动态路径一致，以增强画面的视觉平衡感和动感。比如在拍摄跳高运动员时，学生可以以横杆和运动员的跳跃轨迹为引导线，这样可以增强作品的动感。引导线构图法拍摄样例如图5-14所示。

（3）框架构图法

这种构图方法使用画面中的自然或人工框架来框定主题，增强画面的层次感。这种构图方法有助于突出主题，同时也能为观众提供一个独特的视角来欣赏画面。

图5-13　三分构图法拍摄样例

图5-14　引导线构图法拍摄样例

　　如果以"运动会的采拍宣传"为主题拍摄作品，学生可以采用框架构图法来增强画面的层次感。可以利用运动场上的球门框、栏架，将运动员框在其中。如运动会中，学生可以将部分看台作为框架的一条边辅助拍摄，使运动员成为视觉焦点，增强照片的层次感。框架构图法拍摄样例如图5-15所示。

图5-15　框架构图法拍摄样例

2．构图与新闻内容的结合

　　在新闻摄影中，构图的首要任务是突出新闻主题。通过合理地安排画面元素和运用构图方法，摄影师可以将观众的注意力引向新闻事件的核心内容，从而有效地传达新闻信息。

　　如果以"运动会的采拍宣传"为主题进行新闻摄影，学生可以选择拍摄运动会的关键瞬间，如参赛运动员或学生代表领奖，运用三分构图法将其置于画面重要位置，强调他们的喜悦，突出主题，如图5-16所示。表达情感的时候，还可以拍摄人物的面部表情，如紧张、专注或喜悦的表情，再通过特写镜头传达情感。

图5-16　《领奖》

与此同时，学生还可以运用低角度和高角度的视觉差异表达情感。学生需不断尝试，调整角度和焦距，捕捉最具感染力的画面。如果选择其他主题进行新闻摄影，可以以本主题为参考。

（三）效果评价

小组互评摄影作品的构图是否符合常用的构图方法，主题是否突出，视觉引导是否清晰，画面是否平衡，如遇问题可向指导教师或企业导师询问。

任务四　图像的后期处理

图像的后期处理是摄影创作中不可或缺的一部分，它涉及对原始图像进行一系列的优化、修饰和调整，以达到摄影师所希望的艺术效果和表现力。Adobe Photoshop是目前主流的图像后期处理软件，该软件具备强大的图像处理功能。本任务旨在让学生掌握Adobe Photoshop CC 2020（以下简称"Adobe Photoshop"）的应用知识，并将其用于处理自己拍摄的图像，得到更高品质的图像。

一、Adobe Photoshop 的安装与设置

（一）任务描述

在后续的实训任务中将会围绕Adobe Photoshop进行图像后期处理的实操，所以学生需要先进行软件的安装，并对软件进行设置。

（二）方法步骤

学生以小组为单位，安装Adobe Photoshop，并完成相关设置。

1. Adobe Photoshop 的安装

首先，需要访问Adobe官方网站或正规的软件下载平台，找到Adobe Photoshop的下载页面，并选择相应的版本进行下载。下载完成后，在计算机中找到下载的安装包，使用解压工具将其解压到计算机上的某个文件夹中。解压完成后，找到该文件夹中的安装程序，双击打开。

其次，根据需求，选择需要安装的组件和安装位置。通常建议安装在系统盘以外的其他分区，以避免占用过多的系统资源。

最后，单击"继续"开始安装。安装完成后，可以在桌面上找到Adobe Photoshop的图标，双击打开即可开始使用。

软件安装部分步骤如图5-17所示。

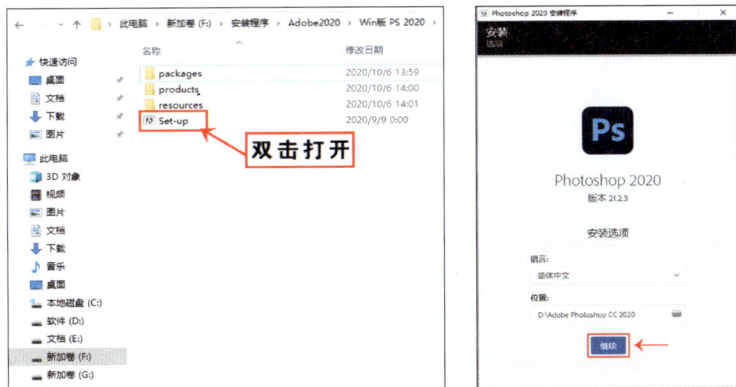

图5-17　软件安装部分步骤

2. Adobe Photoshop 的设置

首先，在软件主页顶部菜单栏中进入"编辑"菜单。选择列表底部的"首选项"，然后从子菜单中选择所需的首选项组。

其次，在首选项中可以看到多元的选区，左边是可以选择的首选项组，右边是首选项组的操作区。单击左侧的首选项组会显示相应的选项设置，单击"下一个"会显示列表中的下一个首选项组。

最后，在Adobe Photoshop首选项设置页面中进行设置，包括常规，界面，工作区，工具，历史记录，文件处理，导出，性能，暂存盘，光标，透明度与色域，单位与标尺，参考线、网格和切片，增效工具，文字，3D，技术预览等选项，如图5-18所示。

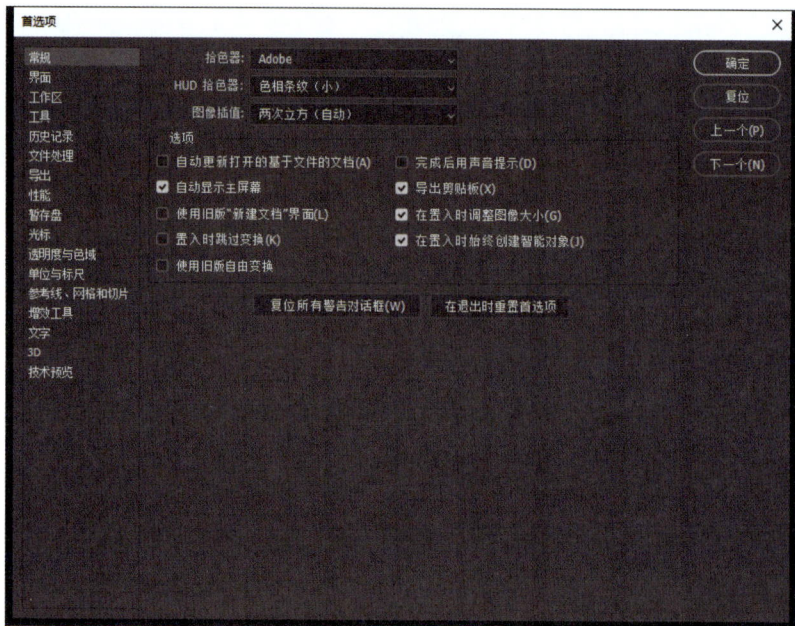

图5-18　首选项设置页面

（三）效果评价

小组内部互相帮助完成软件的安装与设置，如遇问题可向指导教师或企业导师询问。

二、Adobe Photoshop 的颜色模式

（一）任务描述

在图像处理中，颜色模式是至关重要的。颜色模式定义了图像的显示和打印颜色。不同的颜色模式有不同的特点和适用场景，只有了解这些颜色模式，学生才能更好地掌握图像后期处理的方法。

（二）方法步骤

学生以小组为单位，利用Adobe Photoshop打开文件，并在了解基本的颜色模式后保存文件。

1. 文件的打开

选择Adobe Photoshop主页左侧"文件"菜单中的"打开"选项，如图5-19所示，也可以使用快捷键"Ctrl+O"，快速打开文件。

打开后就可以对图像进行各种操作。需要注意的是，只要对图像进行了修改，图像的文件名上就会出现"*"图标，这就代表图像经过了修改但尚未保存。

图5-19　打开文件

2．改变文件的颜色模式

打开Adobe Photoshop，并打开所选文件，选择"图像"菜单中的"模式"选项，然后就可以根据需要选择需要的颜色模式，如RGB颜色模式，如图5-20所示。

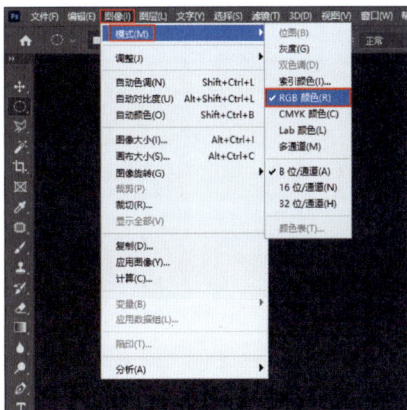

图5-20　改变文件的颜色模式

学生可以以小组为单位，尝试改变文件的颜色模式（如灰度模式、索引颜色模式等），并观察其效果变化。

3．文件的保存

Adobe Photoshop的文件保存方式有两种：一种是选择软件主页左侧"文件"菜单中的"存储"选项，如图5-21所示，或者使用快捷键"Ctrl+S"，便可以对文件进行存储更新；另一种是选择软件主页左侧"文件"菜单中的"存储为"选项，然后可以修改文件名，选择文件保存类型，如图5-22所示。

图5-21　存储文件

图5-22　选择文件保存类型

另外，由于文件的保存类型较为复杂，本书将在本项目的任务六中进行详细的讲解。

📖 **知识拓展**

文件的颜色模式

RGB颜色模式，其中的RGB是红色（Red）、绿色（Green）、蓝色（Blue）三种颜色的英文大写首字母组合，这三种颜色是屏幕显示色彩的基础。在显示器、电视机、监视器、手机上，图像的色彩都是由RGB三种原色按比例混合而成显示出来的效果。RGB颜色模式的文件通常包含丰富的色彩信息，适用于网页设计和多媒体制作。

CMYK颜色模式，其中的C、M、Y、K分别代表青色（Cyan）、洋红色（Magenta）、黄色（Yellow）和黑色（Black）四种颜色。CMYK颜色模式是用于印刷行业的颜色模式，因为印刷时使用的是油墨，所以需要用不同的颜色组合来模拟RGB颜色模式下的色彩。虽然CMYK颜色模式下的图像文件色彩相对较少，但更适合印刷品的色彩表现。

Adobe Photoshop还支持其他颜色模式，如灰度模式（用于黑白或灰色图像）、索引颜色模式（颜色数量有限，常用于网页图像）等。这些颜色模式各有特点，适用于不同的场景。

Adobe Photoshop的不同颜色模式，如图5-23所示。

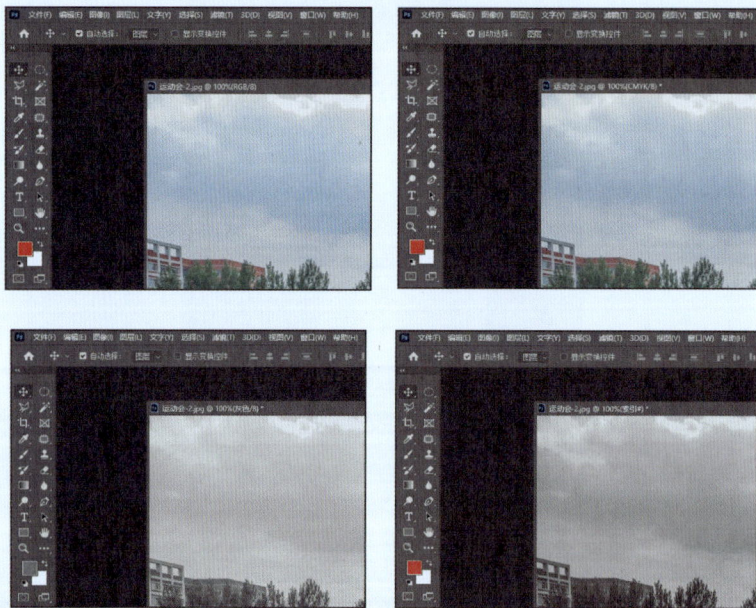

图5-23　RGB颜色模式（左上）、CMYK颜色模式（右上）、灰度模式（左下）和索引颜色模式（右下）

（三）效果评价

小组相互帮助，利用Adobe Photoshop练习文件的打开与保存，并调整文件的颜色模式，如遇问题可向指导教师或企业导师询问。

三、Adobe Photoshop 中的图像修饰

（一）任务描述

Adobe Photoshop是一款强大的图像处理软件，而图像修饰经常用于图像的后期处理中。Adobe Photoshop中的修复类工具和图章类工具是较为常用的工具，本任务将围绕上述两类工具展开讲解。

任务提示

如果以"运动会的采拍宣传"为主题进行图像修饰，学生可按照本部分介绍的方法进行练习；如果选择其他主题，也可参照执行。

（二）方法步骤

学生以小组为单位，可以在教材配套资源中找到相关的图像素材，并利用Adobe Photoshop进行图像修饰。

1. 污点修复画笔工具

首先，打开素材文件，找到并选中左侧工具栏中的污点修复画笔工具，如图5-24所示。

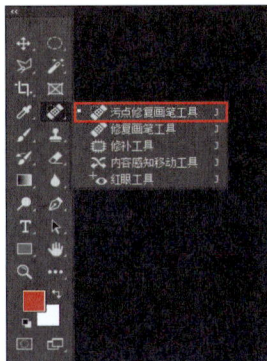

图5-24　污点修复画笔工具

其次，按住鼠标左键，用鼠标指针在图像中带有污点的部分进行涂抹。

最后，在涂抹完成以后松开鼠标左键，即可看到污点已经消失。

污点修复画笔工具操作效果如图5-25所示。

图5-25　污点修复画笔工具操作效果

2. 修补工具

首先，打开素材文件，找到并选中左侧工具栏中的修补工具，如图5-26所示。

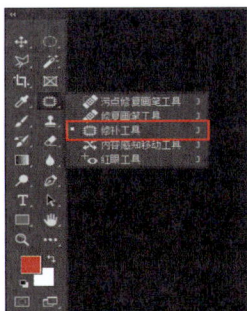

图5-26　修补工具

其次，在工具属性栏中选中"源"单选按钮，将鼠标指针移至需要修复处，按住鼠标左键，沿着修复处拖曳鼠标指针，至起始点时，松开鼠标左键，即可创建选区。

再次，将鼠标指针移至选区内，按住鼠标左键拖曳鼠标指针至合适位置后松开鼠标左键，即可修补选区内的图像。

最后，按"Ctrl+D"组合键取消选区，用与上述相同的方法，对图像其他部分进行适当的修饰。

修补工具操作效果如图5-27所示，可以看到右下角的日期已经消失。

图5-27　修补工具操作效果

3. 仿制图章工具

首先，打开素材文件，找到并选中左侧工具栏中的仿制图章工具，如图5-28所示。

图5-28　仿制图章工具

其次，对图像参数进行设置。

再次，在工具属性栏中选中"对齐"复选框，如图5-29所示。按住"Alt"键的同时，将鼠标指针移至想要复制图像区域，单击进行取样（即定义源），松开"Alt"键。

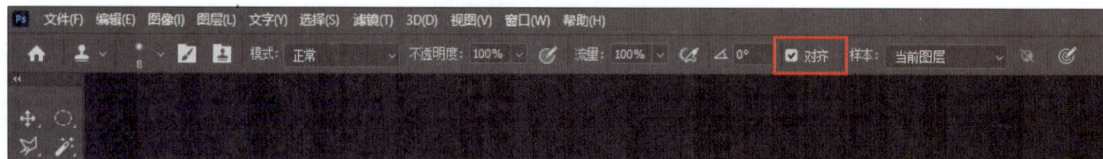

图5-29　选中工具属性栏中的"对齐"复选框

最后，将鼠标指针移至需要处理的目标区域，单击并按住鼠标左键进行涂抹，直到完成操作。

仿制图章工具操作效果如图5-30所示，可以看到图中下方的影子已经消失。

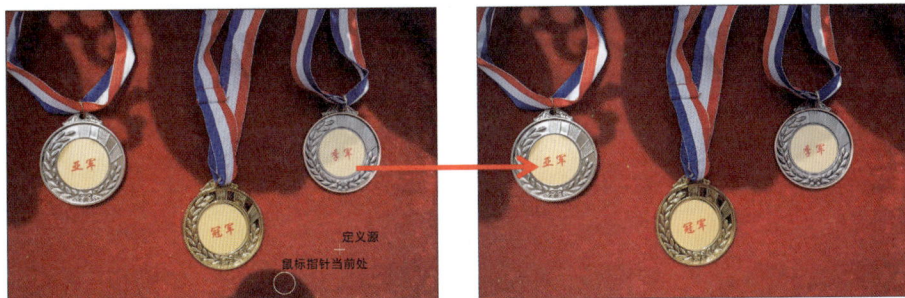

图5-30 仿制图章工具操作效果

4．修复画笔工具

打开素材文件，找到并选中左侧工具栏中的修复画笔工具，如图5-31所示。

图5-31 修复画笔工具

与仿制图章工具的操作一样，按住"Alt"键并用鼠标指针定义源，可修复瑕疵。修复画笔工具操作效果如图5-32所示，可以看到图中下方多余的人物已经消失。

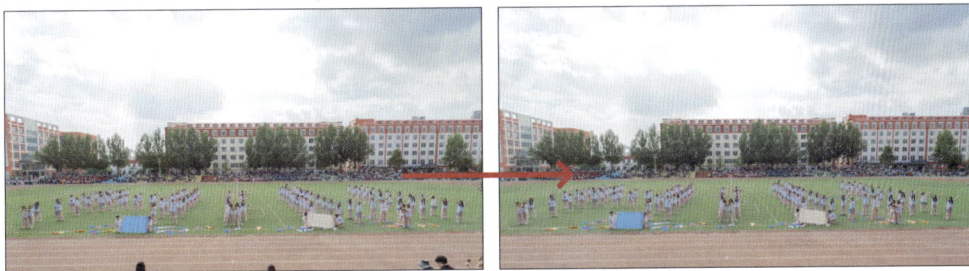

图5-32 修复画笔工具操作效果

📖 **知识拓展**

其他修饰工具

内容感知移动工具：将选中的对象移动或扩展到图像的其他区域后，可以重组和混合对象，产生新的视觉效果。

红眼工具：可移去用闪光灯拍摄的人物或动物图像中的红眼，也可以移去用闪光灯拍摄的动物图像中的白色或绿色反光。

（三）效果评价

小组成员相互帮助，利用Adobe Photoshop对图像进行修饰，思考并讨论不同工具的特点和应用场景，如遇问题可向指导教师或企业导师询问。

四、Adobe Photoshop 中的色彩调整

（一）任务描述

色彩调整是图像处理中的一个重要环节，Adobe Photoshop作为一款专业的图像处理软件，具有很多图像色彩调整功能。本部分主要为学生介绍在日常生活中常用的色彩调整技巧。这些技巧将有助于提升图像的品质，使每一张图像都焕发出新的生机。

任务提示

如果以"运动会的采拍宣传"为主题进行色彩调整，学生可按照本部分介绍的方法进行练习；如果选择其他主题，也可参照执行。

（二）方法步骤

学生以小组为单位，可以在教材配套资源中找到相关的图像素材，并利用Adobe Photoshop进行图像色彩调整。

1. 了解直方图

在直方图页面中，图像通过曲线分布的方式，显示明暗像素分布。在RGB通道中，直方图显示为图像的影调效果。直方图用图形表示图像的每个亮度级别的像素数量，展示像素在图像中的分布情况。其横轴代表亮度范围，阴影位于左侧，中间调位于中间，高光位于右侧。其纵轴代表处于某个亮度范围内的像素的数量，峰值越高说明该明暗值的像素数量越多，在画面中所占的面积也就越大。直方图如图5-33所示。显然，当大部分像素集中于阴影区域时，图像的整体画面较暗；当大部分像素集中于中间调区域时，图像的整体画面明暗对比较弱；当大部分像素集中于高光区域时，图像的整体画面偏亮。

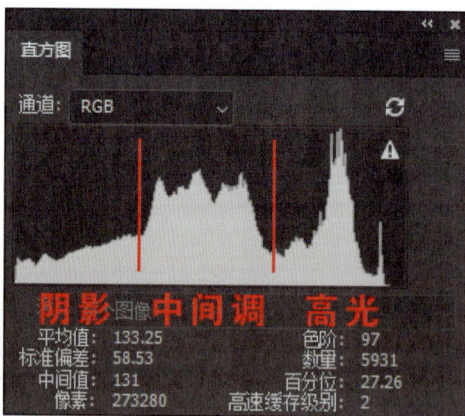

图5-33　直方图

2. 图像影调调整

影调是图像的基调，是摄影中的术语，就是人们常说的光影。影调是通过图像明暗关系层级来修饰画面、表达情感、渲染氛围的，所以调整影调就是处理图像的黑白灰之间的关系。影调从亮度的角度可以分为高调、中间调和低调，也可以从像素分布跨度的角度分为长跨度、中跨度和短跨度。本部分主要运用Adobe Photoshop中的色阶和曲线两个工具，如图5-34所示，对图像的明暗关系进行调整，为后续调整色调做好准备。

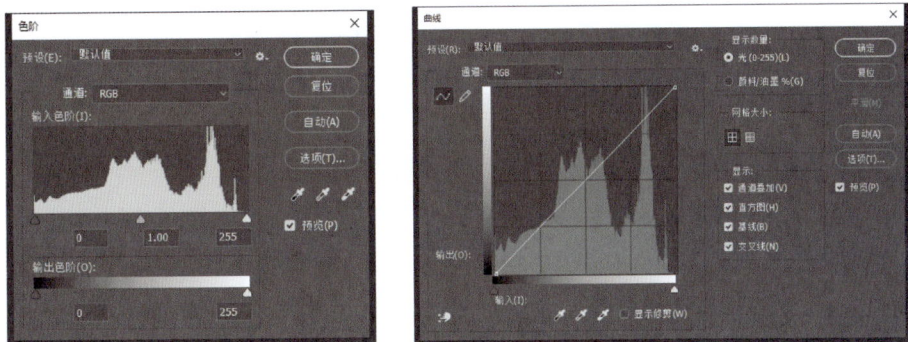

图5-34　色阶和曲线

　　色阶工具是常用的图像色彩调整工具。学生使用色阶工具，在RGB通道中，可以调整图像的影调。首先，打开素材文件，选择"图像"菜单中的"调整"选项，执行"色阶"命令。其次，对于影调问题，可以将滑块移动到像素分布较多的位置，也可以通过调整输入和输出级别来改变图像的明暗关系。最后，色阶调整效果如图5-35所示。

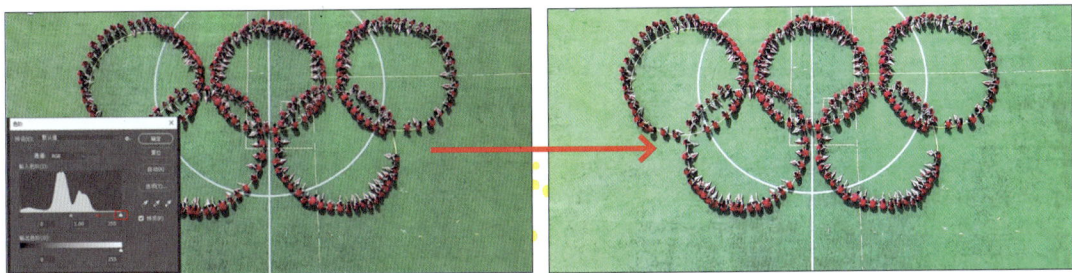

图5-35　色阶调整效果

　　曲线工具的用法与色阶工具类似，在使用曲线工具调整图像的影调时，可以看见更多的细节，针对图像的不同明暗关系进行调整。首先，打开素材文件，选择"图像"菜单中的"调整"选项，执行"曲线"命令。其次，将鼠标指针移动到曲线中间，单击可增加一个调节点，拖动曲线上的调节点可改变图像的亮度和对比度。最后，曲线调整效果如图5-36所示。曲线的水平轴代表图像原来的亮度值，即输入值；垂直轴代表调整后的亮度值，即输出值。

图5-36　曲线调整效果

3. 图像色调调整

　　色调，顾名思义是指当前图像的色彩基调，通常影响图像的色彩，色调调整是图像色彩调整的重要内容。学生需要按照正确的图像色彩调整顺序进行，即在影调正确的前提下，再进行色调调整。Adobe Photoshop中常用的色调调整工具有色相/饱和度、色彩平衡、照片滤镜等，可以选择"图像"菜单中的"调整"选项找到这几个工具，如图5-37所示。

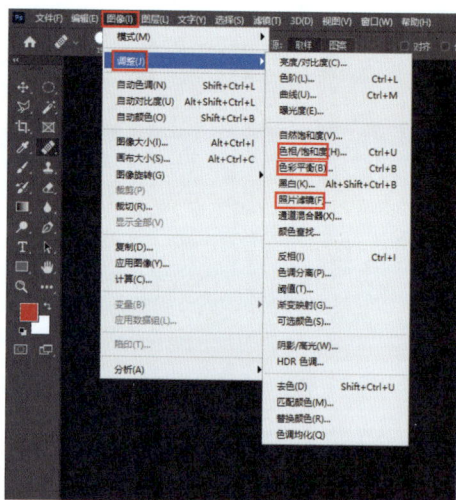

图5-37　色调调整工具

色相/饱和度工具可以调整图像整体颜色或局部颜色的色相、饱和度、明度，从而改变图像的颜色。首先，打开素材文件，选择"图像"菜单中的"调整"选项，执行"色相/饱和度"命令。其次，在弹出的调整面板中，左右拖动 "色相""饱和度""明度"滑块，即可改变图像的色调和鲜艳程度。最后，色相/饱和度调整效果如图5-38所示。

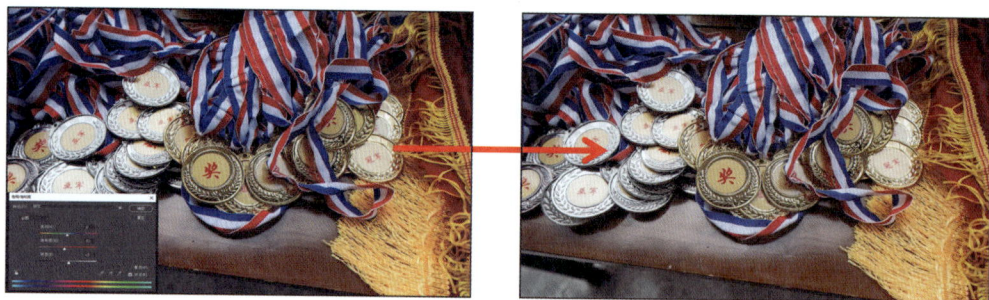

图5-38　色相/饱和度调整效果

色彩平衡工具可以快速调整偏色的图像。首先，打开素材文件，选择"图像"菜单中的"调整"选项，执行"色彩平衡"命令。其次，在弹出的调整面板中选择需要调整的色调范围，然后拖动相应滑块来改变图像整体的色调。最后，色彩平衡调整效果如图5-39所示。

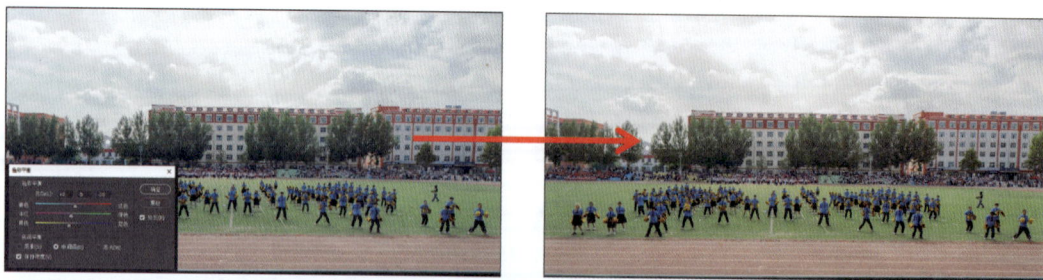

图5-39　色彩平衡调整效果

照片滤镜工具可以纠正环境色或环境光造成的图像偏色。首先，打开素材文件，选择"图像"菜单中的"调整"选项，执行"照片滤镜"命令。其次，从"滤镜"后面的下拉列表中，选择一种与当前图像偏色呈对比色的滤镜，调整"密度"的数值，即可完成照片滤镜的调整。最后，照片滤镜调整效果如图5-40所示。

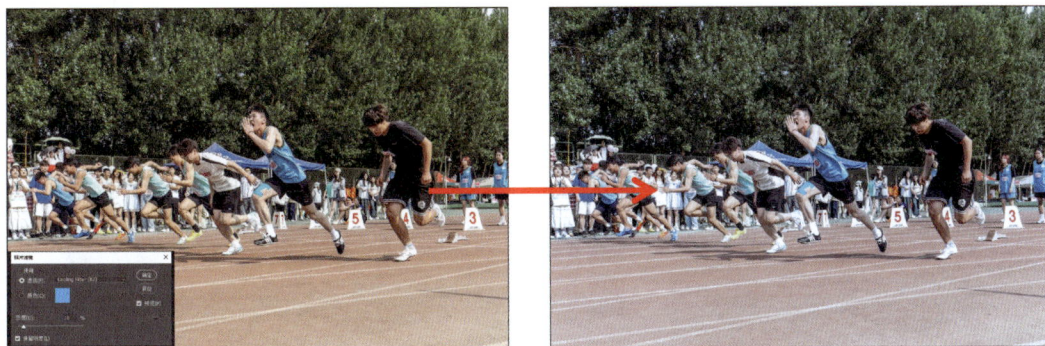

图5-40　照片滤镜调整效果

📖 **知识拓展**

其他调色工具

　　Adobe Photoshop还提供了替换颜色、匹配颜色等高级工具，可以满足更复杂的色彩调整需求。此外，我们还可以使用调整图层来非破坏性地进行色彩调整，方便后续修改和调整。

（三）效果评价

　　小组成员相互帮助，利用Adobe Photoshop对图像进行颜色调整，思考并讨论不同工具的特点和应用场景，如遇问题可向指导教师或企业导师询问。

任务五　使用Adobe Photoshop进行图像设计

　　Adobe Photoshop就是为了解决图像的后期处理问题而产生的，虽然早期的版本只能简单调整图像色彩，但是随着版本的不断更迭，图像设计也成为Adobe Photoshop的重要功能。前面的部分已经详细介绍了图像的后期处理，本任务主要介绍Adobe Photoshop在图像设计方面的应用。

　　任务提示

　　学生如果以"运动会的采拍宣传"为主题进行图像设计，可以根据本部分介绍的内容制作作品；如果选择其他主题，也可以参照本主题为自选主题的内容制作作品。

一、选区与图层

（一）任务描述

　　在Adobe Photoshop中，选区是选择图像特定区域的一种方式。通过这种方式，学生可以对选定的区域进行编辑，或应用各种效果。尤其是在图像后期设计中，需要借助选区来完成对图像的局部设计。图层是Adobe Photoshop中用于组织和编辑图像的基本单位，学生可以通过图层面板对图层进行管理，包括调整图层的顺序、显示或隐藏图层、合并图层等。

（二）方法步骤

　　学生以小组为单位，利用Adobe Photoshop创建新文档，并利用选区在图层上绘制图像。

1. 创建新文档

　　首先，在启动Adobe Photoshop后，选择"文件"菜单中的"新建"选项，也可以使用"Ctrl+N"组合键创建新文档。

其次，在弹出的"新建文档"对话框中，可以设置新文档的参数。如果选择制作以"运动会的采拍宣传"为主题的海报作品，可以设置宽度为210毫米，高度为297毫米，分辨率为72像素/英寸，颜色模式为RGB颜色、8bit，背景内容为白色；如果选择制作其他主题的作品，可以根据实际尺寸进行文档参数设置。新建文档及参数设置如图5-41所示。

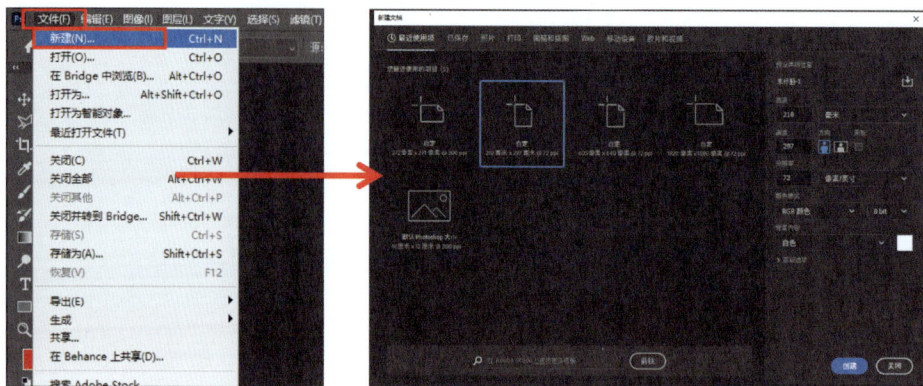

图5-41　新建文档及参数设置

最后，设置好所有参数后，单击"创建"按钮或回车键，Adobe Photoshop就会根据设置好的参数创建一个新的空白文档。

2．创建与编辑选区

选框工具是用来创建不同形状的选区的，通常用于绘制规则选区，并对选区进行下一步的操作，选框工具可以在主页左侧工具栏中找到，在选框工具按钮处单击鼠标右键或长按鼠标左键可以全部显示。选框工具包含矩形选框工具、椭圆选框工具、单行选框工具、单列选框工具，如图5-42所示。

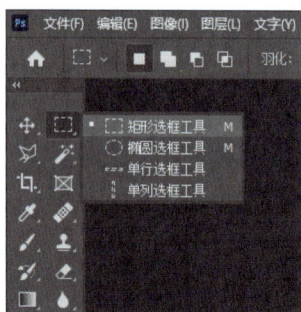

图5-42　选框工具

选择相应的选框工具，在当前页面中，单击并按住鼠标左键进行拖动，到合适位置时，松开鼠标左键，即可完成选区的创建。此时，将鼠标指针置于选区内部，单击并拖动鼠标指针，即可实现选区的移动操作，如图5-43所示。

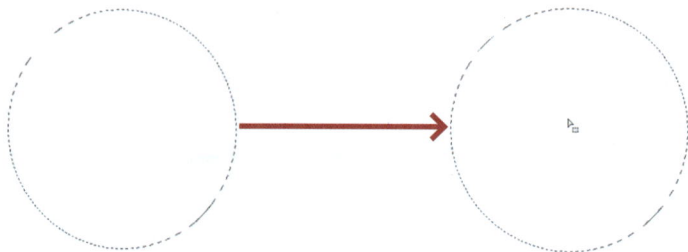

图5-43　选区移动

　　创建选区时，按住"Shift"键可以创建圆形、正方形选区，按住"Alt"键可以以中心向四周创建选区，按住"Alt+Shift"组合键可以以中心向四周创建圆形、正方形选区。用选框工具绘制的圆形选区如图5-44所示。

　　如果选择制作以"运动会的采拍宣传"为主题的作品，可以按照选区绘制的方法，绘制出圆形选区。在此之后，可以对已经绘制的圆形选区进行编辑，使用快捷键填充颜色：填充前景色的快捷键为"Alt+Delete"；填充背景色的快捷键为"Ctrl+Delete"，填充颜色为白色。

　　在选区存在的前提下，执行"选择"菜单中的"取消选择"命令或按"Ctrl+D"组合键，可以去掉绘制完成的圆形选区。

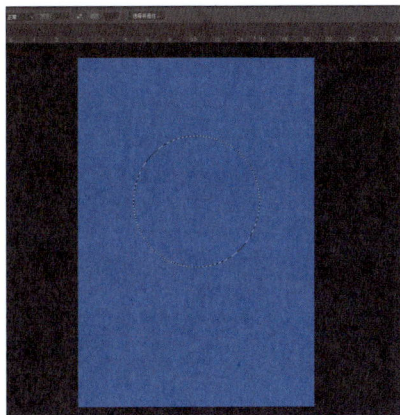

图5-44　用选框工具绘制的圆形选区

📖 知识拓展

自由变换

　　自由变换是一个强大的工具，它允许对图像、图层或选区进行多种变换操作，包括移动、缩放、旋转、斜切、扭曲、透视、变形等。执行"编辑"菜单中的"自由变换"命令，或使用快捷键"Ctrl+T"可以完成以上操作。

3. 图层的基本操作

　　图层的本质指的是不同的图像层堆叠在一起，可以在不影响其他图像层的情况下对每个图像层进行单独的调整。图层面板如图5-45所示。

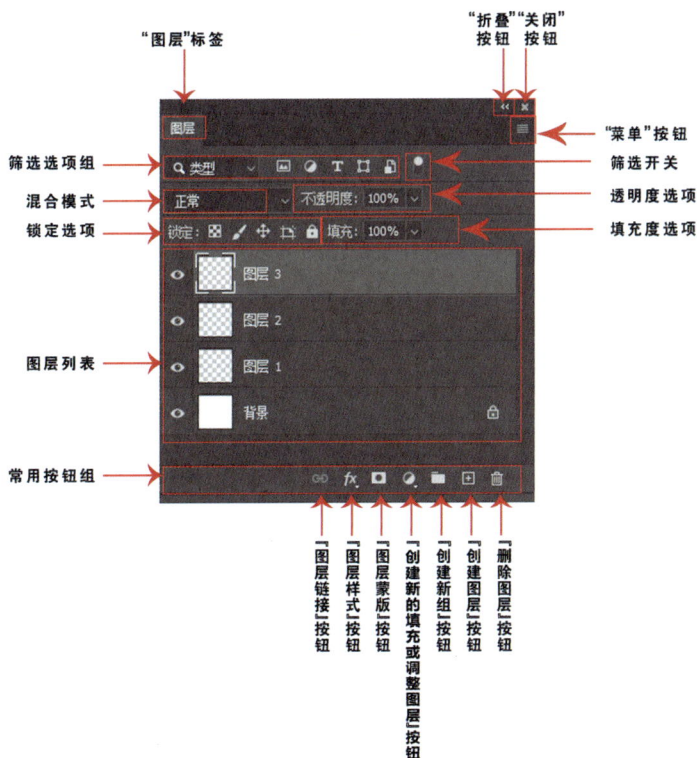

图5-45　"图层"面板

如果选择制作以"运动会的采拍宣传"为主题的作品，需要将已经绘制的圆形选区转化为图层，并且对图层进行相关操作，以便完成作品制作的后续步骤。

首先，单击"图层"面板中的"创建图层"即可创建一个新图层，还可以尝试通过按"Ctrl+Shift+N"组合键来创建一个新的图层。

其次，选中要复制的图层，单击鼠标右键，选择快捷菜单中的"复制图层"，在弹出的对话框中单击"确定"，或者直接按"Ctrl +J"组合键，实现快速复制，多次粘贴复制的图层。创建与复制粘贴图层如图5-46所示。

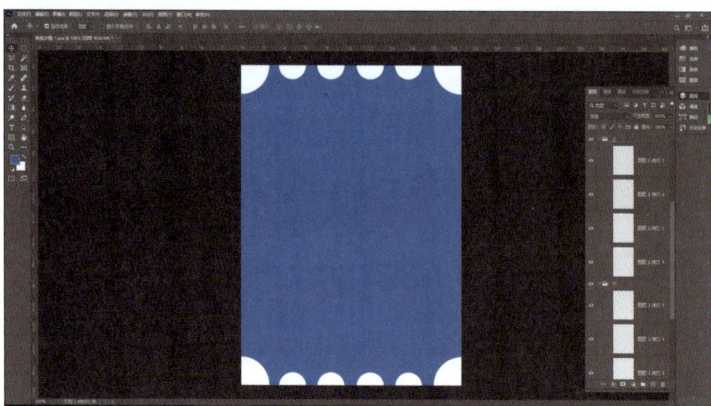

图5-46　创建与复制粘贴图层

最后，将各图层上下拖动即可实现图层排序。图层排序如图5-47所示。

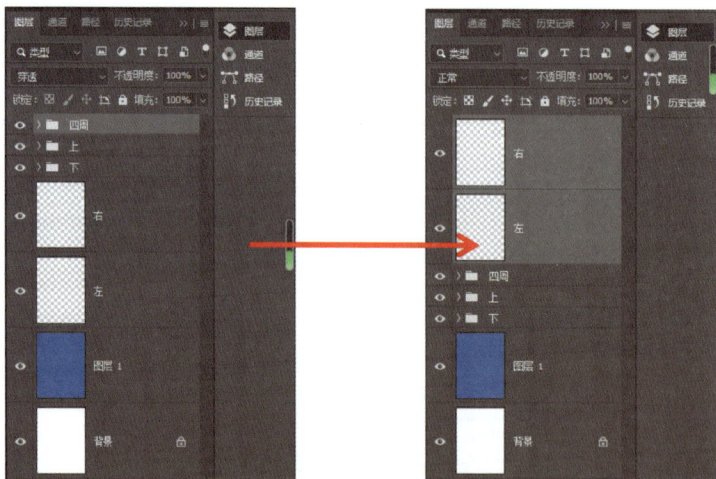

图5-47　图层排序

📖 **知识拓展**

图层的其他操作

合并图层就是将若干图层合并在一起，单击鼠标右键并选中若干图层就会出现"合并图层"选项，或者按"Ctrl+E"组合键，即可实现合并图层。

创建新组就是将多个图层组合在一起变为一个组，方便进行图层位置更改、查看和编辑等操作。

图层重命名就是修改图层名称。双击图层名称，此时名称会变为可编辑状态，输入新的名称即可完成重命名。

（三）效果评价

小组内部根据作品样图，利用选区与图层将作品中的要素绘制完成并放置在指定位置，如遇问题可向指导教师或企业导师询问。

二、形状绘制

（一）任务描述

学生在Adobe Photoshop中绘制出简单的形状，并按照要求进行调整。根据具体需求，可以使用形状工具中的一个或多个，以达到所需要的效果。

（二）方法步骤

学生以小组为单位，利用Adobe Photoshop完成形状绘制，并利用形状工具在画布上绘制相关图形。

1．绘制基础形状

在Adobe Photoshop中有几种形状工具可供选择，包括矩形工具、圆形工具、直线工具、箭头工具和自定义形状工具。学生可以在自定义形状工具中寻找满意的形状，如果没有满意的形状也可以通过设置来导入想要的形状。绘制形状的方法和绘制选区的方法是类似的。

绘制形状时可以按住"Shift"键绘制圆形、正方形，按住"Alt"键以中心向四周绘制形状，按住"Alt+Shift"组合键以中心向四周绘制圆形、正方形。

如果选择制作以"运动会的采拍宣传"为主题的作品，可以按照形状绘制的方法，绘制出矩形，用于边框的创建。绘制矩形如图5-48所示。

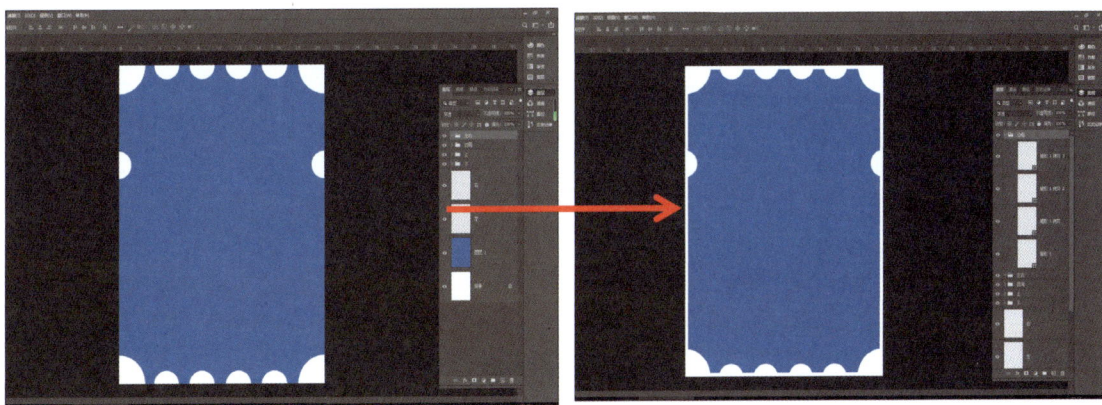

图5-48　绘制矩形

2．绘制直线和虚线

如果选择制作以"运动会的采拍宣传"为主题的作品，需要完成直线和虚线的绘制，可以利用形状工具中的直线工具来绘制完成。

首先，在工具栏中单击"形状工具"，选择"直线工具"。

其次，在形状状态下，在工具属性栏中单击"描边"就可以看到不同描边选项。

最后，选择描边选项，返回画布，绘制直线和虚线。

绘制效果如图5-49所示。

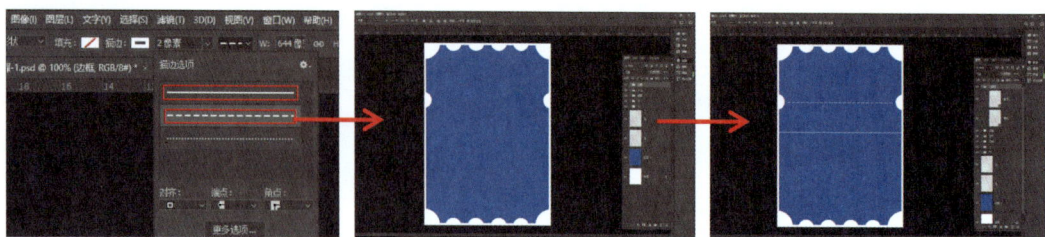

图5-49　绘制效果

（三）效果评价

小组内部根据作品样图，利用形状工具将作品中的要素绘制完成并放置在指定位置，如遇问题可向指导教师或企业导师询问。

三、文字工具

（一）任务描述

文字在图像设计中，不仅可以传达页面的信息，还可以起到画龙点睛的作用。Adobe Photoshop中的文字工具有四个，它们分别是横排文字工具、竖排文字工具、横排文字蒙版工具、竖排文字蒙版工具，可以用于各种文字输入的场景。

（二）方法步骤

学生以小组为单位，利用Adobe Photoshop完成文字输入，并利用文字工具完成作品的制作。

1. 安装字体

在日常使用Adobe Photoshop时，字体是不可缺少的元素，字体文件通常以".ttf"或".otf"为扩展名。在安装字体时，需要打开计算机"控制面板"，选择"字体"选项，将字体文件拖入字体文件夹中，除此之外，还可以选择字体文件，单击鼠标右键，选择"安装"。安装字体如图5-50所示。安装完字体后，重新启动Adobe Photoshop，就可以在字体列表中找到并使用新安装的字体。

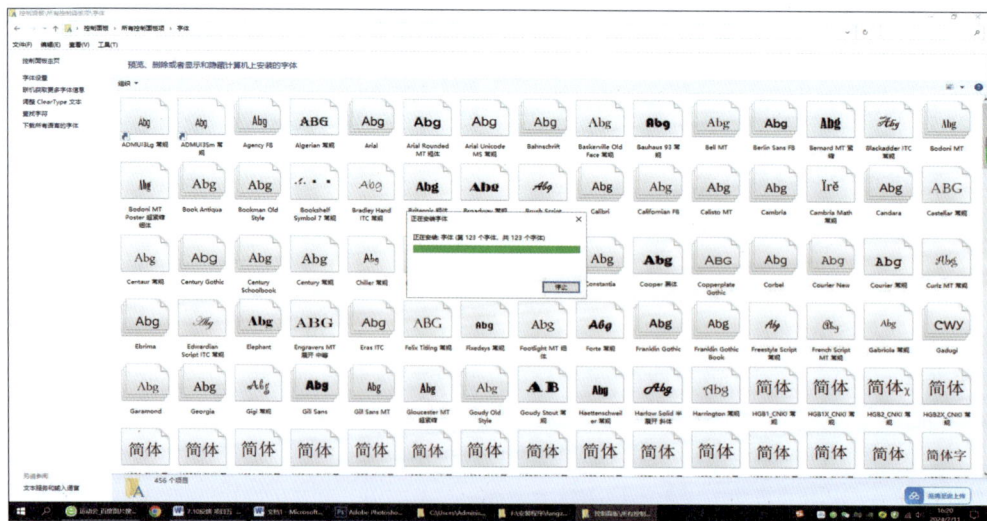

图5-50　安装字体

2. 设置字符、段落

"字符"面板提供用于设置字符格式的选项，选项栏中也提供了一些设置字符格式的选项。可以通过执行下列操作来显示"字符"面板：第一种方式是选择"窗口"菜单中的"字符"选项，如图5-51所示；第二种方式是单击"字符"标签；第三种方式是在文字工具处于选定状态的情况下，单击选项栏中的"面板"按钮。

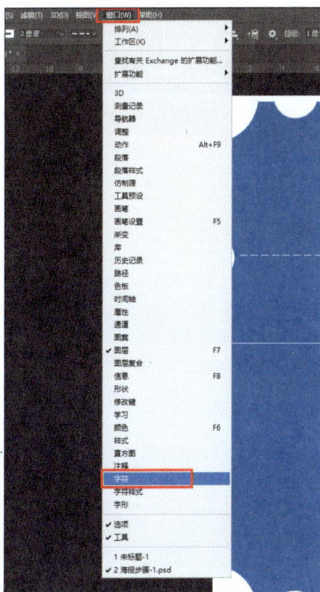

图5-51　选择"窗口"菜单中的"字符"选项

使用"段落"面板可更改段落的格式。若要显示该面板，可以选择"窗口"菜单中的"段落"选项，或者单击"段落"标签，也可以选择一种文字工具并单击选项栏中的"面板"按钮。

如果选择制作以"运动会的采拍宣传"为主题的作品，可按照图5-52所示文字内容进行字符与段落的编辑：分别创建"第25届田径运动会""'5·27'与你相见""挥洒激情/放飞梦想/热爱运动/热爱生活""生命不息运动不止""THE FIRST""SPORTS""MEET"的文字图层，并利用"字符"面板对文字进行设置。如果选择制作其他主题的作品，可以根据实际内容进行文字设置。

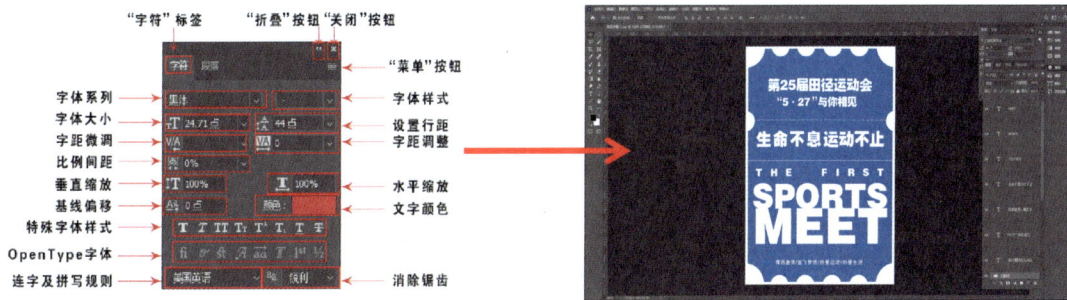

图5-52　设置字符与段落

3．栅格化文字

在Adobe Photoshop中，栅格化文字是一个将文字图层转换为正常图层的过程，这样可以对其进行更多的图层编辑操作。

如果选择制作以"运动会的采拍宣传"为主题的作品，可以选中"THE FIRST""SPORTS""MEET"文字图层，单击鼠标右键，选择"栅格化文字"即可。执行完"栅格化文字"命令后，可将"THE FIRST""SPORTS""MEET"文字图层合并以便后续制作。栅格化文字操作效果如图5-53所示。

图5-53　栅格化文字操作效果

（三）效果评价

小组内部根据作品样图，利用文字工具将各自作品中的文字设置完成并放置在指定位置，如遇问题可向指导教师或企业导师询问。

四、剪贴蒙版与图层样式的应用

（一）任务描述

利用Adobe Photoshop的剪贴蒙版，可以达到图像融合效果；利用图层样式功能可方便、快捷地制作出很多特殊图像。这两个功能可以增强图像后期设计的效果，这样既弥补了图像前期处理的不足，也拓展了图像后期处理的空间。

（二）方法步骤

学生以小组为单位，利用Adobe Photoshop的剪贴蒙版完成作品的合成，并利用图层样式功能修饰图像。

1. 剪贴蒙版

剪贴蒙版使用基底图层（底层图层）中图像的形状来控制内容图层（上层图层）的显示区域，也就是说内容图层只能透过基底图层显示出来。

基底图层是位于最下面的一个图层，是剪贴蒙版中的唯一影响源，其任何属性都可能影响到所有内容图层。

内容图层是位于基底图层之上的图层，可以有若干个。内容图层会受到基底图层的影响，但不具有影响其他图层的能力。

可以通过编辑基底图层的形状、大小、位置等来改变内容图层的显示区域。基底图层做好后，在内容图层上单击鼠标右键，选择"创建剪贴蒙版"即可完成，也可以通过快捷键"Ctrl+Alt+G"完成上述操作。

如果选择制作以"运动会的采拍宣传"为主题的作品，可将选取的素材图片放置在"THE FIRST""SPORTS""MEET"文字图层之上，执行"创建剪贴蒙版"命令，并将剪贴蒙版调整至指定位置，操作效果如图5-54所示。

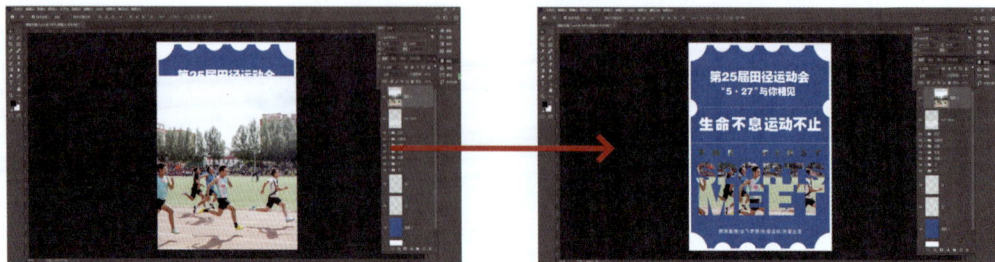

图5-54　创建剪贴蒙版操作效果

📖 **知识拓展**

Adobe Photoshop 中的蒙版

Adobe Photoshop 中的蒙版主要有图层蒙版、矢量蒙版和快速蒙版，具体功能如下。

图层蒙版是与特定图层相关联的灰度图像。黑色区域隐藏图层内容，白色区域显示图层内容，而灰色区域则部分显示图层内容。图层蒙版允许进行复杂的选区编辑，同时保留原始图像数据的完整性。学生可以使用画笔工具、渐变工具或其他工具在图层蒙版上绘制或编辑。

矢量蒙版基于矢量图形来定义图层的可见区域。矢量蒙版与分辨率无关，因此可以在不同大小的画布上保持清晰的边缘。矢量蒙版通常用于创建精确的选区或制作可缩放的图形。

快速蒙版是一种临时蒙版，用于快速选择和编辑图像区域。当处于快速蒙版模式时，图像区域将被覆盖为红色，学生可以使用画笔工具或其他工具来绘制选区。退出快速蒙版模式后，绘制的红色区域将被转换为选区，以便我们进行进一步的编辑。

2．图层样式的应用

在Adobe Photoshop中，要应用图层样式非常简单。首先，选择一个图层，然后在图层面板中双击该图层，会弹出"图层样式"对话框。在这个对话框中，可以选择各种样式，如描边、内阴影、内发光、外发光、投影等。只需勾选相应的样式，然后调整其参数，就可以在图层上添加相应的效果。

如果选择制作以"运动会的采拍宣传"为主题的作品，可对"THE FIRST""SPORTS""MEET"文字图层执行"图层样式"菜单中的"内阴影"命令，并调整参数。图层样式的应用效果如图5-55所示。

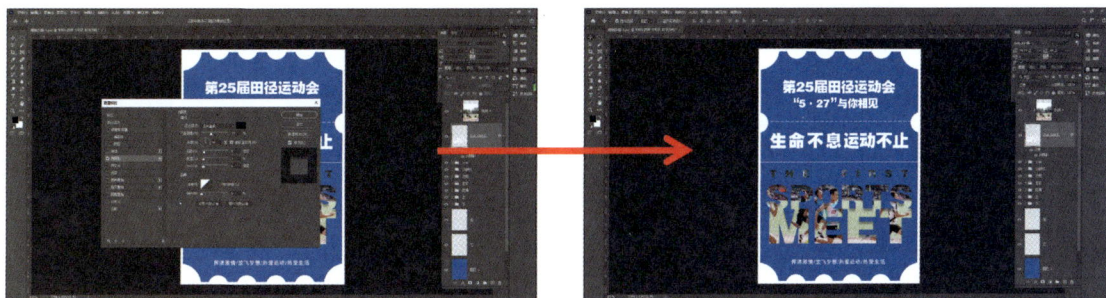

图5-55　图层样式的应用效果

（三）效果评价

小组内部根据作品样图，利用剪贴蒙版将作品中的文字图层与素材图片进行合成；利用图层样式为作品中的文字图层添加效果，制作完成并放置在指定位置，如遇问题可向指导教师或企业导师询问。

任务六　使用Adobe Photoshop进行图像输出

当使用Adobe Photoshop对一张图像进行一系列处理后，最后一步就是输出图像，这一步相对后期处理来说，似乎非常简单，只需要调用Adobe Photoshop中的一个命令即可完成，但是实际上如果在图像输出时选用的命令不合适，或者输出的参数设置不当，就不能得到理想的结果，前期的辛苦设计将功亏一篑。本任务主要介绍如何利用Adobe Photoshop完成图像输出。

（一）任务描述

Adobe Photoshop支持非常多的文件格式，这就为图像后期处理提供了有力的支持。不同的文件格式具有不同的特点，在对图像进行处理的过程中，学生需要了解不同文件格式的特点，以便满足不同的输出要求。

（二）方法步骤

学生以小组为单位，利用Adobe Photoshop完成作品整体制作，并根据具体要求完成图像的最终输出。

1.文件的输出

当对图像完成编辑后，需要对图像文件进行保存，避免因计算机出现黑屏或者死机而导致文件丢失的情况。

首先，选择"文件"菜单中的"存储"选项，或者按快捷键"Ctrl+S"，在弹出的对话框中选择存储位置，保存的时候可以修改文件的名称，如图5-56所示。

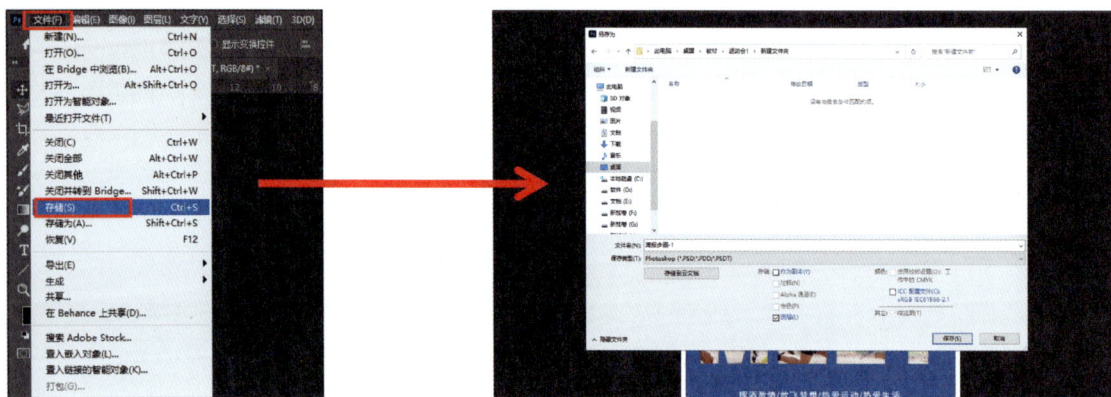

图5-56　存储文件

其次，在"保存类型"下拉列表中选择所需要的文件格式，单击"保存"按钮即可保存文件。

最后，如果选择制作以"运动会的采拍宣传"为主题的作品，可选择"文件"菜单中的"存储"选项，将文件名改为"运动会海报"，保存类型选择"PSD"，这样方便后期修改，单击"保存"按钮即可完成图像输出。

2.文件输出的格式

文件输出的格式主要有PSD、JPEG 、GIF、TIFF、PNG，这些格式具有各自的特点，在保存图像时可以根据 需要选择。

PSD是Adobe Photoshop的默认存储格式。PSD文件可以存储成RGB或CMYK颜色模式，还能够自定义颜色数量并加以存储，还可以保存Adobe Photoshop的图层、通道、路径等信息。PSD是唯一能够支持全部图像色彩模式的格式。

JPEG是一种有损压缩格式，虽然能够将图像压缩到很小，但是图像中重复或不重要的资料会丢失，因此容易造成图像数据的丢失。尤其是使用过高的压缩比例，将使解压后的图像的质量明显降低，如果追求高品质图像，不宜采用过高的压缩比例。

GIF原意是图像交换格式，支持连续色调和无损压缩，支持动画和透明背景图像，是网页动画的常用保存格式。

TIFF简称为TIF，是一种可以在不同的系统之间传递的文件格式。TIFF可以保存质量非常高的图像，并显示上百万种颜色。

PNG是一种无损压缩算法的位图格式，支持索引颜色、灰度、RGB颜色三种模式以及Alpha通道等。其设计目的是替代GIF和TIFF，同时增加一些GIF所不具备的特性。PNG一般应用于JAVA程序、网页或S60程序中，原因是它压缩比例高，生成文件占用的储存空间小。

（三）效果评价

小组内部根据作品样图，完成作品设计并进行图像输出，要方便后期修改可保存为PSD文件类型，要方便查看作品效果可保存为JPEG文件类型，如遇问题可向指导教师或企业导师询问。

■ 课后巩固提升

【案例分析】

案例1：新闻摄影作品的案例分析

本案例介绍的是第33届中国新闻奖二等奖作品——《防洪墙：一块玻璃的稳固与温情》组图。

1. 案例选择与背景介绍

《防洪墙：一块玻璃的稳固与温情》这组照片荣获第33届中国新闻奖二等奖，记录的是2013年"菲特"台风过后，余姚市丈亭老街所建的一道长约1.6千米的玻璃防洪墙。它不仅在台风时能够稳固堤防，保护村庄免受水患，而且在日常成为一道透明的景观墙，让人们能够欣赏到姚江两岸的风光。这一创新性的防洪举措，既体现了人类与自然和谐共生的智慧，也展现了当代新闻摄影记录时代变迁、捕捉社会细微之处的独特魅力。

2. 摄影作品解读

（1）前期准备与现场拍摄情况

这组照片拍摄历时半年多，真正地做到了有层次、有起伏地讲一个故事，既有航拍的大场景，也有生活的小细节。在前期准备阶段，摄影师对玻璃防洪墙的建设背景、功能特点及周边环境进行了深入了解，并制定了详细的拍摄计划。摄影师通过查阅相关资料、与当地居民交流等方式，获取了丰富的第一手资料，为后续的拍摄工作打下了坚实的基础。玻璃防洪墙俯拍如图5-57所示。

在现场拍摄过程中，摄影师采用了多种拍摄手法和角度，以全面展现玻璃防洪墙的独特魅力。摄影师既拍摄了玻璃防洪墙的整体景象，也捕捉了人们在玻璃防洪墙前的日常生活细节，如村民在玻璃防洪墙沿上晒食材等场景。人们在玻璃防洪墙前的生活细节如图5-58所示。

图5-57　玻璃防洪墙俯拍

图5-58　人们在玻璃防洪墙前的生活细节

此外，摄影师还特别捕捉了水位上涨时，人们透过玻璃防洪墙拍摄鱼虾等水生生物的瞬间，如图5-59所示。这些画面生动展示了玻璃防洪墙在保护家园的同时，也为人们带来了亲近自然的乐趣。

图5-59　人们透过玻璃防洪墙拍摄鱼虾等水生生物的瞬间

（2）构图与视觉效果

这组照片的构图十分出色，摄影师在拍摄时强调独特的视觉冲击力。在水位超过玻璃防洪墙沿时，选取了平视角度，没有拍摄玻璃防洪墙边框，而是抓拍了几条小鱼贴着玻璃游过的瞬间，如图5-60所示，使人们产生一种在看玻璃鱼缸的感觉。而远处的房屋和树木，则在提醒人们，这绝不是一个普通的鱼缸。此外，摄影师合理运用前景、中景和背景的关系，营造出强烈的空间感和层次感。同时，还特别注意光线的运用，摄影师通过调整拍摄角度和光线方向，使得画面更加明亮、通透，玻璃防洪墙的透明感和质感得到了很好的呈现。这种拍摄思路，用一种引人入胜的方式把人们带入新闻故事。

视觉效果方面，这组照片的色彩饱满、对比鲜明，给人以强烈的视觉冲击。摄影师通过捕捉不同时间段、不同天气条件下的玻璃防洪墙景象，展现了其多样化的面貌。夜晚的玻璃防洪墙如图5-61所示。无论是白天还是夜晚，玻璃防洪墙都以独特的魅力吸引着人们的目光。

图5-60　玻璃防洪墙后的鱼

图5-61　夜晚的玻璃防洪墙

案例2：新媒体海报作品构图与色彩的案例分析

1. 构图

构图在摄影中起着至关重要的作用，摄影中常见的构图法有：三分构图法、引导线构图法、框架构图法、三角构图法等。构图不仅是摄影的灵魂，也是新媒体海报设计的灵魂，构图直接决定了版面信息的传播效果，影响了作品的质量。

以三角构图法为例（由于前文中并未介绍此方式，作为知识补充，本案例从三角构图法角度来讲解），采用该构图法的海报可以较为明确地表现影片中的人物关系和情感走向，所以此构图法在海报设计中较为常见。例如，图5-62所示的电影《十面埋伏》的海报，就采用了三角构图法，女主角居中，人物角度为大正面，两位男主角分别向左、向右，呈对立状态。在看过影片之后我们就会发现海报选用三角构图法的原因：影片中的女主角在情感上纠结于两位男主角之间，尚未做出选择，最终两败俱伤。

结合电影剧情和片名——"十面埋伏"，海报突出了两位男主角在争夺女主角时剑拔弩张的氛围，阐释了人物间的强烈冲突，暗示了悲惨的结局。

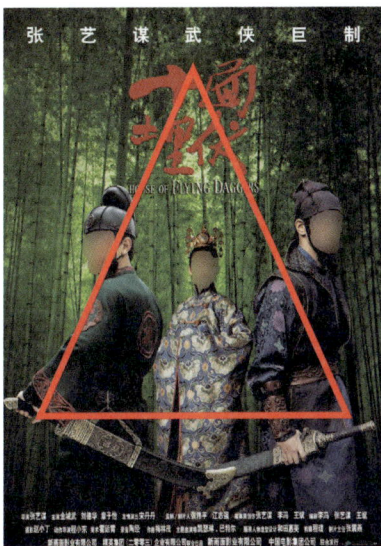

图5-62　电影《十面埋伏》的海报

2. 色彩

色彩是摄影的重要属性，对塑造形象、表达主题、烘托氛围具有重要的作用。如果能运用好色彩，就能以强烈的视觉冲击力提升作品的魅力。

综合运用色彩的明暗调节、对比以及分割等技巧可以使海报色彩在冷暖、深浅、面积等方面达到平衡，既要重点突出海报的主体部分，也要打破整体色调的单调平庸，从而使海报画面更具有丰富性与层次感。例如，图5-63所示的电影《大鱼海棠》的海报，设计者巧妙融合多种颜色来彰显浓厚的东方韵味，这种颜色搭配极具视觉张力，其中强烈的红绿色彩对比带给观众强烈的视觉冲击。

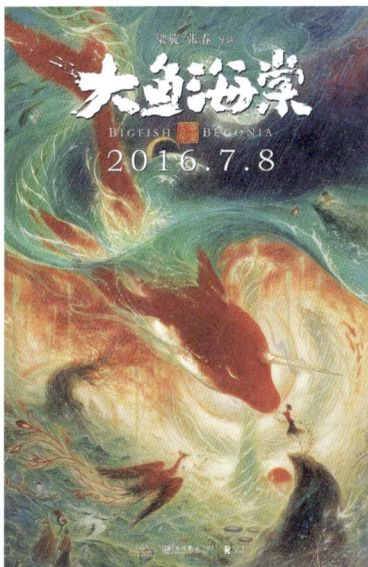

图5-63　电影《大鱼海棠》的海报

【拓展训练】

根据本项目所学知识和技能，以小组为单位拍摄并制作一张电影海报。

项目六

手机短视频制作与传播

内容概要

随着移动互联网技术的迅猛发展和智能手机的普及，手机短视频已经成为当前互联网领域热门的信息传播形式。这种传播形式不仅改变了人们获取信息和休闲娱乐的方式，也推动了新媒体内容生产与传播的创新。不仅如此，手机短视频还借助人们对利用碎片化时间的需求以及对视觉化内容的偏好，逐渐成了人们生活中不可或缺的一部分。正是在这样的背景下，手机短视频行业快速发展，各大短视频平台不断创新和竞争，推动了新媒体内容生产领域整体的进步。本项目将通过案例分析与实操结合的形式介绍手机短视频制作与传播的全流程，并介绍Adobe Premiere Pro 2020的基本操作与使用方法。

知识目标

➢ 了解手机短视频的类型。
➢ 了解手机短视频的制作流程。

能力目标

➢ 具备撰写短视频脚本的能力。
➢ 具备短视频策划、制作与传播的能力。
➢ 具备操作Adobe Premiere Pro 2020的能力。

素养目标

➢ 具备一定的审美素养与创新素养。
➢ 具备正确的价值观，具备创作正能量短视频作品的素养。

课前自学

一、手机短视频案例分析

随着近几年手机短视频（本项目中的"短视频"均指"手机短视频"）的不断发展，其内容呈现出多样化、个性化的特点，满足了不同用户的需求。当前手机短视频行业已经形成较为完整的产业链，包括内容生产、平台分发、用户消费等多个环节。短视频平台通过算法推荐、社交互动等方式，吸引了大量用户的关注。目前，手机短视频按照视频内容主要分为以下六类。

1. 日常分享类短视频

日常分享类短视频与用户的日常生活息息相关，其因内容贴近生活，所以能够引发用户共鸣，深受用户喜爱。日常分享类短视频的内容覆盖范围较广，涉及诸多方面，包含生活分享类短视频、宠物分享类短视频、美食分享类短视频和旅行分享类短视频等。

案例
日常分享类
短视频

生活分享类短视频主要针对日常生活中的新鲜事或琐事进行拍摄和分享，创作者通过对日常生活的客观记录，引发用户的思考和共鸣，从而吸引更多的用户观看。

宠物分享类短视频主要是以宠物的日常活动为素材制作的短视频。部分创作者会通过拟人、夸张、象征等手法进行后期制作，从而形成更具趣味性的视频内容。这类短视频通常具有幽默搞笑、治愈心灵的特点。

美食分享类短视频通常是拍摄美食的制作过程或对某一款美食的由来、食材、口感等进行介绍的短视频，使喜爱美食的用户产生共鸣，从而吸引用户点赞、评论和关注。

旅行分享类短视频是创作者前往旅游地进行拍摄，分享所见所闻的短视频，让用户足不出户就能领略各地的人文美景。

2. 技能分享类短视频

技能分享类短视频的内容主要涉及生活小技巧、专业知识、学习经验等诸多方面，这类短视频因具有很高的实用性而广受好评。技能分享类短视频的时长一般较短且互动性较强，能够在有限的时间内快速传递有用的信息，创作者也会在评论区解答用户对相关内容的疑问。

案例
技能分享类
短视频

常见的技能分享类短视频涉及健康、职场、车评等领域。健康类技能分享短视频，如"医路向前巍子"系列；职场类技能分享短视频，如"秋叶PPT"系列；车评类技能分享短视频，如"虎哥说车"系列。

3. 幽默类短视频

幽默类短视频老少皆宜，其因诙谐幽默的特征获得了广大用户的喜爱。这些短视频一般以分享日常生活为主，内容以实际生活中的某些突出现象为基础，表演者用略微夸张的动作表情和幽默风趣的语言，在引得用户大笑的同时又能戳中人心、引起共鸣，因而能获得很多用户的喜爱。

案例
幽默类
短视频

4. 才艺展示类短视频

才艺展示类短视频一般是创作者展示自己的才艺的短视频，如唱歌、跳舞、乐器演奏等。

案例
才艺展示类
短视频

5. 街头采访类短视频

街头采访类短视频是指在公共场所或街头随机对行人进行实时的话题采访，并录制被访者的回答、反应或互动过程的短视频。街头采访类短视频因其真实性、即时性和互动性而受到广泛关注，成为社交媒体和

案例
街头采访类
短视频

在线平台上较为流行的短视频类型之一。

6．创意剪辑类短视频

创意剪辑类短视频是用专业剪辑手法对已有的画面进行编辑，从而用精彩的视频内容、快速推进的剧情吸引用户的短视频。

这类短视频在混剪类短视频的基础上加入了多种创意元素，让短视频具有更强的视觉冲击力和可看性，代表作品有"浩轩影视"系列作品。

创作者发布这类短视频时需要注意，引用电影或电视剧的画面素材需要解决版权归属问题，否则会有侵权风险。另外，解说文案也应该尽可能保持原创性，避免直接复制或模仿其他作品，这不仅可以提高短视频的独特性和吸引力，还可以避免侵犯他人的知识产权。

案例
创意剪辑类短视频

案例
"我是晴天"系列手机短视频传播案例分析

案例
"我是晴天"系列手机短视频的制作案例分析

二、手机短视频传播案例分析

当今国内短视频平台上有多到数不清的短视频账号，这些账号的传播策略有所不同，分别有自身的特点和目标用户群体，但无论采取何种策略，都需要注重创意、质量和互动等方面，从而得到更多用户的关注和喜爱。手机短视频传播通常需要进行两个方面的研究，即分析目标用户、研究内容创意。

三、手机短视频制作案例分析

手机短视频制作是一项系统的工作，制作一个内容精妙的短视频需要从选题策划、人物设定、场景设定、镜头脚本写作、现场拍摄、后期剪辑等方面进行，这些内容将在后续的课中任务中逐一展开。

课中任务展开

本项目通过任务的模式进行，学生在认知手机短视频制作的基础上，通过手机短视频脚本的撰写、手机短视频的景别与构图、手机短视频的素材组合、手机短视频的转场、手机短视频的精剪与传播等多个任务，掌握手机短视频制作与传播的全过程。除此之外，本项目还介绍了Adobe Premiere Pro 2020的基本操作与使用方法。在本项目中，学生可以以小组为单位，以教材中的"日常记录类Vlog[①]"为主题制作短视频，也可以依托其他主题开展实训。

任务一　手机短视频制作认知

看手机短视频已经成为人们生活中重要的休闲方式，但是制作手机短视频与观看手机短视频存在着很大的差异，手机短视频中一个看似简单的镜头或画面需要创作者耗费较长的时间和较多的精力，所以在学习手机短视频的制作之前，学生需要先对手机短视频制作有一个全面的认知。

一、手机短视频选题分析

（一）任务描述

在制作手机短视频之前，选择一个合适的选题尤为重要，但是大多数新手创作者很难判断什么样

① Vlog全称是Video Blog，意为视频记录、视频博客，现常作为短视频的类型之一。

的选题才是合适的，所以此时就需要借助短视频榜单工具。新榜是自媒体从业者广泛使用的短视频榜单工具，覆盖多个主流自媒体平台的数据，包括榜单分析、数据监测、运营增长、流量变现等内容，利用该工具可以了解最新的热门话题，能够为选题提供思路。

（二）方法步骤

在百度中搜索"新榜"，进入网站后查看新榜榜单，了解目前排行前十的手机短视频热门话题，利用其确定手机短视频的选题。

1．新榜榜单的查看

在新榜首页中首先单击右上角的"登录/注册"按钮，利用微信完成注册或登录。完成之后回到新榜首页，将鼠标指针放置于左上角"首页"处，可以在自动显示的下拉菜单中看到"榜单"，单击"榜单"下的"话题榜"即可查看近期各个平台的话题榜单情况。新榜截图如图6-1所示。

图6-1　新榜截图

2．话题的选定

在话题榜单中选择"抖音"，即可查看抖音平台近期热门的话题，建议将周期选择为"近7天"。抖音近7天话题榜截图如图6-2所示。

图6-2　抖音近7天话题榜截图

在查看了近7天的热门话题后，需要在抖音平台中搜索这些话题，查看这些话题的搜索结果，并对搜索结果中的热门短视频进行分析，确定其表述的主要内容和具体的选题方向，填写表6-1。在观看短视频的基础上，小组内讨论如果拍摄与制作"日常记录类Vlog"，可以利用哪一个热门话题，并确定具体的选题方向。

表6-1　热门短视频的选题方向记录

序号	热门话题	短视频内容	短视频选题
1			
2			
3			
4			
5			
6			
7			
8			
9			
10			

（三）效果评价

小组之间进行讨论与评价，再由指导教师或企业导师点评和总结。

二、手机短视频分析

（一）任务描述

确定手机短视频的选题后，学生还需要对头部短视频账号的作品进行分析，以更好地确定自己作品的创作方向。所以本任务将着重指导学生从不同的角度对优秀手机短视频进行分析，并从分析中找到作品的创作思路。

（二）方法步骤

如果以"日常记录类Vlog"为主题拍摄与制作短视频，可以在抖音平台中以"日常记录类Vlog"为关键词进行检索后，综合分析5个热门作品的总时长、逻辑框架、文案亮点、前三秒画面、节奏、配音配乐、字幕设计、标题设计、结尾设置9项内容；如果选择其他主题进行实训，也可以参照上述内容，待观看后完成表6-2的填写。

表6-2　热门作品的分析

分析项目	热门作品1	热门作品2	热门作品3	热门作品4	热门作品5
总时长					
逻辑框架					
文案亮点					
前三秒画面					
节奏					
配音配乐					
字幕设计					
标题设计					
结尾设置					

（三）效果评价

小组之间先对填写的热门作品分析内容进行互评，再由指导教师或企业导师点评和总结。

任务二　手机短视频脚本的撰写

短视频脚本是用于短视频制作的文本，它是短视频制作的基础和灵魂。短视频脚本通常由文字、图片、图表、音效等多种元素组成，是一份详细的文件，能够帮助创作者了解短视频的内容、形式、表现手法以及制作流程等方面的要求，从而拍摄出与前期设想一致的短视频。

（一）任务描述

短视频脚本是拍摄和制作短视频的关键，在拍摄和制作短视频之前，学生要能够根据短视频的选题，确定拍摄时长、拍摄场景、拍摄内容、旁白配音等部分，所以本项任务主要讲解短视频脚本的撰写方法。

（二）方法步骤

如果以"日常记录类Vlog"为主题制作短视频，学生需要以小组为单位，思考短视频的内容，从而确定短视频选题，并完成短视频脚本的撰写；如果选择其他主题，也可以参照进行。

1．确定拍摄选题

在新榜中选择近7天的热门话题，对热门话题进行排序和筛选，从而确定短视频的选题。

例如，在2023年12月，新榜中近7天的抖音平台热门话题中包含"冬季'小土豆'哈尔滨旅游"，可以看出近期用户对哈尔滨旅游的关注度很高，所以哈尔滨本地的自媒体账号，可以以"欢迎南方'小土豆'"作为日常记录类Vlog的选题。

2．确定拍摄内容

在确定选题后，需要计划具体的拍摄内容。在确定拍摄内容时，除了考虑与选题的相关性，还应考虑拍摄与剪辑的可行性和后期传播的范围等。

例如，前段时间较火的日常记录类Vlog选题——哈尔滨市民免费为外地游客服务，免费为游客当导游，免费为游客发放热水、姜汤。依据这一热点，创作者策划出在哈尔滨的著名打卡点圣·索菲亚教堂免费为游客拍照的拍摄内容。

3．完成脚本撰写

确定好拍摄内容后，需要撰写出短视频的脚本。短视频脚本几乎是最接近短视频成片的"设计图纸"，它将创作者的思路转化成镜头语言，为后续的拍摄和制作提供具体可行的方案。短视频脚本中一般包含地点、时间、时长、场景、拍摄内容、旁白、背景音乐、结尾等。如果以"日常记录类Vlog"为主题拍摄短视频，可以参照以下案例进行短视频脚本的撰写。

案例

为游客免费拍照的短视频脚本

地点：哈尔滨圣·索菲亚教堂、中央大街。

时间：2024年2月8日夜。

时长：55秒。

场景一：哈尔滨圣·索菲亚教堂前广场（时长：15秒）。

拍摄内容：摄影师手持单反相机在哈尔滨圣·索菲亚教堂前广场，到游客较多的地点，大声吆喝为游客免费拍照，吸引游客的注意。

如果有游客回应同意拍照，就提前与游客沟通通过蓝牙传照片，但是后期需要自行处理。

场景二：哈尔滨圣·索菲亚教堂正门（时长：10秒）。

拍摄内容：其他工作人员以第三人视角拍摄摄影师在哈尔滨圣·索菲亚教堂正门为游客拍照的现场画面。

旁白：最近看到很多哈尔滨市民免费为游客服务，而我思来想去，就提供免费拍照服务吧。

场景三：中央大街（时长：10秒）。

拍摄内容：其他工作人员以第三人视角拍摄摄影师在中央大街为游客拍照的现场画面，拍摄完成后摄影师与游客进行互动，提出玩得是否开心、拍照的效果如何等问题。

场景四：从中央大街回家的路上（时长：10秒）。

拍摄内容：摄影师在回家的路上拍摄，口述对免费为游客拍照过程的总结。

背景音乐：《希望你被这个世界爱着》。

结尾：摄影师征得游客同意后，展示拍摄的照片（时长：10秒）。

旁白："小土豆"们对照片很满意，欢迎来哈尔滨。

如果选择其他实训主题，也需要先确定拍摄选题，再确定拍摄内容，最后在此基础上完成脚本的撰写。

（三）效果评价

各小组之间先进行互评，再由指导教师或企业导师点评和总结。

任务三　手机短视频的景别与构图

评价手机短视频内容是否优质，画面的景别和构图是十分重要的指标，日常记录类Vlog也不例外。学生只有正确地使用景别和构图才能将自己想要表达的内容有效地传递给用户。

景别，是指在焦距一定时，摄像机与被摄主体的距离不同，造成的被摄主体在画面中所呈现出的范围大小的区别。景别一般分为5种，由远及近分别为远景、全景、中景、近景、特写，合理利用景别有助于营造画面的空间感。

构图，是通过对画面元素的布局和安排，来传达视觉信息和表达主题情感的一种艺术手法。简单来说，构图决定了用户在屏幕上看到的内容的呈现形式。在短视频拍摄中，构图方法可以分为三分构图法、引导线构图法、框架构图法。

（一）任务描述

本任务将围绕手机短视频拍摄中的景别和构图进行讲解，旨在使学生在实践中提升拍摄能力。

（二）方法步骤

学生以小组为单位，根据任务二中撰写的脚本拍摄相应的素材，素材以视频片段形式呈现即可，但是单个素材的时长要在5秒以上，且为分辨率不低于1 080像素×1 920像素的9：16竖版短视频。需要注意的是，各段素材的分辨率和比例应保持一致，这样方便后期剪辑。本任务将展示两种景别与构图互相搭配的拍摄方法，学生可照此完成任务二中撰写的脚本中其他场景的拍摄。

1. 全景景别与三分构图法

全景景别常用来表现场景的全貌与人物的全身动作，表现出人物的体型、衣着打扮、所在环境等。三分构图法也称为九宫格构图法，用两条水平线和两条垂直线将画面九等分，将被摄主体放在四个交点中的一个或者多个交点上。在拍摄日常记录类Vlog时，若要展现被摄主体的全部动作，还想让被摄主体处于画面的视觉中心，就可以采用全景景别配合三分构图法。

例如，任务二案例脚本中的场景二——其他工作人员以第三人视角拍摄摄影师在哈尔滨圣·索菲亚教堂正门为游客拍照的现场画面，可拍摄长镜头，采用全景景别配合三分构图法的拍摄方法。

2．中景景别与框架构图法

中景景别可以更好地表现人物之间、人物与周围环境之间的关系，更好地表现人物的身份、动作及做该动作的目的。框架构图法利用具体的景物或者抽象的光影处理来给画面设置一个拍摄框架，让被摄主体更加突出，令作品具有特殊的吸引力。拍摄日常记录类Vlog时将中景景别与框架构图法配合能够增强画面的层次感，营造一定的氛围。

例如，任务二案例脚本的结尾，拍摄"展示拍摄的照片"的镜头时，可以将中景景别配合框架构图法的照片放到结尾并加入字幕。

（三）效果评价

各小组之间对拍摄的短视频素材进行互评，再由指导教师或企业导师点评和总结。

任务四　手机短视频的素材组合

短视频的素材组合是一门艺术，是对前期拍摄的素材进行挑选和拼接的过程，这个过程需要根据前期的短视频脚本在视频剪辑软件中进行，力求相应要素与脚本内容保持一致。

（一）任务描述

短视频的素材组合往往需要利用手机或计算机中的软件进行，在前期的素材组合阶段，学生可以使用手机的剪映App进行，在后期添加渲染效果时，可以使用计算机中的Adobe Premiere Pro 2020进行。本任务主要介绍利用剪映App进行素材组合的操作。

（二）方法步骤

学生以小组为单位，对短视频素材进行组合，形成一个时长不少于50秒且分辨率不低于1 080像素×1 920像素的9∶16竖版短视频。

1．挑选优质素材

在拍摄时为了得到理想的素材，往往需要拍摄多次，但是一般情况下为了节约拍摄时间，摄影师并不会在现场就对素材进行筛选，而是在素材组合阶段再挑选出与主题相关、画面清晰、内容有趣的素材。注意选择不同角度、不同场景、不同时间的素材，以增强短视频的多样性和吸引力。

2．使用剪辑软件拼接素材

根据主题和故事线，将挑选出的素材进行拼接。可以尝试不同的拼接顺序和方式，以达到最佳的呈现效果，同时，注意保持节奏感和流畅性。

在操作时，需要将前期拍摄的素材导入手机的剪映App中，具体的方法如下。

首先，在剪映App中点击"开始创作"。其次，选中需要拼接的素材后，点击"添加"。最后，在弹出的创作面板中长按并拖动视频片段，根据脚本调整视频片段的前后顺序。

素材拼接的部分方法如图6-3所示。

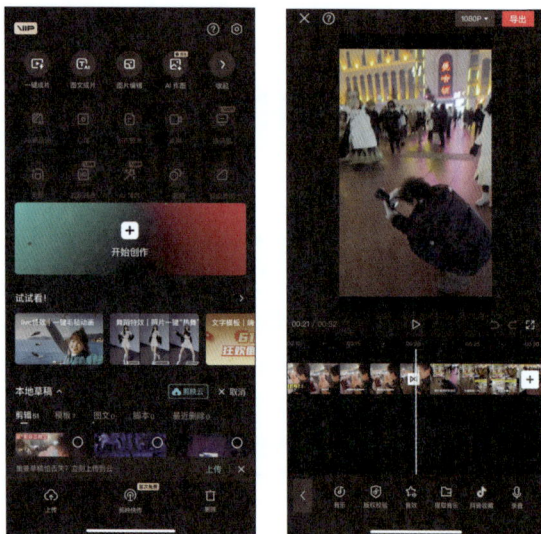

图6-3　素材拼接的方法（部分）

3. 为短视频添加背景音乐和字幕

　　背景音乐可以增强短视频的情感表达，而字幕则可以帮助用户更好地理解视频内容，所以在短视频中，背景音乐和字幕是必不可少的，在素材组合完成后，即可利用剪映App添加背景音乐和字幕。

　　在剪映App创作面板中点击下方的"音频"，在二级菜单中点击"音乐"，即可跳转到背景音乐选择页面，在该页面试听并下载与短视频风格一致的背景音乐后，点击"使用"，自动跳回创作面板，在当前页面选中音频轨道，可以在下方的菜单中选择调整音量、设置声音效果、删除音乐等。背景音乐的部分添加方法如图6-4所示。

图6-4　背景音乐的添加方法（部分）

　　在剪映App创作面板中点击下方的"字幕"，可以选择智能文案、识别字幕等。如果短视频中的对话及旁白较多，可以使用识别字幕功能，软件将自动为短视频匹配字幕；如果对话及旁白较少，或有其他说明性文字需要添加到字幕中，可以点击"输入字幕"，输入文字后，点击"确认"，将自动跳回创作面板。在创作面板中选中刚刚添加的字幕，可以长按并拖动以改变其位置，也可以拖动两端改变其在短视频中出现的时间长短。除此之外，点击预览区域中字幕文本框右下角可以改变字幕的大小，点击字幕文本框右上角可以修改字幕的字体和样式，点击字幕文本框左下角可以复制当前字幕，点击字幕文本框左上角可以删除当前字幕。字幕的部分添加方法如图6-5所示。

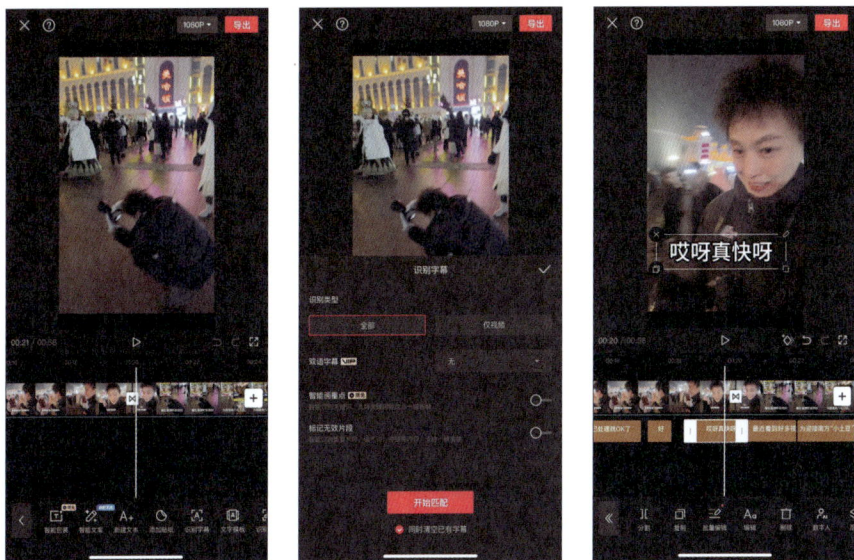

图6-5　字幕的添加方法（部分）

在短视频中，针对不同人物可以使用不同颜色的字幕，以便更好地区分人物。对话过程中，摄影师说话时使用的字幕主体颜色为白色配黑色描边，而游客说话时使用的字幕主体颜色为黄色配黑色描边。若对话中带有一定情绪波动，如吃惊、不可思议等，可以适当放大字幕增加视觉冲击力，其字幕设计效果如图6-6所示。

当完成了上述操作后，短视频的粗剪已经完成，可以将短视频暂时存放于草稿箱中，方便在下一个实训任务中为短视频添加转场效果。

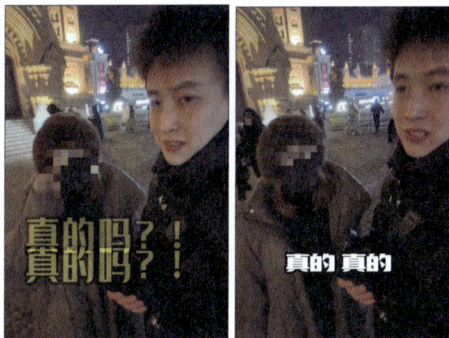

图6-6　字幕设计效果

（三）效果评价

各小组之间先对粗剪的短视频进行互评，再由指导教师或企业导师点评和总结。

任务五　手机短视频的转场

在手机短视频制作中，转场是指在不同镜头或场景之间进行过渡或转换的过程，它对保持短视频的流畅性和连贯性至关重要。

（一）任务描述

当完成了素材的拼接、背景音乐和字幕的添加后，学生还需要在此基础上，为短视频添加转场效果，让短视频更为流畅，故本任务将重点讲述如何利用剪映App为短视频添加转场效果。

（二）方法步骤

学生以小组为单位，根据短视频内容和节奏合理加入技巧转场或无技巧转场，形成一个时长不少于50秒，且分辨率不低于1 080像素×1 920像素的9∶16竖版短视频。

1. 转场效果的添加

在添加转场效果时，要根据短视频的内容和节奏进行合理选择。过多的转场效果可能会使用户感到眼花缭乱，而缺乏转场效果则会显得短视频单调乏味。因此，在保证短视频流畅性和连贯性的基础上，应选择合适的转场效果来增强短视频的视觉效果。

利用剪映App为短视频添加转场效果时，需要在剪映App的创作面板中点击两段视频素材的连接点，点击之后会自动弹出转场效果添加页面，其中有叠化、幻灯片、运镜、模糊、光效等多种转场效果，选定理想的效果后，可以在上方查看短视频的预览效果。确认无误后，可以点击右下角的"√"。需要注意的是，在添加转场效果过程中，如果想将其添加到短视频的所有连接处，可以点击左下角的"全局应用"。转场效果的添加如图6-7所示。

在添加转场效果的过程中，需要根据短视频的内容和场景进行精心的挑选，其中有许多需要注意的地方，如在本项目提供的脚本中，场景一和场景二有着明显的时空变化，在这两个场景之间就可以加入转场效果"闪黑"，如图6-8所示。

图6-7　转场效果的添加（部分）

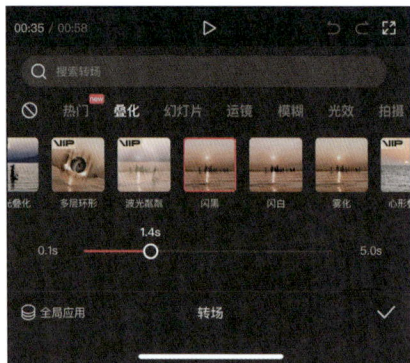

图6-8　转场效果"闪黑"

2. 转场时间的调整

软件一般会自动测算转场时间，此时间并不能完全满足创作者的需求，因此创作者往往需要手动调整转场时间。在剪映App中选定转场效果后，可以拖动时间条调整转场时间，如图6-9所示。

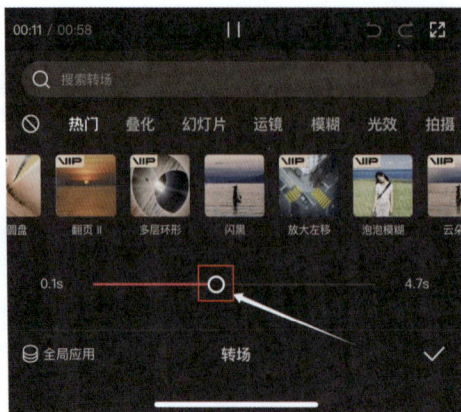

图6-9　调整转场时间

（三）效果评价

各小组之间先对作品进行互评，再由指导教师或企业导师点评和总结。

任务六　手机短视频的精剪与传播

在完成了前面的任务后，我们要继续对短视频进行精剪、导出，并将其发布到短视频平台上。本任务将继续介绍手机短视频的精剪与传播。

一、手机短视频的精剪

（一）任务描述

短视频的精剪主要是对经过粗剪的素材进行进一步的加工，学生在这个过程中要重新构建关于短视频的逻辑框架，并完成短视频的导出，故本任务主要讲解作品的逻辑重构、深度加工和导出。

（二）方法步骤

学生以小组为单位，利用经过粗剪的素材，重新构建短视频的逻辑框架，形成最终的作品，并从剪映App中导出。短视频总时长不得少于50秒，且短视频为分辨率不低于1 080像素×1 920像素的9∶16竖版短视频。

1. 重点前置

如果按照事件发生的顺序剪辑短视频，开头的内容可能无法吸引用户关注，导致用户看到就会迅速滑走。为了更好地吸引用户，创作者在剪辑短视频时往往会将整个短视频中最精彩的内容前置。

在进行实训时，可以在前期已经组合好的素材中找出最吸引人的3秒片段并放在开头。如果短视频时长在3分钟以上，则需要在短视频的前10秒抛出有趣的观点，吸引用户的注意力。

如果以"日常记录类Vlog"为主题，可以找到短视频中最能吸引用户注意力的部分，即大声吆喝为游客免费拍照的画面，并将这部分放至短视频的开头，如图6-10所示。

图6-10　将最能吸引用户注意力的画面放至短视频的开头

2．结尾互动

短视频的结尾同样重要，在"日常记录类Vlog"主题中，创作者可以设置一个具有互动性的结尾，从而吸引用户的关注。互动型结尾能够锦上添花，让用户看完内容之后产生思考和共鸣，激发用户表达自己观点的欲望。

例如，可以在短视频的结尾加上"如需免费向导可在评论区留言"的话语，引导用户分享感受，以刺激用户互动，如图6-11所示。

将粗剪好的短视频根据上述的逻辑框架进行重新安排和修改，这样短视频在后续的传播中才能起到良好的效果。

3．作品导出

当完成了全部内容的剪辑后，可以将作品从剪映App中导出，在导出时，可以先点击创作面板右上角"导出"旁边的"▽"，设置视频导出参数。

在导出参数中可以看到分辨率、帧率、码率等选项，由于将短视频上传至短视频平台时画面有被压缩的可能，因此建议将分辨率调至"2K/4K"，以保障短视频上传后的清晰度。在帧率的选择上，如果素材中包含高帧率的画面（如升格镜头等），可以选择"60"，如果没有高帧率的画面，可以选择"25"或"30"。码率设置上可以选择"推荐"，避免导出后短视频占用储存空间过大的问题；如果素材中包含极为精细的画面，码率可以选择"较高"，但设置后短视频占用储存空间较大，导出速度较慢。

图6-11　在短视频结尾引导互动

当完成了上述设置后，可以点击"导出"，导出后短视频会自动保存到手机的相册中，可以选择直接分享到抖音或西瓜视频平台。作品导出与分享如图6-12所示。

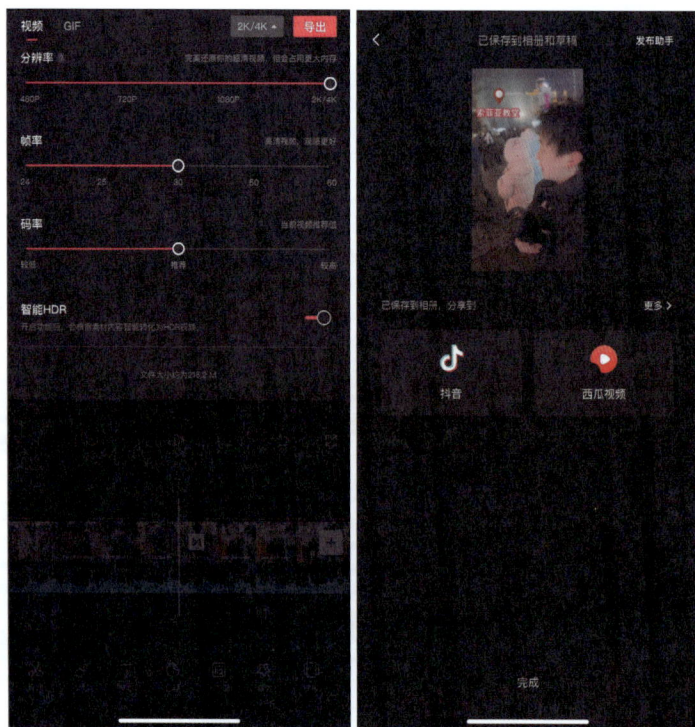

图6-12　作品导出与分享（部分）

（三）效果评价

各小组之间先对导出的短视频进行互评，再由指导教师或企业导师点评和总结。

二、手机短视频的传播

（一）任务描述

短视频制作完成不代表结束，后续还要进行短视频的传播。当前，手机短视频平台的数量较多，如抖音、快手、B站等，学生可以根据平台的属性和账号的类型进行匹配式投放，并对投放的数据进行分析。本部分重点讲解短视频的投放与数据分析。

（二）方法步骤

学生以小组为单位，将自己创作的短视频上传到合适的短视频平台，上传2小时后查看数据分析的结果。

1. 选择短视频平台

目前主流的短视频平台包含抖音、快手、B站等。抖音、快手偏向于生活记录和娱乐搞笑内容，如果制作的短视频属于日常分享类或幽默类，建议选择这两个平台，以得到更多的流量扶持。B站的学习属性比较强，若短视频属于技能分享类，建议上传到B站。

> 📖 **知识拓展**
>
> **抖音和快手的区别**
>
> 首先，在产品定位上，快手的前身是GIF快手，最初是一款用于制作、分享GIF图片的手机应用，2012年转型为短视频软件，主要定位为记录和分享生活的平台；而抖音则是一款音乐创意短视频社交软件，主要面向年轻人，以音乐短视频为特色。抖音和快手的图标如图6-13所示。

图6-13　抖音和快手的图标

其次，在用户群体上，根据2023年抖音和快手的用户画像分析报告，抖音的用户群体年轻化特点明显，19～30岁的用户偏多，新一线、三线及以下城市用户数量较多，抖音吸引了众多艺人、达人入驻，并且有大量创作者加入，其中85%是从普通人成长起来的创作者；快手的用户群体非常多样化，包括年轻人、中年人、老年人，快手用户主要分布在一线、二线和三至五线城市及以下城市，其中三至五线城市及以下城市的用户数量占比达到60%。

最后，在内容上，抖音注重短视频内容的创意和趣味性，以音乐、舞蹈、搞笑段子等为短视频的主要内容，抖音用户群体以年轻人为主，他们对创新和趣味性的内容有强烈需求，因此抖音的短视频大多十分新颖、有趣，具有较强的视觉冲击力和观赏性；快手的短视频中，生活琐事、地方文化、民间技艺等主题占比较高，这些内容往往能够引起用户的共鸣和关注，快手短视频注重真实生活与地方特色，更加贴近普通人的生活，包括美食制作、农村生活、手工艺展示等。

如果以"日常记录类Vlog"为主题制作短视频，在传播时可以选择上传至抖音和快手两个平台；

如果选择制作其他主题的短视频，也可以参照本主题执行。

2. 进行数据分析

将手机短视频上传至合适的平台后，等待2小时，打开平台的数据分析页面，查看短视频的播放量、完播率、互动率、播放中位数、用户画像等数据并进行分析，为后续的短视频制作提供良好的指导。

以在抖音平台查看作品的数据为例，可以在百度中搜索抖音，进入抖音的官网，单击右上角的"登录"并完成账号登录后，将鼠标指针放在右上角的"投稿"处，可以在下拉菜单中单击"创作者中心"，如图6-14所示。

图6-14　单击"创作者中心"

在抖音创作者中心可以看到之前上传并发布的作品，单击相关作品后，即可以看到该作品近期的数据表现、受众表现等，如图6-15所示。

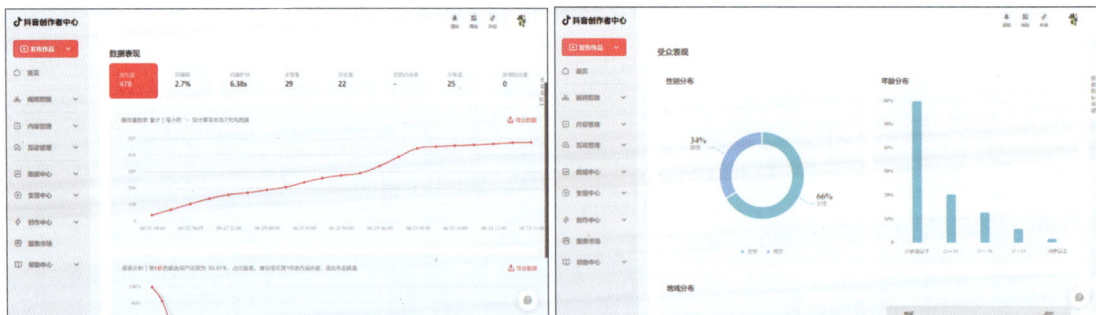

图6-15　数据分析

（三）效果评价

各小组之间对短视频平台选择的合理性和数据分析的结果进行互评，再由指导教师或企业导师点评和总结。

任务七 Adobe Premiere Pro 2020的基本操作与使用

在本项目的前续任务中为了操作方便，主要利用剪映App进行短视频制作的讲解，但是剪映App仅能进行简单的视频剪辑，如果想追求更好的效果，建议使用PC端的视频剪辑软件Adobe Premiere Pro 2020。

Adobe Premiere Pro 2020是一款常用的视频剪辑软件，尽管在操作上较其他软件相对复杂，但是该软件的专业性、拓展性、兼容性较强，且能与Adobe公司的其他制作软件协作，因此可以成为短视频制作的主要软件。

（一）任务描述

学习了剪映App的基础操作后，学生已具备一定的短视频剪辑逻辑，所以在使用Adobe Premiere Pro 2020时可以快速上手。本任务主要介绍如何使用Adobe Premiere Pro 2020新建项目，导入、拼接及导出短视频。

（二）方法步骤

学生以小组为单位，将任务三中拍摄的素材导入Adobe Premiere Pro 2020进行编辑，制作一个适合传播的手机短视频。学生需要提前将Adobe Premiere Pro 2020下载至计算机中，并跟随以下步骤进行相关操作。

1. 新建项目

第一步，打开计算机中的Adobe Premiere Pro 2020，单击"新建项目"，如图6-16所示。

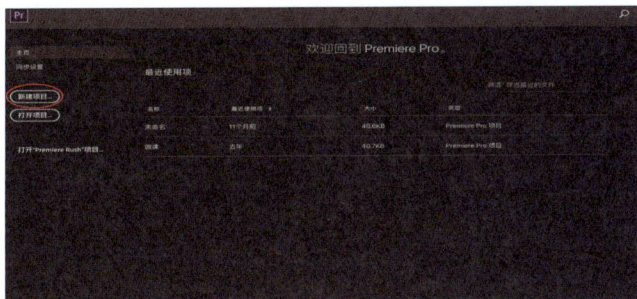

图6-16 单击"新建项目"

第二步，进入新建项目页面，输入项目名称，选择项目存放位置，将捕捉格式改为"HDV"。该软件新建项目的页面如图6-17所示。

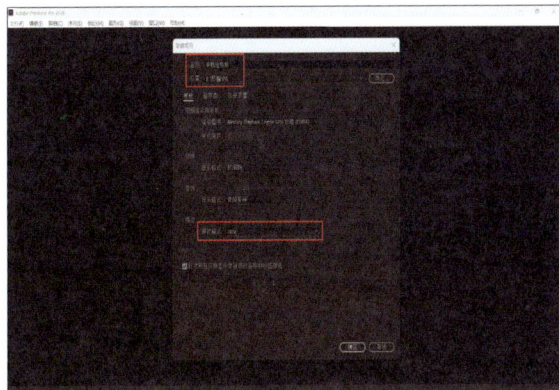

图6-17 Adobe Premiere Pro 2020新建项目的页面

第三步，单击"确定"，进入创作面板，单击"文件"，选择"新建"，并在"新建"的二级菜单中选择"序列"。另一种找到"序列"的方法是在创作面板的左下角单击![图标]图标，即可在快捷菜单中找到"序列"。该软件新建序列的两种方法如图6-18所示。

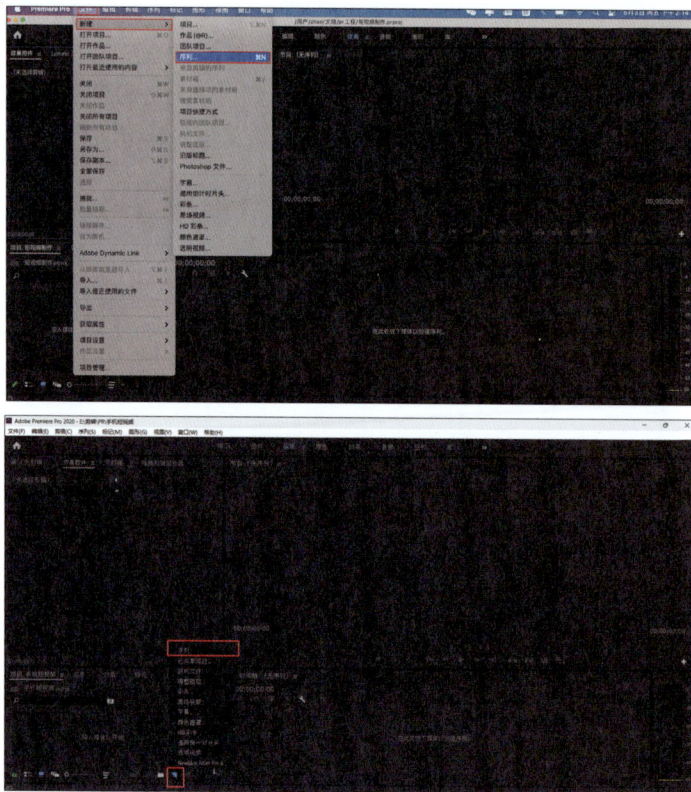

图6-18　Adobe Premiere Pro 2020新建序列的两种方法

第四步，进入"新建序列"页面后，单击上方的"设置"，将编辑模式设置为"自定义"，将视频的帧大小设置为水平"1080"、垂直"1920"，将像素长宽比修改为"方形像素（1.0）"，将场修改为"无场（逐行扫描）"，将显示格式修改为"25fps时间码"，如图6-19所示，之后单击"确认"即可。

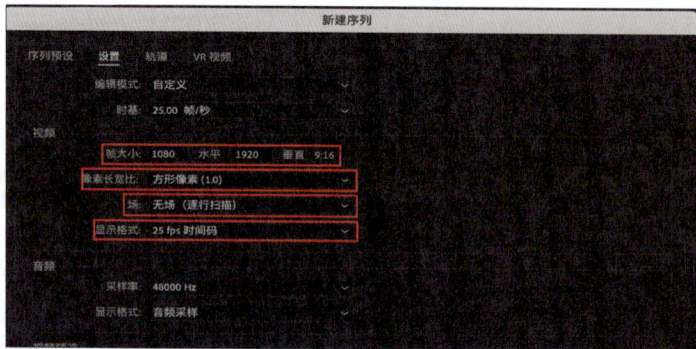

图6-19　Adobe Premiere Pro 2020设置新建序列参数的页面

2．短视频的导入与拼接

第一步，双击项目页面中空白的位置，在计算机中选择拍摄好的短视频，单击"导入"，如图6-20所示。

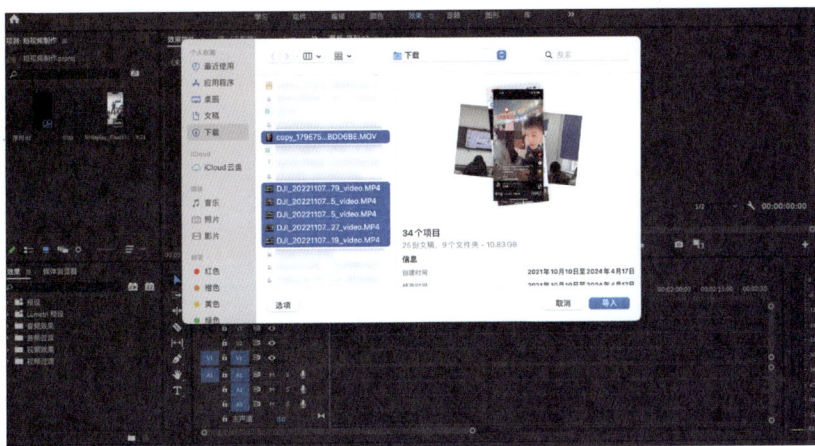

图6-20　短视频导入

　　第二步，选中视频库中的短视频，按住鼠标左键将其拖曳至时间轴轨道上便可进行接下来的视频拼接操作，与剪映App一样，拖曳时间轴轨道上的视频可以改变视频的前后顺序。该软件视频拼接的页面如图6-21所示。

图6-21　Adobe Premiere Pro 2020视频拼接的页面

📖 **知识拓展**

Adobe Premiere Pro 2020插件的使用

　　Adobe Premiere Pro 2020插件是指为Adobe Premiere Pro 2020这款视频编辑软件开发的辅助工具，它可以扩展软件的功能，提高视频编辑的效率和质量。Adobe Premiere Pro 2020插件的种类繁多，包括但不限于转场插件、调色插件、抠像插件、降噪插件等。根据使用的开发工具或版本控制系统，选择并安装对应的Adobe Premiere Pro 2020插件，包括GitHub、GitLab、Bitbucket等平台上的Adobe Premiere Pro 2020插件。在Adobe Premiere Pro 2020中，可以通过特定的菜单或面板来访问和使用已安装的插件。

3．短视频的导出

　　当短视频制作完成后，可以单击创作面板左上角的"文件"，选择"导出"，在"导出"的二级菜单中选择"媒体"。该软件视频导出的页面如图6-22所示。

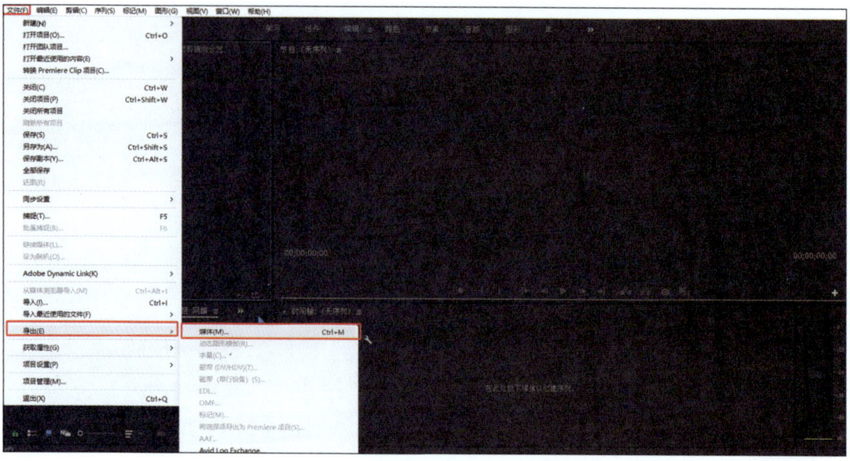

图6-22　Adobe Premiere Pro 2020视频导出的页面

在导出前可以先对短视频进行预览，确认无误后，格式选择"H.264"（MP4文件），因为该格式的兼容性较强，适合大多数短视频平台。预设可以选择"匹配源-高比特率"，这样视频压缩程度较低，输出作品的质量较高。输出名称为"手机短视频"，选中"导出视频"和"导出音频"，随后单击"导出"，等待短视频导出即可。该软件视频导出设置的页面如图6-23所示。

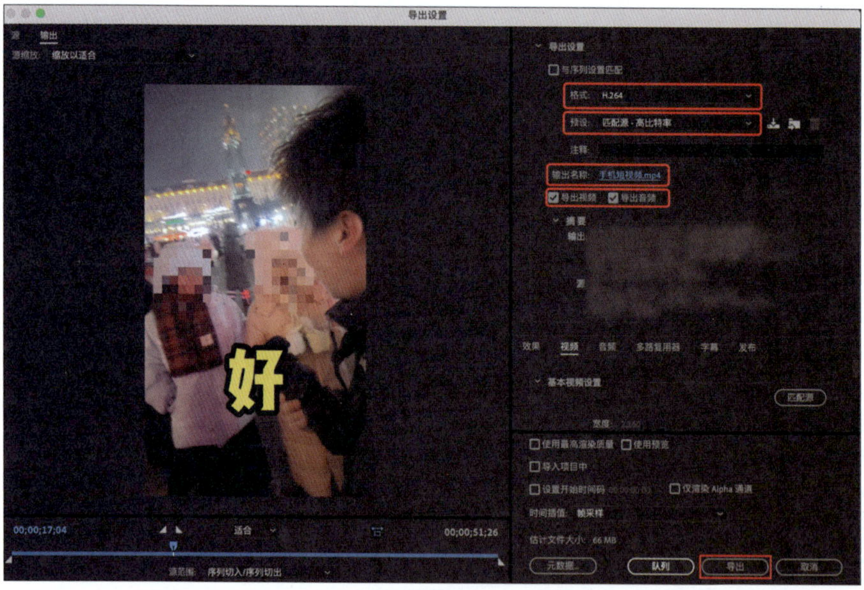

图6-23　Adobe Premiere Pro 2020视频导出设置的页面

（三）效果评价

小组之间先对导出的短视频进行互评，再由指导教师或企业导师点评和总结。

课后巩固提升

【案例分析】

手机短视频制作与传播的流程虽然较为复杂，但学生只要按照步骤进行项目训练，便能够熟能生巧，几个月的时间就可以熟练掌握手机短视频制作与传播的技能。

案例1：日常分享类短视频

日常分享类短视频切忌做成流水账式的分享，要在短视频中突出明确的主题，并在制作时挑选出最精彩的片段。作为初学者，学生在前期选题、拍摄、制作和传播时可以学习和模仿相关账号的短视频，例如抖音账号"猪头新一"的系列短视频。

1．背景介绍

"猪头新一"系列短视频是专注于介绍和展示全球各地街头小吃的短视频。这些短视频由一位热爱美食和旅行的创作者创作，其通过实地探访和亲身体验，将各种美味的小吃和独特的美食文化呈现给用户。该账号的短视频截图如图6-24所示。

图6-24　"猪头新一"短视频截图

2．内容分析

主题明确。在策划阶段，创作者会确定每一期的主题，如某个城市的特色小吃、某种食材的多种做法等。通过明确主题，创作者可以更有针对性地收集和整理素材，提高短视频的质量和吸引力。

实地探访。创作者会前往目的地，探访当地的小吃摊点和餐馆，寻找具有特色和代表性的小吃。在探访过程中，创作者会拍摄大量的素材，包括食材的准备、食材的制作过程、成品的展示等。

制作精良。拍摄完成后，创作者会使用视频编辑软件进行剪辑。创作者会将素材按照时间顺序进行拼接，添加适当的文字、音效和配乐，以提升用户的观看体验。同时，还会对画面进行美化，确保短视频的质量和视觉效果。

3．传播策略分析

平台矩阵。创作者会将制作好的短视频发布到各大短视频平台，如抖音、快手、B站等。创作者会依据各个平台的属性，选择合适的发布时间，配上吸引人的标题和描述，以吸引更多的用户观看。

积极互动。在发布后，创作者会积极与用户互动，回复评论和私信，了解用户的反馈和意见。创作者会根据用户的反馈和意见不断改进和优化短视频内容和制作方式，提高用户的满意度和参与度。

合作推广。创作者与其他相关领域的博主进行合作，如美食博主、旅游博主等。合作推广可以扩大短视频的影响力和传播范围。

案例2：幽默类短视频

幽默类短视频为广大用户提供了休闲娱乐的新方式。首先，创作者拍摄和制作这类短视频时最重要的工作是选好场景，如学校、街头、办公室、饭店、商场等。其次，需要根据场景选择对应的目标用户。最后，需要根据核心场景和目标用户撰写脚本，并完成拍摄与制作工作。例如抖音账号"办公室小野"，就将视频的核心场景设定在办公室，吸引都市打工人观看。

1. 背景介绍

"办公室小野"系列短视频十分受欢迎，通过展现一些意想不到的、带有喜剧效果的办公室日常，给用户带来欢乐，同时也让用户从另一个角度看到办公室生活的不同面貌。该账号的短视频截图如图6-25所示。

图6-25 "办公室小野"短视频截图

2. 内容分析

创意独特。"办公室小野"系列短视频的内容创意独特，能够借助常见的办公室场景和物品创造出许多令人捧腹的幽默场景和画面。例如，使用办公室里的打印机制作披萨，或者在办公桌下设置小型游乐场等。

角色多样。虽然视频内容中通常只有一个主角——小野，但她凭借幽默的表演和夸张的动作，成功吸引了用户的注意力。同时，她所扮演的角色也具有一定的代表性，能够让用户在一定程度上产生共鸣。

风格幽默。"办公室小野"系列短视频的风格以轻松、诙谐为主，创作者通过夸张的表演风格和出乎意料的情节转折，让用户在欢笑中感受到办公室生活的乐趣。同时，"办公室小野"系列短视频中还融入了一些温馨和感动的元素，让短视频更加有深度。

3. 传播策略分析

平台矩阵。创作者在抖音平台上发布短视频，充分利用了抖音平台的用户基数和传播能力。同时，创作者积极与平台合作，参与各种活动和挑战，提高短视频的曝光率。

积极互动。创作者非常注重与用户的互动，经常在评论区回复评论，与用户进行交流和互动。同时，创作者也通过抖音平台与粉丝保持联系，分享日常生活和工作状态，增强粉丝的黏性。

合作推广。创作者与一些品牌和商家进行合作推广，通过在短视频中展示品牌或产品的特点和用途，实现双赢。这种合作方式不仅提高了短视频的收益和影响力，还为品牌和商家带来了更多的曝光和关注。

【拓展训练】

根据本项目所学知识和技能，学生以小组为单位，确定一个选题，制作三条手机短视频，将制作好的三条手机短视频在同一时间上传到不同的短视频平台，一天后挑选出流量最多的作品进行分析。

项目七

网络直播的策划与运营

内容概要

直播是源自广播电视的专业术语，是相对于录播的一种媒体传播形式，它能够将现场采集到的音视频信息实时传递给用户，具有较强的时效性。随着近年来网络技术的兴起与发展，网络直播应运而生，相较于传统的广播电视直播，网络直播具有内容多样性、实时互动性、观看碎片化、分享快捷化、用户多元化等特点，使其在各类新媒体信息传播形式中脱颖而出，成为报道新闻、提供娱乐、销售商品的重要方式，网络直播技能也逐渐成为新媒体从业者必备的应用性技能。本项目将以抖音电商直播为例，介绍网络直播的岗位、前期准备、策划、运营、推广和复盘等相关知识。

知识目标

➤ 了解网络新闻直播的基本形态。
➤ 了解娱乐直播的基本形态。
➤ 了解电商直播的基本形态。
➤ 了解网络直播的平台和各岗位职责。
➤ 了解网络直播前期准备工作的内容。

能力目标

➤ 具备网络直播前期统筹协调的能力。
➤ 具备策划一场网络直播的能力。
➤ 具备网络直播运营与推广的能力。
➤ 具备网络直播复盘的能力。

素养目标

➤ 具备一定的创新素养和资源整合素养。
➤ 树立正确的娱乐观念，坚守正确的广告道德规范。

课前自学

一、网络新闻直播案例

网络新闻直播与广播电视的新闻直播较为相似，都是对新闻现场情况的实时直播，两者之间的区别主要在于播放设备的不同，网络新闻直播的播放设备主要为智能手机，播放设备的移动化和轻便化，为网络新闻直播带来了较高的流量，使其具有移动性、实时性、现场感、低成本和强互动等标志性特点。尤其是随着网络技术的进步和传播形式的创新，VR、AR、AI等技术逐渐与网络新闻直播融合，慢直播和航拍直播等创新型直播形式的出现，让网络新闻直播成为了当今新媒体新闻报道的主要形式。

📋 案例

中国新闻网网络新闻直播

2024年4月21日，广东多地出现大范围降雨，全省共70个暴雨预警信号生效，65个雷雨大风预警信号生效，部分河流出现了超警洪水。中国新闻网在次日派出记者通过网络直播的形式在其官网、App等平台实时报道各地的受灾与防汛情况，在6个多小时的网络新闻直播中，中国新闻网不仅派多路记者在不同地点进行直播，还与N视频等平台合作进行联合直播，并结合了慢直播的形式，通过监控摄像头实时展现各地的道路、河流等情况，满足了当地居民了解外界情况的需求，直播当日累计获得了76.3万次的观看量。中国新闻网网络新闻直播截图如图7-1所示。

图7-1 中国新闻网网络新闻直播截图

二、娱乐直播案例

娱乐直播是随着新媒体的快速发展而兴起的新兴娱乐方式，目的与网络新闻直播一样，都是让用户通过屏幕感受到某一场域的实时动态，但是内容多为娱乐、休闲、社交等非正式化内容。娱乐直播可以分为秀场直播、真人秀直播、游戏直播、旅游直播、美食直播等多种形式，而且娱乐直播的门槛较低，只要在某一领域有特长，普通用户也可以通过直播获得广泛关注。娱乐直播的规模化发展，催生出了MCN（Multi-Channel Network，多频道网络）机构、传媒公司等新兴产业，让娱乐直播的形式、技术、设备和平台趋于专业化发展。

📋 案例

抖音平台中的旅游型娱乐直播

抖音平台是当今娱乐直播的主要承载平台之一，其通过庞大的用户基数和强大的智能推荐算法，为娱乐直播的主播提供了较好的服务。在抖音平台的各类娱乐直播中，旅游直播日渐受到上班族的关注，因为这类直播通常是导游在带团旅游的过程中进行的直播，能够让用户足不出户进行"云旅行"。而且在这个过程中，主播和用户可以借助抖音平台提供的互动功能实现互动，如福袋抽奖和礼物赠送等，这在为主播带来收益和知名度的同时，也为用户带来新的交互体验，满足了用户足不出户就能看世界的需求。

图7-2所示为抖音账号"伦旅行"直播间的截图，该主播在故宫博物院带团讲解之余，利用手机进行同步直播，为用户普及明清两代的趣味历史知识，提供多元化的娱乐内容，从而获得了较高的人气。

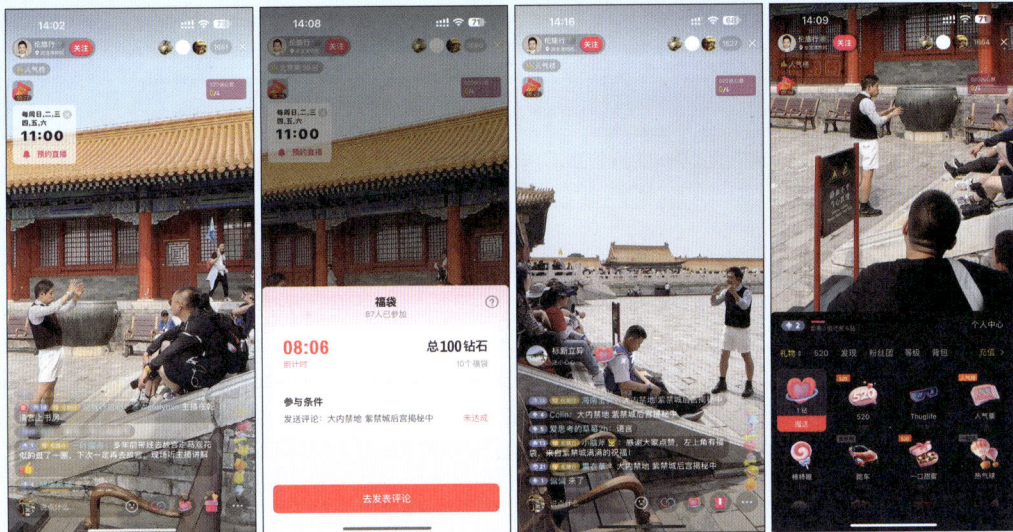

图7-2 "伦旅行"直播间截图

三、电商直播案例

电商直播是一种通过直播平台实时展示和销售商品的活动，核心目的是实现商品的销售。在电商直播中，运营、商务、场控和主播等不同身份的工作人员通过直播的形式，向用户展示商品的外观、性能和特点等，并实时回答用户的问题，促进商品销售。随着电商直播行业的快速发展，各类新奇的电商直播形式不断涌现，如特产销售直播、商品定制销售直播、盲盒销售直播等，各个企业、品牌和个人都在以各种各样的新形式吸引用户购买商品，从而实现新媒体内容的商业变现。

📋 案例

抖音平台中的电商直播

抖音平台除了多元的短视频，还提供电商直播功能，企业、品牌和个人只要满足实名、粉丝数等要求均可以在抖音平台中开通直播带货功能，这也让抖音平台成为当前很多账号实现商业变现的主要平台。在抖音平台的电商直播间中，用户可以观看主播讲解、与主播实时互动、查看商品详情、快速点击购买等。

图7-3所示为抖音账号"浙江省新华书店集团有限公司"直播间的截图，直播间中两位主播正在讲解图书《阿勒泰的角落》，在讲解过程中，多位用户在咨询图书情况、参加领福袋活动等。

图7-3 "浙江省新华书店集团有限公司"直播间截图

课中任务展开

本项目通过任务模式进行，学生在了解网络直播平台和岗位的基础上，通过网络直播的前期准备、策划、运营与推广、复盘等多个任务学习网络直播的策划与运营。在本项目中，学生可以以小组为单位，选择以"畅销书直播销售"为主题的实训任务，也可以选择其他主题。

任务一　网络直播的平台和岗位认知

学生需要先了解新媒体平台中支持网络直播的平台，并对各类网络直播中所需要的岗位进行了解，以建构起对网络直播的认知，从而更好地为后续网络直播的策划与运营做好铺垫。

一、网络直播的平台探索

（一）任务描述

当今网络直播的平台较为多元，总体而言可以分为网络新闻直播平台、娱乐直播平台和电商直播平台，这三大类平台中又存在着大大小小的多家直播平台，各类平台之间又存在着交叉关系。所以本部分聚焦于如何在直播开始前根据直播的类型选择合适的平台，并对指定类型直播的头部账号进行分析。

（二）方法步骤

学生以小组为单位，下载并使用各类网络直播平台，并通过互联网查找相关资料，确定不同类型的直播应该选择的平台。在此基础上，根据直播的主题和形式，分析头部账号的特点，完成相应表格的填写。

1. 网络直播平台的特点与属性调研

当前，网络直播的头部平台主要有抖音、快手、斗鱼、花椒直播、淘宝直播等，这些平台有着自身鲜明的特点，适合不同类型的网络直播。现需要学生以小组为单位，下载并使用上述软件，再结合互联网资料，确定适合的直播类型、风格、用户特点、优劣势等信息，完成表7-1的填写。

表7-1　各类网络直播平台属性调研表

网络直播平台	适合的直播类型	风格	用户特点	优劣势
抖音	□网络新闻直播 □娱乐直播 □电商直播			
快手	□网络新闻直播 □娱乐直播 □电商直播			
斗鱼	□网络新闻直播 □娱乐直播 □电商直播			
花椒直播	□网络新闻直播 □娱乐直播 □电商直播			
淘宝直播	□网络新闻直播 □娱乐直播 □电商直播			

注："适合的直播类型"一列答案不唯一，直接勾选答案即可。

2. 网络直播平台的选择与头部账号分析

网络直播平台能够为用户提供多元的玩法和流量支撑，所以在了解各类平台适合的直播类型、风格等内容后，需要根据网络直播的主题选择合适的网络直播平台。如果选择以"畅销书直播销售"为主题进行实训，学生需要以小组为单位，提前按"畅销书"和"电商"两个关键词确定最合适的网络直播平台，并在该平台上找到畅销书电商直播的头部账号进行分析，完成表7-2的填写。

表7-2　网络直播平台的选择与头部账号分析

主题：畅销书直播销售	
网络直播平台选择	
头部账号 1 的名称：＿＿＿＿＿＿＿＿＿＿＿＿	
账号粉丝量	
账号直播周期及时间	
账号直播风格	
账号用户画像	
直播销售品类	列举销量前五的图书名称，并总结图书类型

续表

头部账号 2 的名称：_____	
账号粉丝量	
账号直播周期及时间	
账号直播风格	
账号用户画像	
直播销售品类	列举销量前五的图书名称，并总结图书类型

如果选择其他主题进行实训，学生也需要按照上述思路完成实训任务后填写表7-2。

（三）效果评价

小组成员根据调研情况进行讨论，再由指导教师或企业导师点评和总结。

二、网络直播的岗位认知

（一）任务描述

人员是网络直播能够顺利进行的核心要素之一。总的来说，网络直播的岗位可以分为主播和非主播人员两大类别。其中，主播是三类直播中都需要的工作岗位，其主要任务为出镜，三类直播中主播的岗位职责差异主要在于主播的口播内容；而非主播人员的岗位职责在三类直播中各不相同，所需要的人员数量也不同。本部分聚焦于三类直播应该如何确定岗位，并通过案例分析，梳理各个岗位的具体职责和要求。

（二）方法步骤

学生以小组为单位，在智联招聘、BOSS直聘、58同城中搜索网络新闻直播、娱乐直播和电商直播的具体的岗位名称，并完成相应表格的填写。

1. 网络新闻直播的岗位需求

网络新闻直播多为由主流媒体的新媒体部门进行统筹策划的直播，直播平台多为媒体官网、媒体官方App、各新媒体平台，加之新闻事件本身的重要性，这类直播无须担心流量不足的问题，所以往往不需要运营、场控等工作人员，仅需要出镜记者和摄影师。为了掌握出镜记者和摄影师的岗位职责和要求，学生需要在各类招聘网站中搜索"出镜记者"和"摄影师"，并将搜集到的内容填入表7-3。

表7-3　出镜记者和摄影师的岗位职责和要求

岗位名称	招聘公司名称	岗位职责	岗位要求
出镜记者			
摄影师			

2. 娱乐直播的岗位需求

娱乐直播经历了语音直播、秀场直播到万物可播的变化，越来越多的人加入娱乐直播的行列，这也让网络直播进入平民化的时代。近年来，娱乐直播行业的成熟，催生出一批专业化的传媒公司和MCN机构，其利用自身的资源优势与专业优势，开设了大量专业化的娱乐直播间，这些直播间需要的岗位较多，如娱乐主播、直播运营、直播经纪人和摄影师等岗位。为了掌握上述岗位的职责和要求，学生需要在各类招聘网站中以"娱乐主播""直播运营""直播经纪人"为关键词进行搜索，并将搜集到的内容填入表7-4。需要注意的是，由于娱乐直播和网络新闻直播中摄影师的岗位职责与要求大致相同，故此处不再查找。

表7-4　娱乐直播相关人员的岗位职责和要求

岗位名称	招聘公司名称	岗位职责	岗位要求
娱乐主播			
直播运营			
直播经纪人			

案例

利用BOSS直聘查找工作岗位

为了更好地了解网络直播所需岗位的职责与要求，我们往往需要在各类招聘网站中搜集相关信息，在众多招聘软件中，BOSS直聘中有关直播岗位的招聘相对较多，建议在完成本任务时将其作为首选。

以直播经纪人岗位为例，可以打开BOSS直聘官网，直接搜索"直播经纪人"，在下方会出现大量的相关岗位，可以通过修改搜索框左侧的城市对工作岗位进行筛选，筛选后可以在下方选定岗位，点开后可查看具体的岗位待遇、任职要求和具体的公司信息。在经过综合研究后，选择最为合适的岗位信息填入实训表格。利用BOSS直聘搜索工作岗位的部分操作步骤如图7-4所示。

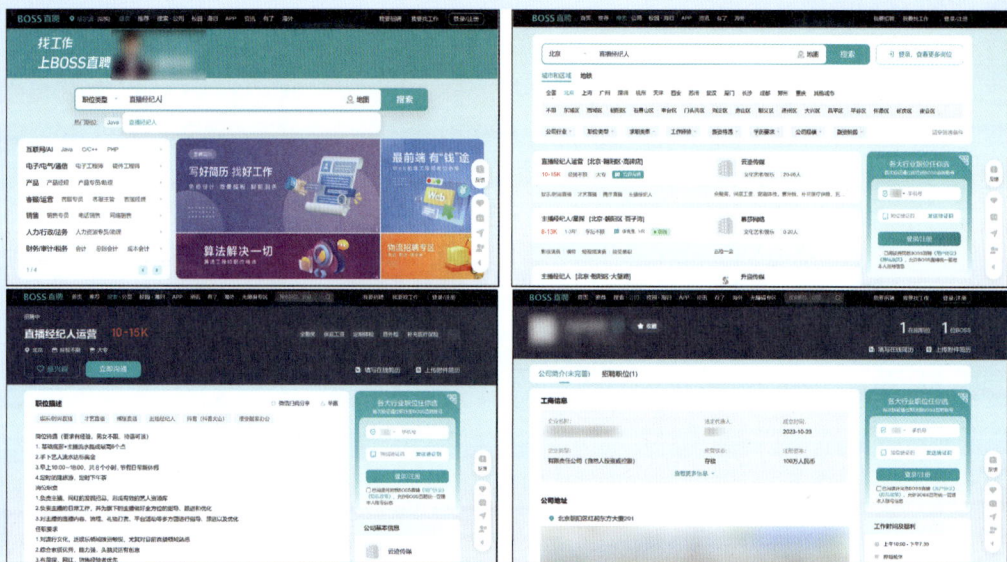

图7-4 利用BOSS直聘搜索工作岗位的具体操作步骤（部分）

3. 电商直播的岗位需求

电商直播是在2020年后兴起的一种新兴直播模式，与网络新闻直播和娱乐直播不同，电商直播以商品销售为核心目的，主要任务为提升商品的销量，刺激用户在直播间下单。

电商直播的主要形式是直播前商务人员进行选品，运营人员确定直播流程与商品销售顺序；直播中主播进行商品销售，中控人员配合弹出商品链接等，客服针对用户在评论区或私聊发送的问题进行解答。由于电商直播的镜头多为固定角度，所以一般不需要摄影师。综上所述，一个标准的电商直播间往往需要主播、商务、运营、中控、客服五类岗位。为了更好地了解上述岗位的职责和要求，学生需在各类招聘网站中以上述五个岗位的名称为关键词进行检索，并将搜集到的内容填入表7-5。

表7-5 电商直播相关人员的岗位职责和要求

岗位名称	招聘公司名称	岗位职责	岗位要求
主播			
商务			
运营			

岗位名称	招聘公司名称	岗位职责	岗位要求
中控			
客服			

（三）效果评价

小组成员根据调研情况进行讨论，再由指导教师或企业导师点评和总结。

任务二　网络直播的前期准备

网络直播虽然具有平民化的特点，但要想提高直播的质量，吸引更多的用户，相关工作人员需要在开播之前做好账号的注册与运营，以达到平台的开播条件。相关工作人员需要布置直播场地、选购相关器材，以达到良好的直播效果。此外，相关工作人员还需做好网络直播的运营模式准备。

一、网络直播账号的准备

（一）任务描述

当前，无论是网络新闻直播、娱乐直播还是电商直播都需要在某个独立的账号内进行，所以在直播开始前只有做好账号的准备，才能为直播间带来更多的用户，从而提升直播的效果。本任务聚焦于如何在直播开始前进行直播账号的注册与运营。

（二）方法步骤

学生以小组为单位，根据任务一中确定的网络直播平台，进一步规划直播的类型和垂类，在该平台中完成账号的注册与包装，并查阅该平台的开播要求，为账号开通直播权限。

1. 直播类型与垂类的确定

在确定了网络直播平台后，需要在该平台中确定直播的类型和垂类。网络新闻直播和娱乐直播的形式较为简单，直播人员根据自身的兴趣和能力确定垂类即可，但是由于电商直播供应链的复杂性，电商直播的类型又细分为达人电商直播和店家电商直播两种形式，所以直播人员在确定直播类型与垂类时需要考虑的内容较多。

如果以"畅销书直播销售"为主题进行实训，直播类型则为达人电商直播，垂类则为图书销售；如果选择其他主题，小组成员可以根据兴趣自行确定直播的类型与垂类，并完成表7-6的填写。

表7-6 直播的类型与垂类

直播平台	直播类型	直播垂类
抖音	达人电商直播	图书销售

需要注意的是，在确定直播的类型与垂类时需要谨慎，因为一旦以此为基础确定了账号的风格，发布了相关作品，就会被平台贴上相应标签，账号的作品和直播内容就会被平台推荐给符合账号用户画像的群体。更换直播类型与垂类会在一定程度上影响账号和直播的流量，不利于账号的后期运营。

📖 **知识拓展**

达人电商直播和店家电商直播的区别

传统的电商直播均为店家电商直播，即卖家需要负责商品的生产、仓储、销售、客服、发货等。而随着抖音带货的兴起，达人电商直播得以出现，达人电商直播可以免去商品的生产、仓储、发货环节，达人在直播中可以使用店家提供的销售链接，利用自身的粉丝基础和流量进行带货，从中获得一定的分成。这种形式既为达人账号提供了内容变现的机会，又为店家提高了商品销量，所以当前各类新媒体平台上都涌现出了非常多的达人电商直播账号。

2．账号的注册与包装

直播的类型与垂类确定后，可以在前期确定的平台中完成账号的注册与包装。以抖音平台为例，如果使用抖音直播则需要先行注册抖音账号，并完成账号包装，才能使用该账号直播。

抖音账号的注册与包装较为简单。首先，需要下载抖音App，并在开屏页面选择立即注册，输入手机号和验证码后，即可快速完成注册。其次，在个人主页点击"昵称"后进入信息修改页面，根据提示修改账号的名称、头像、性别等基本的信息。最后，点击"<"即修改成功。

如果以"畅销书直播销售"为主题进行实训，则需要在注册完成后，尽量将"书"字放入账号名称，尽量在账号头像中突出"书"的元素，方便平台确定账号的垂类，从而更好地为账号寻找目标用户。抖音账号的包装如图7-5所示。

图7-5 抖音账号的包装

3．满足电商开播条件

当前，各类平台为了更好地吸引用户开启直播，从而为平台带来更多的优质内容，会尽可能降低开播门槛，但是依旧会有一些基础的门槛，如账号的实名认证、粉丝数量、作品数量等。

如果以"畅销书直播销售"为主题进行实训，则需要在百度中搜索"巨量百应"，在官网中使用抖音扫码登录，从而查看自身账号是否满足电商开播条件。一般情况下需要账号完成实名认证、个人主页视频数≥10条、账号粉丝量≥1 000，而且需要账号缴纳500元的商品分享保证金。不满足抖音电商开播条件的账号截图如图7-6所示。

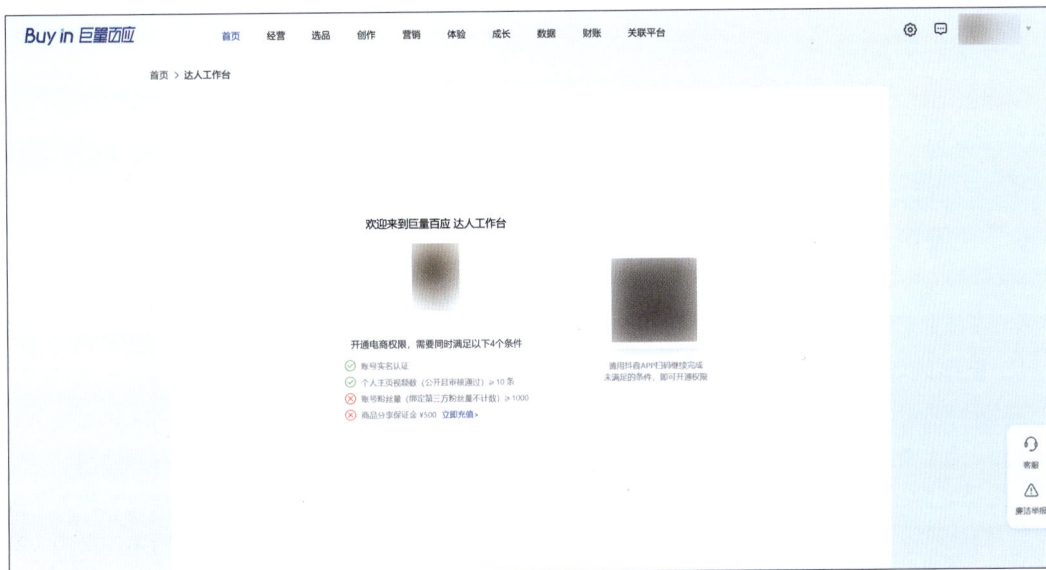

图7-6　不满足抖音电商开播条件的账号截图

如果系统提示条件不满足，则需要通过发布作品来吸引用户关注，缴纳足额保证金等。在达到上述条件后，则可以进入巨量百应后台，开启选品和策划。满足抖音电商开播条件的账号截图如图7-7所示。

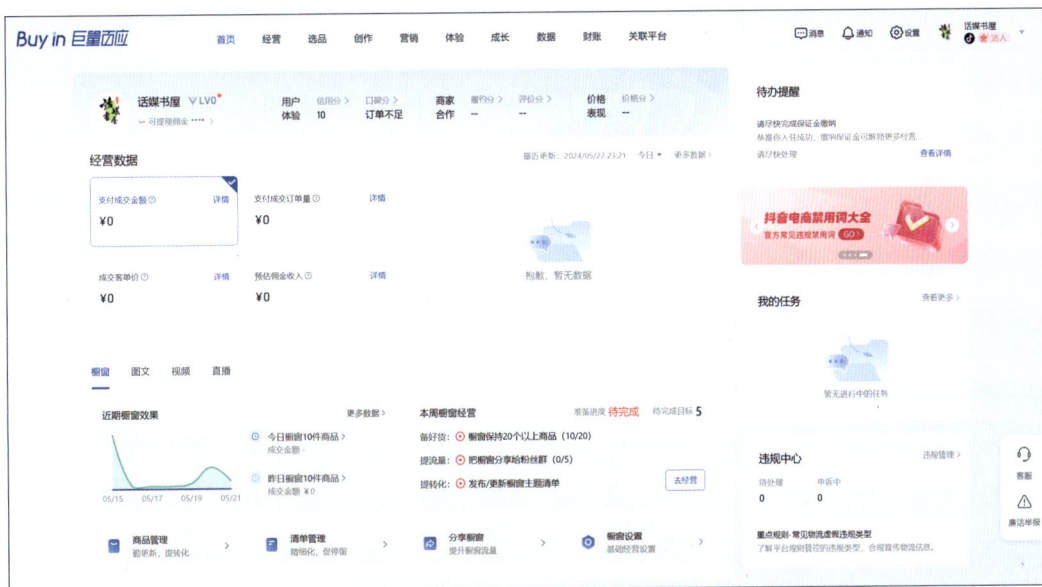

图7-7　满足抖音电商开播条件的账号截图

如果以其他主题进行实训，则可以通过查看目标直播平台的相关要求，检验自身的账号是否满足电商开播条件。如果满足，则可以直接进入下一步；如果不满足，则需要根据平台的提示，进行操作，通过实名认证、积累粉丝、发布作品等形式让账号满足平台的电商开播条件。

（三）效果评价

小组间进行直播账号的展示，并进行讨论，再由指导教师或企业导师点评和总结。

二、网络直播场地和设备准备

（一）任务描述

直播的场地和设备是影响直播效果的关键要素，这两者的准备是否完善往往在一定程度上决定着直播间流量的高低。而不同类型的直播对直播场地和设备的要求不同，所以在网络直播的前期准备阶段需要探究直播场地的选择方法和直播设备的功能，以为后续的直播做准备。

（二）方法步骤

学生以小组为单位，探究各类直播所需要的场地和设备。如果条件允许，可以以小组或班级为单位，购买相关的直播设备，为后续的直播运营奠定基础。

1. 直播场地的选择

不同类型的直播对场地的要求不同，网络新闻直播一般没有固定的场地，直播场地往往就是新闻的发生地，所以相关工作人员需要在每次直播开始前进行单独的规划。娱乐直播和电商直播虽然也会出现户外直播的情况，但是为了追求理想的灯光和音响效果，一般会在室内进行，所以相关工作人员需要提前搭建直播间。学生现需要以小组为单位，讨论若以"畅销书直播销售"为主题进行室内直播，需要如何选择直播场地，并完成表7-7的填写。

讨论与填表提示：该直播间以图书为销售品类，主播数量为2人，现场工作人员有3~5人，一般选择在白天进行直播。

表7-7　直播场地的选择指标

直播场地条件	选项
面积	□ 10 ~ 20m^2　□ 21 ~ 40m^2　□ 41 ~ 60m^2
窗户	□有窗　　□无窗
墙壁	□吸音棉／吸音板　　□正常墙面
电源	□有墙壁电源接口　　□无墙壁电源接口
网络	□有网络接口或 Wi-Fi　　□无网络接口或 Wi-Fi
桌椅	□一套桌椅　　□两套桌椅　　□三套桌椅
背景	□实物背景　　□绿幕背景　　□ KT 板背景

如果以其他主题进行直播实训，也需要根据前期的直播规划情况，讨论直播场地的规划，并将其填入表7-7。

📖 **知识拓展**

直播间背景的选择

在电商直播和娱乐直播的室内直播间搭建中，一般情况下会选择经济成本比较高的绿幕背景，因为绿幕背景方便抠图，直播间工作人员可以根据不同的直播主题和直播内容使用不同的电子背景，这样能够传递更多的信息，提高直播间的美观度。直播间的绿幕背景如图7-8所示。

图7-8　直播间的绿幕背景

2．直播设备的选择

　　网络直播的设备相较于广播电视直播的设备较为简单，如果对直播效果的要求不高，一部手机就能够完成正常直播，但是为了保证直播效果，一般情况下还需要辅助的传输设备和灯光设备。

　　如果以"畅销书直播销售"为主题进行实训，需要在互联网上查找资料或在淘宝中搜索表7-8中所列的设备，总结其作用、价格，并确定各类设备的所需数量。

表7-8　直播的设备认知

设备名称	设备照片	设备作用	设备价格	所需数量
补光球灯				
补光面灯				
补光环形灯				
直播一体机				

续表

设备名称	设备照片	设备作用	设备价格	所需数量
摄像头				
领夹话筒				

📖 **知识拓展**

直播间设备的选择

在电商直播间传输设备的选择上，一般情况下需要直播一体机一台、摄像头一部和领夹话筒一对，并将摄像头和领夹话筒连接到直播一体机上，这样即可完成直播间影像和声音的传输。

在直播间灯光的选择上，如果直播间面积比较大，相关工作人员会使用补光球灯来对场景和商品进行提亮；如果主播的面部灯光不够，导致整体形象不佳，会使用补光面灯和补光环形灯增加主播面部的亮度。

当了解过上述设备的作用及价格后，可以将直播设备摆放在提前选定的场地，如果条件允许，可由课程的全部小组，在教师的带领下共同搭建一个简易的直播间。如果以"畅销书直播销售"为主题进行实训，则可以按照图7-9所示的设备摆放模式进行布景；如果以其他主题进行实训，可以在上述内容的基础上探究直播间设备的摆放。

图7-9 电商直播间设备摆放模式示例

📖 **知识拓展**

如何更好地规划直播间设备摆放

直播团队在规划直播间设备摆放时，要尽量将背景贴墙摆放，运营人员的桌椅、化妆台、货架等设备尽量摆放在摄像头的背面，避免工作人员的走动影响直播效果。中控人员的桌椅尽量摆放在主播附近，方便中控人员听清主播的口令，随时进行直播过程中商品和玩法的调整。另外，如果直播间内有窗户，一定要配备遮光窗帘，避免自然光从窗户照进直播间，让主播脸上出现侧光等。

（三）效果评价

小组间讨论各组的直播场地和设备准备是否合理，再由指导教师或企业导师点评和总结。

三、网络直播的运营模式准备

（一）任务描述

网络直播的前期准备可以归为策划的一部分，除了对账号和直播间进行的整体策划，需要提前确定的还有直播的运营模式，包含直播的形式、频次、时长和时段等。当这些内容全部确定后，即可开始进行网络直播单场直播内容的策划。

（二）方法步骤

学生以小组为单位，在互联网中查阅资料，参照前期观测的头部账号，并根据自身的时间和基本情况，确定利用账号进行直播应该保持的形式、频次、时长、时段和人员等，并将其填入表7-9。

需要注意的是，如果以"畅销书直播销售"为主题进行电商直播实训，直播的形式可以是主播讲解式销售、现场定制式销售、原产地现场式销售、专家讲解式销售、艺人网红式销售等；如果进行网络新闻直播和娱乐直播可参照本主题的直播模式进行填写。

表7-9　直播的运营模式

账号直播运营模式	
直播形式	
直播频次	
直播时长	
直播时段	
直播人员	主播： 运营： 中控： 商务： 客服：

（三）效果评价

小组间讨论各组直播的运营模式是否合理，再由指导教师或企业导师点评和总结。

任务三　网络直播的策划

网络直播的策划主要分为直播间整体策划和单场直播策划。直播间整体策划包括账号策划、场地筹备、人员筹备、运营模式确定等，是前期一次性完成的，这一部分在任务二中已经进行了详细的阐述；而单场直播策划是在直播间整体策划的基础上进行的，重点在于对每场直播的商品、流程、话术等进行提前规划。

任务提示

本任务在策划阶段将以"畅销书直播销售"为主题展开，着重进行电商直播的策划；如果选择其他主题，可以参照该主题进行单场直播的策划。

一、直播间商品策划

（一）任务描述

电商直播间商品策划分为选品、组货、排品三个环节，商品策划是一场电商直播能否成功的关键，对达人电商直播间非常重要。本部分重点介绍电商直播的选品、组货、排品三个环节，讲解具体的操作步骤。

（二）方法步骤

学生以小组为单位，在巨量百应中围绕"畅销书"进行商品的选择、组合与排列，并将单场直播的商品信息和排序填入指定的表格。

1. 利用巨量百应选品

巨量百应是抖音官方为抖音电商达人提供的综合商务平台。抖音电商达人可以利用该平台选择卖家提供的商品，利用该平台提供的直播中控台管理商品和直播间，利用该平台进行电商直播的数据复盘与订单管理等。

由于前文已经介绍了巨量百应的登录方式，故本部分直接以巨量百应的应用为起点进行实操讲解。当前期准备的账号满足抖音带货直播的开通条件后，便可以通过人脸认证、身份认证、银行账户认证等方式开通抖音带货直播。如果各小组的账号满足开播条件，并进行了相关认证和资料填写，便可以跟随以下步骤开启选品工作。

在巨量百应首页的上端单击"选品"，再单击"选品广场"，如图7-10所示。

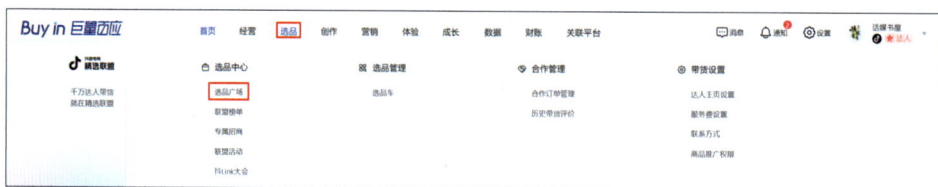

图7-10　巨量百应选品广场的查找页面

在"选品广场"页面的搜索框中输入"畅销书"并单击"搜索"，即可在下方的选品库中看到各类图书，如图7-11所示。

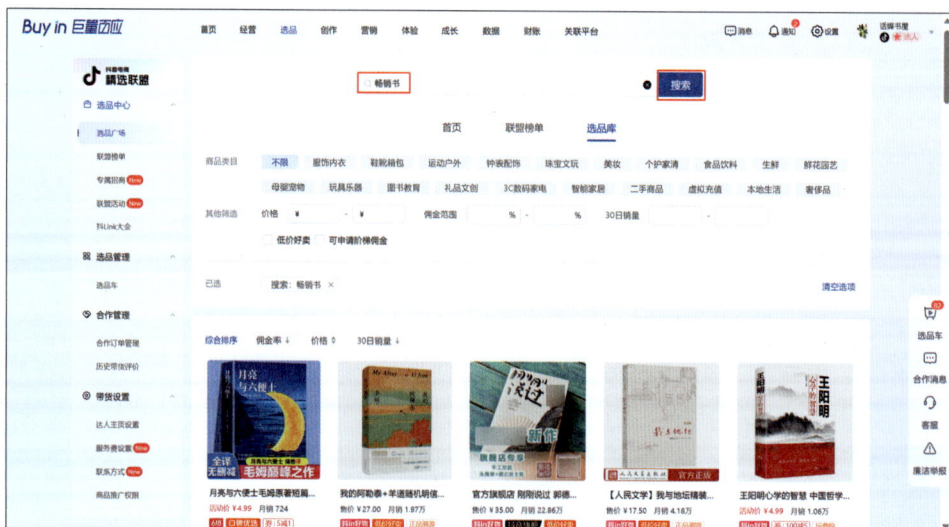

图7-11　巨量百应商品的查找页面

在商品查找页面查看各类图书的价格、佣金、评分等基础信息，新手开播时，可以选择价格较低，且评分较高、销量较高的商品。当想要了解目标商品的详情时，可以单击进入目标商品的详情页面，进行加选品车、加橱窗、申请样品、联系商家等操作。巨量百应商品的详情页面如图7-12所示。

图7-12　巨量百应商品的详情页面1

如果该商品的价格优惠较大、佣金较丰厚且店铺综合评分在90分以上，月销量较高，则可以单击"加选品车"。当商品进入选品车后，可以重复上述操作，进行下一件商品的选择，所有商品选择结束后，单击"选品车"，查看商品详情。巨量百应的选品车查看页面如图7-13所示。

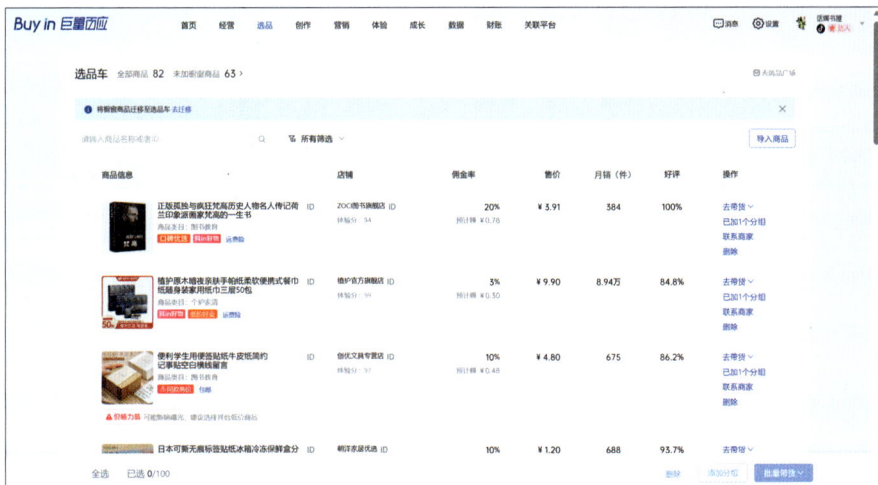

图7-13　巨量百应的选品车查看页面

一般一场2小时左右的直播，所选的商品控制在20件左右。学生可以将组内所选图书的基本信息填写到飞书或腾讯共享文档，供下一步组货和排品使用，共享文档的表头格式可以参照表7-10。

表7-10　电商直播选品表样例

序号	名称	图片	价格	佣金	销量	店铺	评分	链接
1								
2								
……								

2．利用巨量百应组货

选品是确定直播间核心售卖商品，而组货是将选择的商品组合为货盘，以更好地查漏补缺，确定商品间的相互关系，提高商品成交率。

一场电商直播的货盘主要分为主推品和福利品两个部分。主推品是直播间内销售的常规品类，这类商品的讲解时间最长、数量最多，是前期选品时已经确定的，在组货阶段需要确定之前选定的商品哪些可以放在同一场直播中，以形成完整的货盘，同时需要考虑在整个货盘中添加哪些福利品。

福利品是直播间中价格较低、销量较高，且用户群体广泛的商品，主要用来拉拢用户和提高直播间销量。选择福利品的操作如下。

首先，需要在巨量百应的选品广场设置价格和销量区间，将价格区间的上限数据填为5，即筛选5元以下的低价商品，将销量的下限数据填为1 000，即筛选销量在1 000以上的热门商品，之后单击空白处，等待网页刷新即可。巨量百应福利品的筛选页面如图7-14所示。

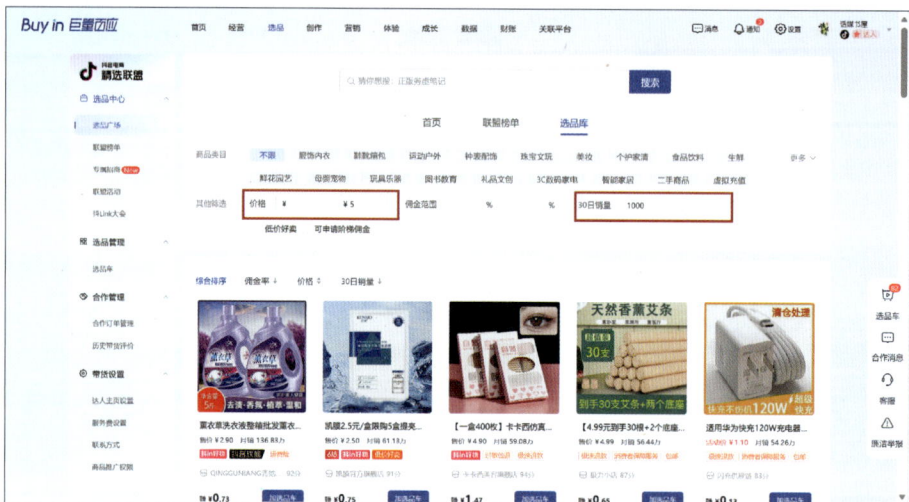

图7-14　巨量百应福利品的筛选页面

其次，需要在选品库中进行浏览，选择价格相对较低、销量高且与账号垂类或用户画像有关的商品，如低价图书、低价文具等，如果没有合适的品类，可以尝试在搜索框中搜索"图书""文具"等关键词，再按照上述条件进行筛选。巨量百应福利品的搜索与筛选页面如图7-15所示。

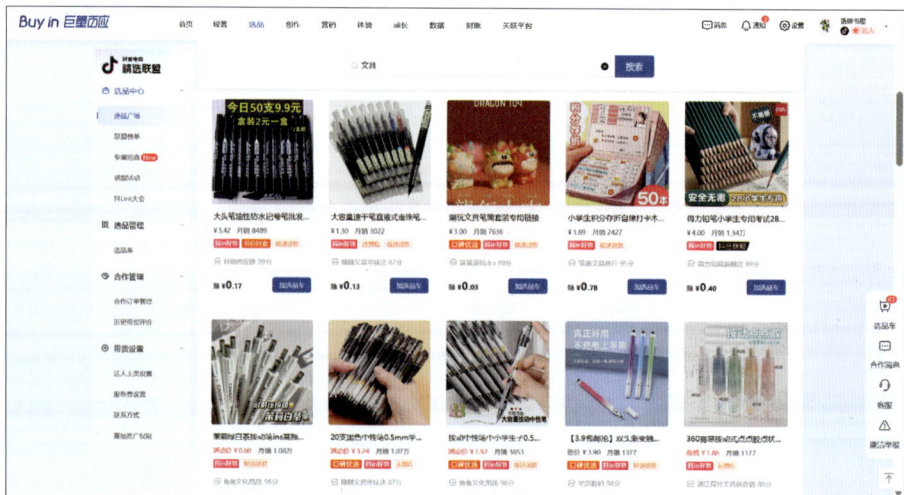

图7-15　巨量百应福利品的搜索与筛选页面

最后，单击具体的商品，对其质量、评价、店铺评分进行衡量，并选择合适的商品加入选品车。一般2小时的单场直播需要3~5个福利品，可以参照上述步骤，选择足量的福利品后，将商品信息填入前期的选品表中。

3. 利用巨量百应排品

排品是将货盘中的商品顺序进行调整，确定其在直播间的销售顺序，目的是提高直播间的流量，刺激用户购买。一般情况下，新手直播间推荐采用"福利品+主推品"的排列方式，即通过福利品提高直播间的流量后，在流量高峰时期，销售直播间的主推品。在一场2小时的电商直播中，可以用5个福利品加10个主推品的排品模式进行商品的排列组合。

各小组需要在前期已经创建的飞书或腾讯共享文档中对商品顺序进行调整，确定福利品和主推品的销售顺序。

> **📖 知识拓展**
>
> **电商直播排品时的价格带排列法**
>
> 商品的价格带是正常电商直播中商品的价格范围，一般情况下，可以将价格带分为10元以下、10~30（不含）元、30~50（不含）元、50~100（不含）元、100~300元、300元以上。在进行主推品的排列时，如果相邻两个商品的价格相同或相近，则更容易促成销售。值得注意的是，如果直播间销售的都是同类型的商品，则需要尽可能让高价商品远离低价商品，不要让其相互影响。另外，价格仅需在排列主推品的时候考虑，如果是福利品和主推品间的转换则不需要考虑。

（三）效果评价

小组间讨论各自选择的直播间商品是否符合前期确定的直播垂类，并评价商品的选择与排列是否合理，再由指导教师或企业导师点评和总结。

二、直播间流程策划

（一）任务描述

当电商直播间的商品确定后，学生需要对整体的直播流程进行安排，包括开场环节设计、结尾环节设计、直播玩法设计和直播脚本设计等，让直播能够顺利、高效地进行。

（二）方法步骤

学生以小组为单位，完成直播流程的设计，并完成相应表格的填写。

1. 开场环节设计

直播的开场环节设计很重要，主播和运营人员要在开场时努力地引起用户的兴趣，从而促进用户购买等。一般情况下，电商直播的开场可以采用直接开场、数据开场、故事开场、热点开场、道具开场等。以"畅销书直播销售"为例，现确定的开场形式为热点开场，具体如下。

直播开始的5分钟为开场环节，以即将到来的暑假为热点进行引入，进行以"初高中学生阅读书单"为主题的专场直播，主播对直播主题和直播商品进行介绍，运营人员通过直播平台向粉丝推送直播链接，并在其他平台发布开播提醒。

2. 结尾环节设计

直播的结尾与开头一样，都是直播中不可忽视的一部分。由于电商直播的营销性质较强，所以在结尾处可以设计下期预告、销售转化、引导关注等相关的环节。以"畅销书直播销售"为例，现确定的结尾形式为销售转化，具体如下。

直播最后5分钟为结尾环节，主播提示用户关注账号，告诉用户在非开播期间可以在账号首页的橱窗中选购图书，橱窗中商品的价格与直播间中同款商品的价格一致，并展示提示板，教用户找到账号橱窗的方法。同时，运营人员在评论区用文字提示找到橱窗的方法。

3. 直播玩法设计

一场高流量和高销量直播除了商品的选择和组合合理，还需要抓住用户的心理，用玩法刺激用户停留、点赞、关注和下单。在抖音电商直播中常见的玩法有改价格、发优惠券、发红包、发福袋、抽免单和才艺展示等。

4. 直播脚本设计

在确定了直播开场、结尾和玩法后，需要将前期零散的规划系统地归入直播脚本中，从而更好地规划各项目的时间和动作，为主播和运营人员的工作提供具体的方向。

前面讲述了开场、结尾、玩法设计的内容，小组需要将上述的内容整理至表7-11，并在此基础上，新建飞书或腾讯共享文档，自行设计直播的各项流程，并撰写完整的直播脚本。

表7-11　直播脚本的撰写

直播主题				
直播时间				
直播平台				
时间段	环节	主播动作	运营动作	备注

注：本表为样表，可以参照此格式自行整理共享文档。

（三）效果评价

小组间讨论各自的直播脚本是否合理，再由指导教师或企业导师进行点评和总结。

三、直播话术的撰写

（一）任务描述

单场直播策划的最后一步是根据商品和玩法完成直播话术的撰写。直播话术对直播效果和商品的销量影响很大，好的口播稿是爆款商品的"场景小说"，不好的口播稿是卖点堆砌的"商品详情页"，所以学生在撰写前必须对商品信息有深入的了解。本部分主要介绍直播话术的撰写方法。

（二）方法步骤

学生以小组为单位，在巨量百应中对前期所选商品进行详细的了解，并为前期选定的商品撰写直播话术。

撰写电商直播的直播话术可以使用以下方法。

1. 根据场景提出问题

场景塑造是电商直播中经常用到的方法，目的在于刺激用户产生共鸣，从而促进销售。在实际的直播话术撰写过程中，可以根据商品的使用场景，从时间、空间和人物的三个角度进行思考，如某人在做某件事时可能会需要这件商品，或某人在做某事时有这件商品会感到愉悦。

以销售图书《狂人日记》为例，该书是初高中学生的课外常备读物，在撰写直播话术时可以面向学生家长塑造孩子在阅读过本书后，将会取得进步的场景，进而将其转变为完整的话术。

各位家长，从小培养孩子的文学素养真的很重要，这能够帮他们塑造正确的价值观和更加全面的知识体系，从而积累写作素材，试想有一天你孩子的语文作文被老师当着全班表扬，你和你的孩子将会多么骄傲！

2．提供解决方案，引入商品

场景塑造能够刺激用户产生购买商品的欲望，从而增加其在直播间的停留时间，但是在此时，多数用户可能还处于犹豫和观望阶段，所以需要适时引入商品，这就需要主播回答在场景中提出的问题，为用户提供解决方案，刺激用户继续观看直播或直接下单。

继续以销售图书《狂人日记》为例，前文已经为家长们塑造了场景，让其想象自己孩子被表扬的场景，所以在此时需要提供解决方案，以更好地引入商品。

在众多的课外读物中，希望各位家长来看看这本鲁迅先生所撰写的图书《狂人日记》，这本书里面有很多文学经典名句，能够教会孩子做人的道理，同时也会让其在无形中记住这些话，从而应用在未来的作文写作中。

3．抛出卖点，刺激购买

在提出解决方案后，部分用户依旧处于观望的状态，在此时，主播需要对商品的卖点进行详细的罗列，以更好地促成转化。在进行商品卖点提炼时，需要在巨量百应中点开商品的链接，查看商品的价格、服务保障、详情页信息、店铺信息等，如图7-16所示。

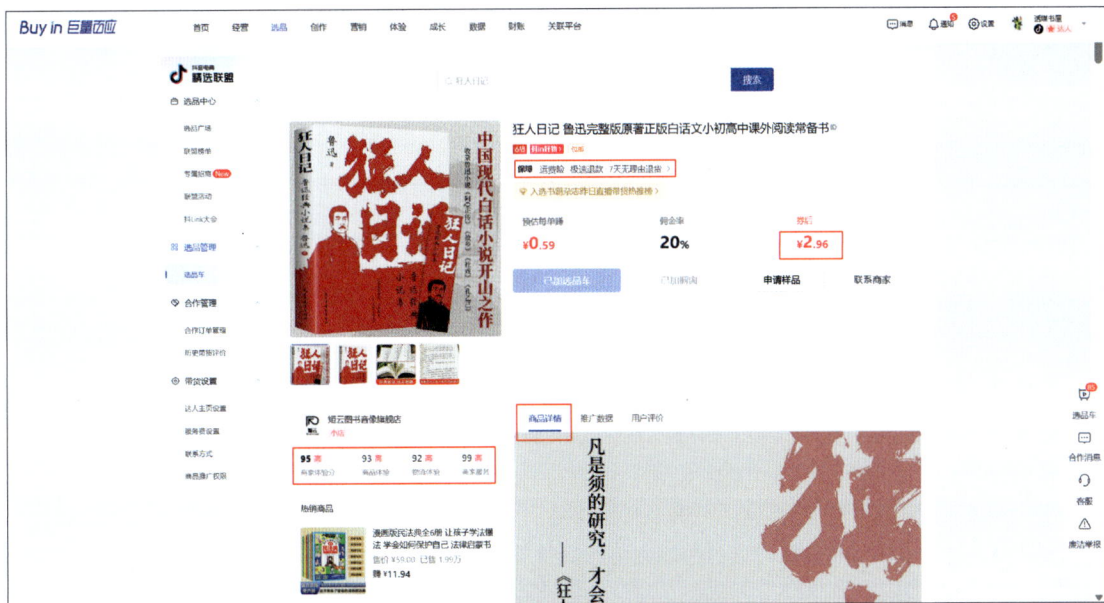

图7-16　巨量百应商品的详情页面2

在此基础上提炼出三类卖点，这三类卖点如下。

一级卖点：该商品最能够打动用户的卖点，可能是价格、稀缺性、服务等，往往仅需要提炼出一个，可以在直播过程中反复提及该卖点。

二级卖点：相对而言具有一定的特色，是对一级卖点的延展和补充，往往与商品自身的属性相关，一般需要提炼出两到三个，由主播在直播中详细介绍。

三级卖点：商品的特殊机制或者服务保障信息，三级卖点的数量不限，可以根据介绍时长调整，一般可以提前撰写三到五个。

以图书《狂人日记》的卖点提炼为例，其三类卖点可以提炼如下。

一级卖点：价格低，券后仅2.96元。

二级卖点：现代白话小说开山之作；多篇内容入选中学语文教材。

三级卖点：图书纸张好，店铺评分高，赠送运费险，支持七天无理由退货。

当完成上述三步操作后，直播话术的框架基本完善，可以将其整理到直播话术表或PPT中，从而更好地与主播沟通修改。学生现需以小组为单位，分工协作，为前期选好的商品撰写直播话术，在教师的指导下将其填入表7-12中，并在课后参照表7-12新建飞书或腾讯共享文档，完成其他商品的直播话术撰写。

表7-12　直播话术表

商品名称	
商品链接	
话术组成	话术内容
场景	
引入	
卖点	一级卖点： 二级卖点： 三级卖点：

（三）效果评价

小组间讨论各自撰写的直播话术是否合理，再由指导教师或企业导师点评和总结。

任务四　网络直播的运营与推广

网络直播的前期准备与策划完成后，网络直播进入运营与推广阶段，该阶段聚焦于如何将策划落实，以更好地保障直播的顺利进行，并在此基础上获得更多用户的关注。

任务提示

本任务在运营与推广阶段将以"畅销书直播销售"为主题展开，着重介绍电商直播的运营方法；如果选择其他主题，可以参照该主题进行网络直播的运营与推广。

一、网络直播的运营

（一）任务描述

在完成网络直播的策划后，学生需要在运营阶段执行策划方案，从而保障直播正常、有序地进行。在电商直播的运营中，相关工作人员需要在开播前将商品上架、添加商品副标题、设置直播提词并完成试播，同时需要在直播过程中进行评论管理。本部分重点介绍电商直播的各项运营事项，讲解其具体的操作步骤。

（二）方法步骤

学生以小组为单位，在巨量百应中先将前期选择的商品按照直播脚本挂入直播中控台，为其拟定副标题，并完成直播话术的导入。完成上述工作后，再进行直播的试播与开始、直播评论管理工作。

1. 直播商品的上架

巨量百应是抖音电商直播的操作后台，若想在直播中挂小黄车，或弹出商品链接，需要提前在巨量百应中将前期选择的商品上架，并按照直播脚本调整商品的顺序。

首先，需要在巨量百应中单击"经营"后单击"直播中控台"，如图7-17所示，进入商品上架页面。

图7-17　巨量百应的直播中控台查找页面

其次，需要在直播中控台页面中单击"播前准备"，再单击"添加直播商品"，依次添加在策划阶段加入选品车的商品。巨量百应直播中控台页面如图7-18所示，巨量百应直播中控台添加商品页面如图7-19所示。

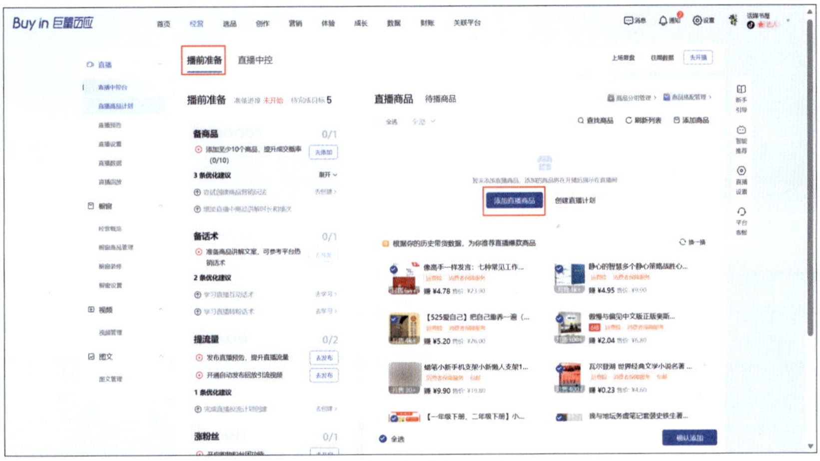

图7-18　巨量百应直播中控台页面

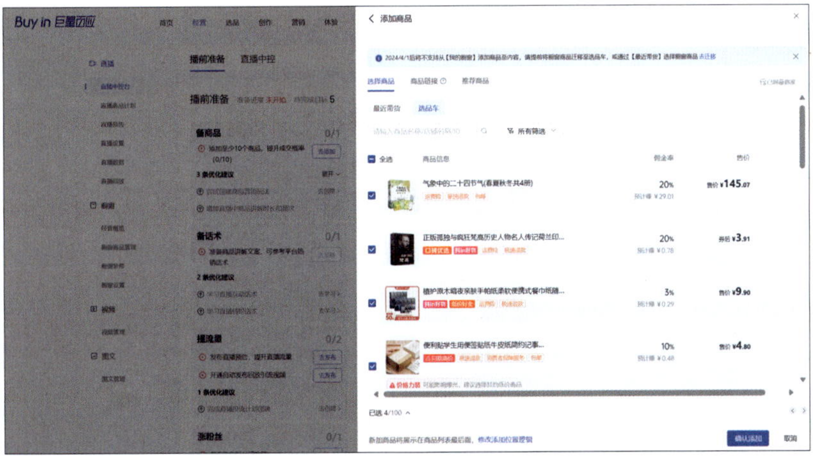

图7-19　巨量百应直播中控台添加商品页面

最后，勾选完商品后，单击"确认添加"，即可回到直播中控台页面，在此处可以按照前期排品的顺序拖曳商品进行顺序的调整。直播中控台商品的调整与设置如图7-20所示。

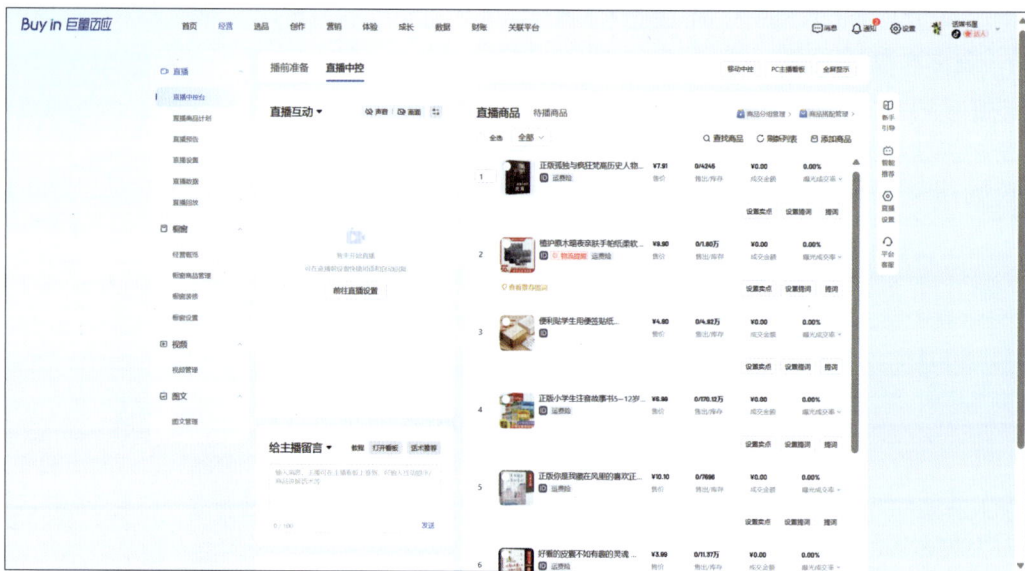

图7-20　直播中控台商品的调整与设置

2．商品副标题的设置与拟定

商品副标题是对商品信息的提炼与补充，出现在用户点开小黄车之后的商品名称之下。副标题是主播的第二张嘴，相关工作人员需要在巨量百应中将商品挂链后，根据口播稿总结出商品副标题，突出卖点和想要引导用户做的事，如刺激用户购买、提醒用户参加活动等。在用户端观看商品副标题的效果如图7-21所示。

图7-21　在用户端观看商品副标题的效果

商品副标题的添加同样在巨量百应的直播中控台进行。在直播中控台中找到之前添加的商品，选中某个商品后单击"编辑卖点"，即可为商品拟定15字以内的副标题。巨量百应直播中控台的卖点添加功能如图7-22所示。

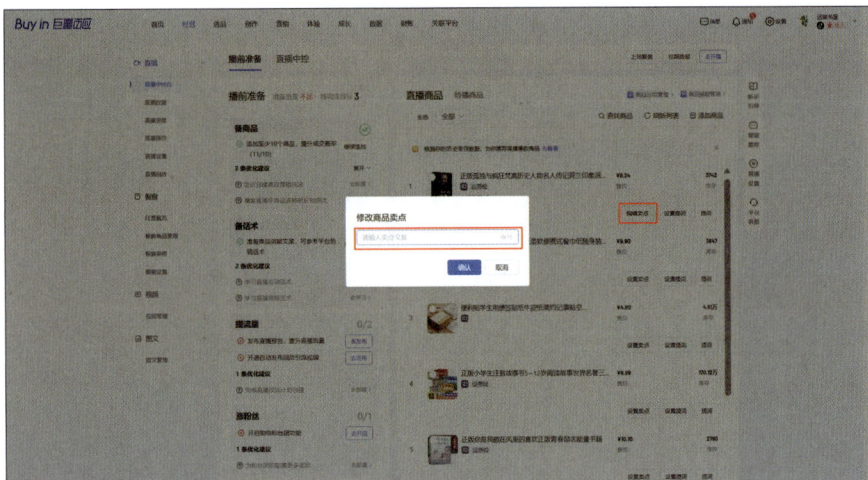

图7-22 巨量百应直播中控台的卖点添加功能

以商品《狂人日记》的直播话术为例，该商品的售价仅为2.96元，所以可以在副标题中提示商品价格，并突出商品便宜的卖点。此外，该书是初高中学生课外阅读的常见图书，被称为经典著作，所以也可以在副标题中突出这一卖点，故将副标题撰写为"初高中学生课外阅读常备书仅需2.96元！"学生可以参考此副标题为其他商品撰写副标题，并将其填入巨量百应直播中控台的商品卖点处。

📖 知识拓展

商品副标题的撰写方法

商品副标题一定要从直播话术和商品详情页提炼，避免自主想象，且尽量写满15个字，多使用感叹号来吸引用户关注，尽量不要重复商品的名称、规格和其他描述性信息。

3. 直播提词设置

在前期的直播策划任务中已经完成了直播话术的撰写，但是主播完整地将直播话术全部背诵的压力较大，所以在运营阶段需要将前期撰写的话术放在直播中控台的提醒器中，为主播提供话术提醒。操作方式比较简单：在直播中控台添加商品之后，单击话术对应的商品下方的"设置提词"，将前期撰写的话术复制进提词内容文本框即可。巨量百应的编辑提词内容页面如图7-23所示。

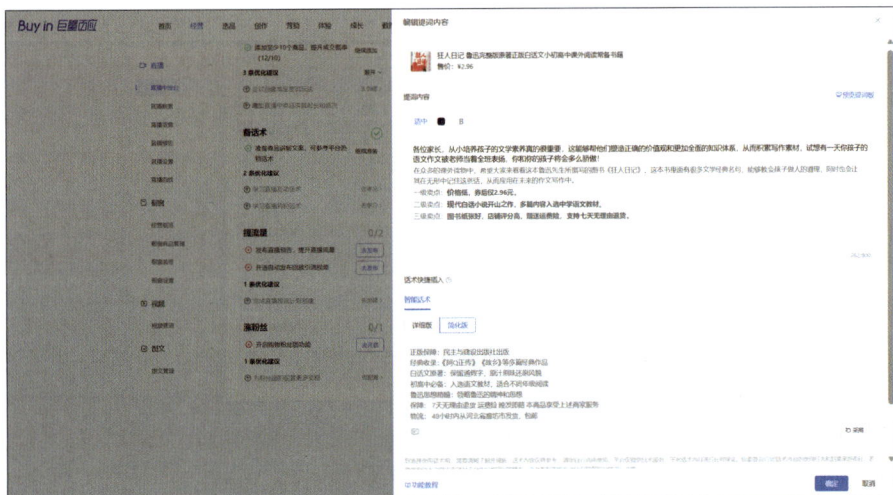

图7-23 巨量百应的编辑提词内容页面

完成上述操作后，单击"确定"，自动跳回直播中控台。在直播中控台单击该商品下方的"提词"，即可在巨量百应的主播看板中看到刚刚输入的提词内容，如图7-24所示。

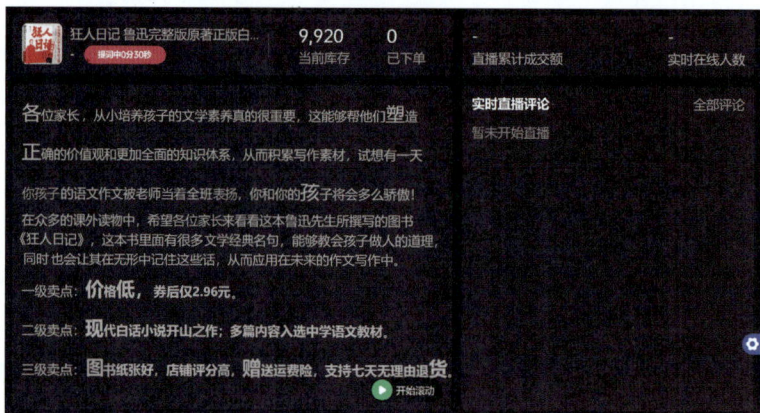

图7-24　巨量百应的主播看板

4．直播的试播与开始

当前面的内容都准备就绪后，便可以使用手机或直播一体机开播。开播时需要打开抖音App，点击右下角的"我"，再点击"电商带货"，在打开的页面中点击"直播"，可以看到自主开播与智能开播，点击"自主开播"后，弹出的页面中会显示之前选定的商品、准备的话术。如果准备试播可以点击左下角的"试播"，试播时只有自己的账号可以看到直播效果。当试播无误后，可以点击"正式开播"。抖音直播的试播与开始的具体操作步骤如图7-25所示。

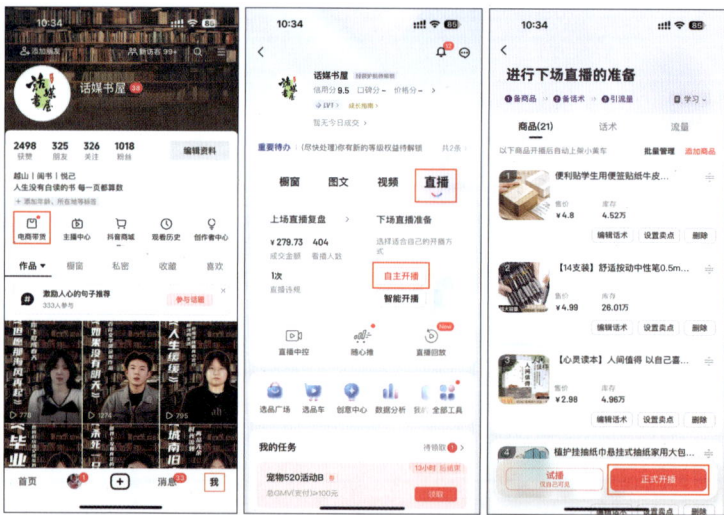

图7-25　抖音直播的试播与开始的具体操作步骤

5．直播评论管理

直播时会收到问候、咨询、评价等多种多样的直播评论，运营人员需要对直播评论进行管理，具体的操作方式如下。

首先，对于咨询类评论，除了主播直接在直播间以口播的形式回应，运营人员可以利用巨量百应回复，如图7-26所示。当直播开始时，运营人员可以在巨量百应的直播中控台中看到直播正在进行，在页面左侧可以单击查看直播的实时画面，在直播画面下方可以看到评论区的内容。当遇到咨询类评论时，运营人员可以直接在评论区输入对应的文字进行回复。

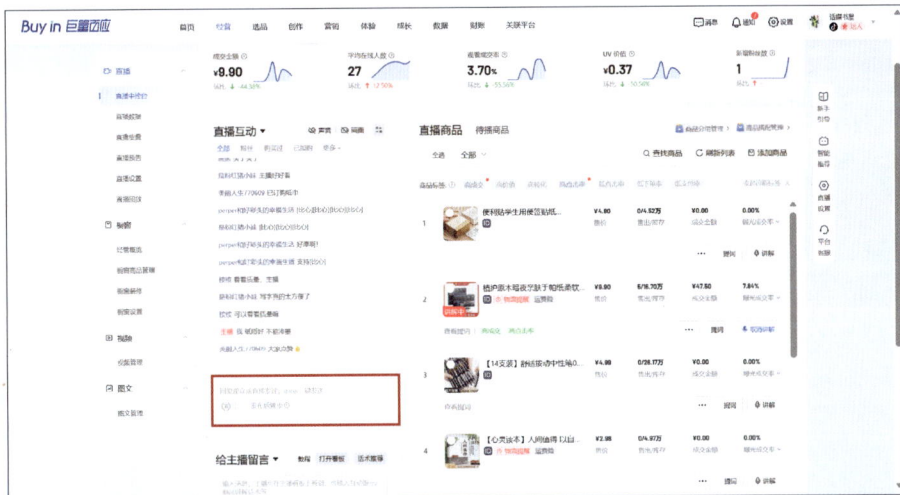

图7-26　利用巨量百应回复评论

其次，对于优质评论，运营人员应该及时对其进行置顶。当看到目标评论时，可以单击目标评论，随后单击上方弹出的"置顶"，如图7-27所示，就可以将其移至直播画面的左上角，吸引用户观看。

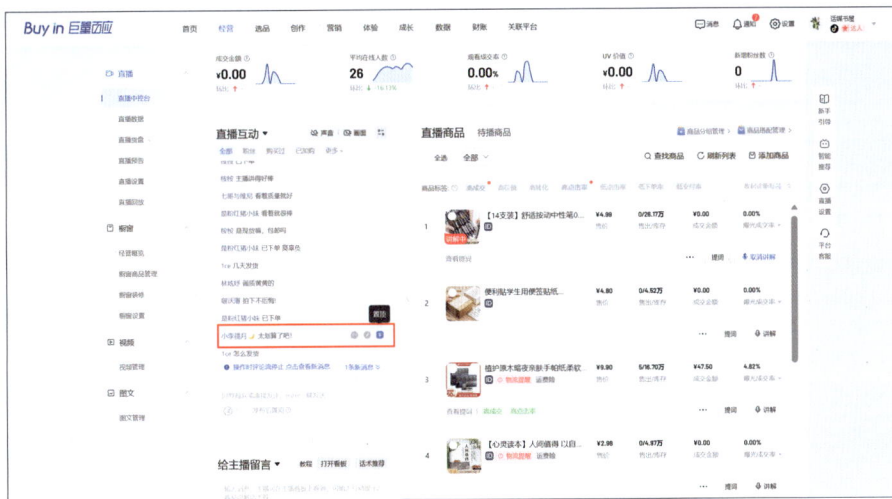

图7-27　评论置顶

需要注意的是，在抖音电商直播中，每场直播会有100次评论置顶的机会，评论置顶能够使用户看到其他用户的评价、观点和看法，运营人员应尽可能地用完100次机会，吸引用户下单。

最后，对于不当言论，运营人员应及时删除。当看到目标评论后，单击评论上方出现的"禁言"，即可禁止当前用户发表评论。

（三）效果评价

小组间讨论各运营事项处理得是否合理，再由指导教师或企业导师点评和总结。

二、网络直播的推广

（一）任务描述

在网络直播中想要获得良好的直播效果，仅靠平台的流量扶持远远不够，运营人员还需要通过多种手段为直播间进行引流和推广。网络直播的推广可以分为前期的预热推广、中期的付费推广以及后期的精彩片段推广三种形式。本部分将重点介绍电商直播的推广方法，讲解具体的操作步骤。

（二）方法步骤

学生以小组为单位，根据任务主题，完成前期的预热推广、中期的付费推广以及后期的精彩片段推广。

1. 前期的预热推广

前期的预热推广主要以海报和短视频的形式进行，目的是吸引用户观看内容，使其更好地了解直播内容和详情，从而在直播时段进入直播间观看并产生交互和购买行为。

预热海报是直播推广中经常用到的推广形式，可以使用可画网站进行制作，可画网站有丰富的电商设计素材可供使用。在操作时，运营人员需要进入可画的官网，注册并登录账号后，单击首页的"设计场景"，并单击下拉菜单中的"海报设计"。可画网站首页如图7-28所示。

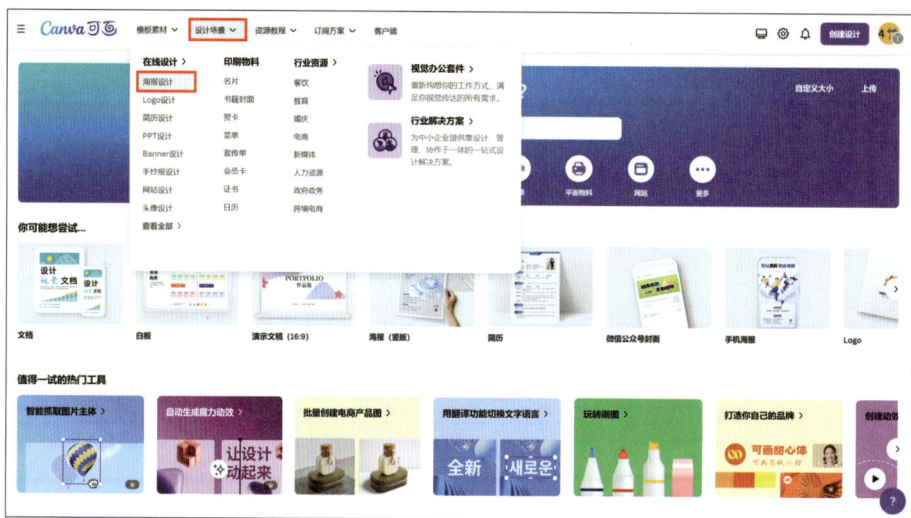

图7-28　可画网站首页

打开海报模板选择页面，如图7-29所示，单击"查看更多海报模板"，可以在打开的页面中根据直播的形式搜索相关主题的模板，选定后直接单击海报即可为直播设计预热海报。

图7-29　可画网站的海报模板选择页面

以"畅销书直播销售"为主题设计预热海报时，可以利用搜索框搜索"书"，找到合适的海报模板后，单击进入编辑模式，并将实际直播的时间、时段、平台、账号、折扣优惠等信息填入模板的关键位置即可。预热海报的范例如图7-30所示。

图7-30　预热海报的范例

当预热海报制作完成后，可以在直播平台、社交平台的账号主页、群聊等发布预热海报以吸引用户关注。除此之外，还可以将直播的相关内容制作成推广短视频在上述平台上发布，内容同样应该包含直播的时间、时段、平台、账号、折扣优惠等信息，可以参照本书项目六"手机短视频制作与传播"的相关内容进行制作。

2．中期的付费推广

新账号在各平台进行网络直播时，虽然相关工作人员已经精心地完成了各项策划和运营工作，但是由于平台给新账号的流量较少，所以新账号往往会遇到流量低迷的情况，此时需要借助各平台的官方付费流量推广功能，让直播间获得更高的曝光度。

比如以"畅销书直播销售"为主题的直播，在进行直播时，需要在巨量百应中单击"营销"，并在下拉菜单中单击"直播推广"，如图7-31所示。

图7-31　巨量百应直播推广的查找页面

直播推广页面的业务由巨量千川提供，巨量千川是为商家和达人们提供抖音电商一体化营销解决方案的平台，主要用于抖音达人电商直播的流量推广。巨量百应与巨量千川的相同点在于两者都是服务于抖音达人电商直播的平台，区别在于巨量百应是抖音达人进行商品管理和电商直播管理的平台，而巨量千川是抖音直播付费流量的购买与管理平台。

利用巨量千川进行直播间推广的步骤如下。

首先，需要在直播推广页面创建推广计划，营销目标选择"推直播间"，广告类型选择"通投广告"，推广方式选择"自定义"，单击"立即推广"，如图7-32所示。

图7-32　创建推广计划

其次，单击"创建投放计划"后会自动跳转至巨量千川，在该网站中可以进行投放计划的设置。投放方式选择"控成本投放"，优化目标选择"直播间下单"，智能优惠券选择"启用"，投放时间选择"从今天起长期投放"，日预算建议填写"300"，出价填写"1"，定向设置选择"不限"，创意形式选择"直播间画面"，如图7-33、图7-34所示。单击"发布计划"按钮，即可完成投放计划的创建。

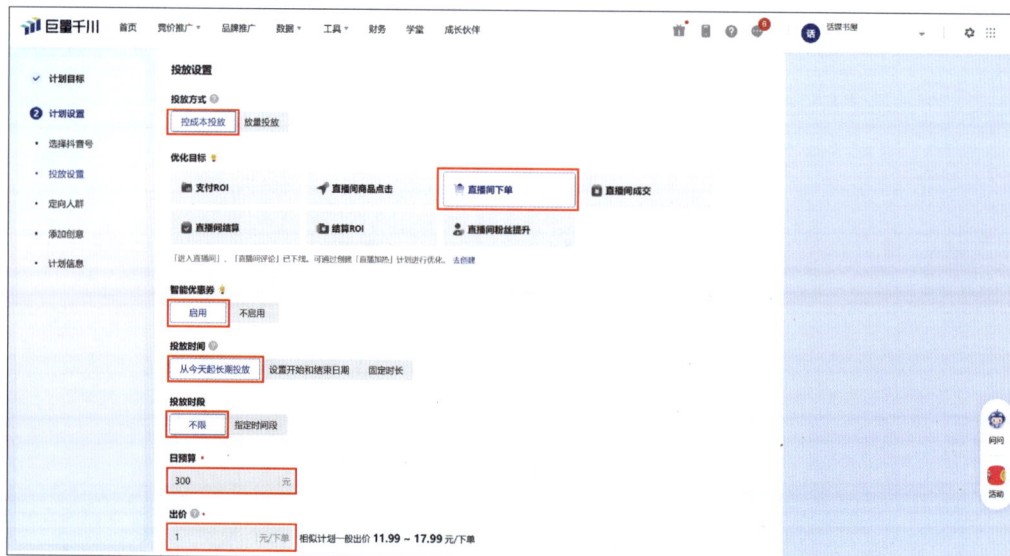

图7-33　设置投放计划1

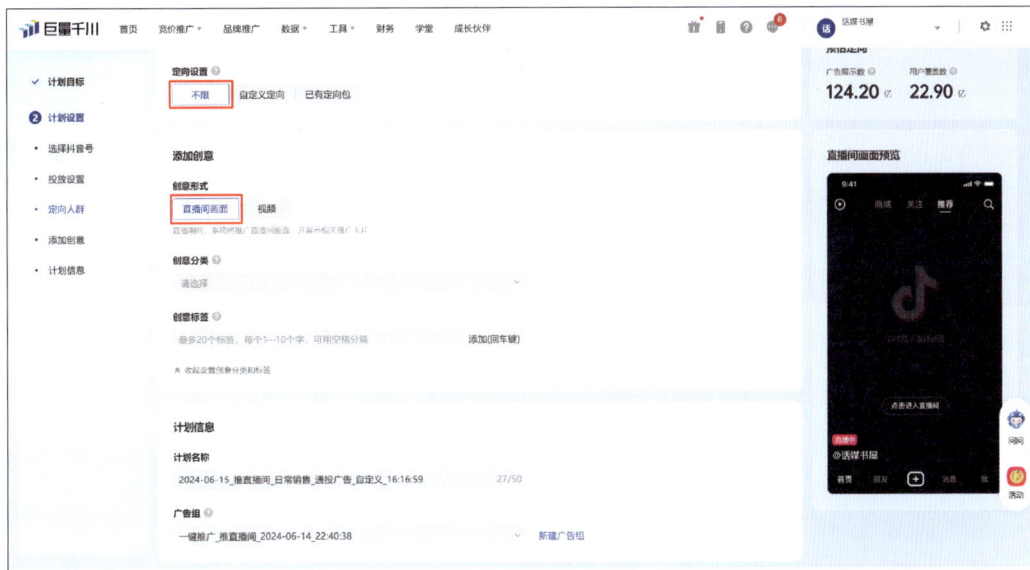

图7-34　设置投放计划2

最后，在完成投放计划的创建之后，会自动跳转至审核页面，在审核通过后即可为直播间进行流量推广。巨量千川审核页面如图7-35所示。

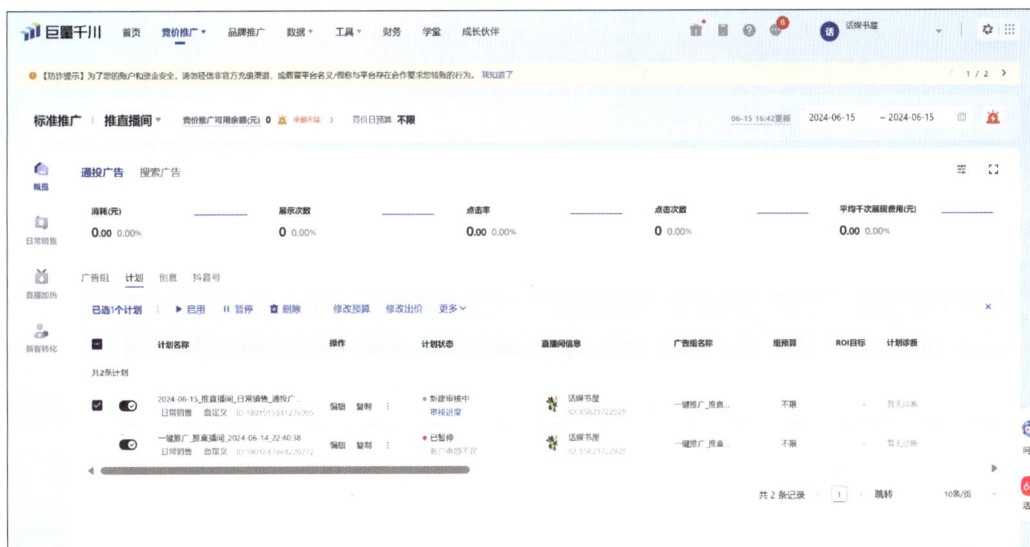

图7-35　巨量千川审核页面

需要注意的是，由于抖音达人电商直播的销售品类众多，不同直播间的情况不同，在具体投放时会有一些差异，上述的操作步骤较适合图书类新直播间，如果进行其他主题的直播，在推广时可以参照本推广计划自主执行。

3. 后期的精彩片段推广

在直播结束后，同样可以利用直播回放中的精彩片段为账号进行宣传和推广，让更多用户看到直播内容，从而激发用户关注账号和观看下次直播的欲望。如果在抖音平台进行以"畅销书直播销售"为主题的电商直播，在直播后可以在巨量百应中找到直播回放视频，并从中截取精彩片段。

首先，在巨量百应中单击"经营"，在下拉菜单中单击"直播回放"，如图7-36所示，即可进入相应页面查看直播回放视频。

图7-36　巨量百应直播回放查找页面

其次，在直播回放列表页面中，可以查看直播时自动生成的各个商品的直播片段，单击视频封面即可查看该片段。

最后，选定片段，单击"发布视频"可以直接将视频一键同步到抖音账号，单击"智能剪辑"可以对视频进行剪辑，单击"下载"可以将视频下载到本地后发至其他社交平台，如图7-37所示。

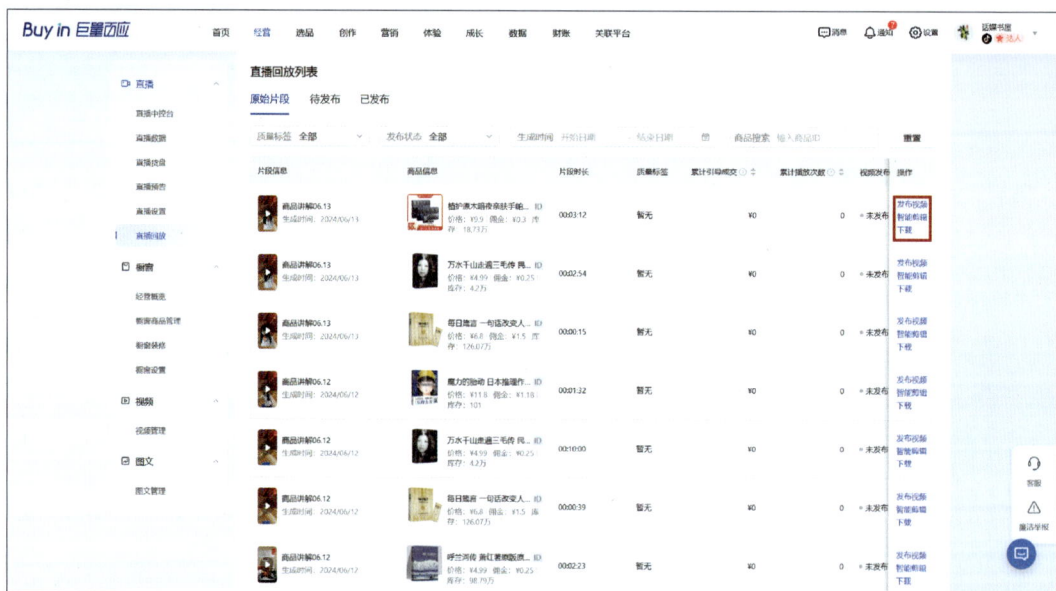

图7-37　选定片段后可进行的操作

（三）效果评价

小组间讨论各推广事项处理得是否合理，再由指导教师或企业导师点评和总结。

任务五　网络直播的复盘

直播间的关闭并不代表着网络直播的结束，在直播间关闭后，还有非常重要的复盘环节。直播复盘能够为下一次直播提供行动指南，从而提高直播间的整体营销效果。网络直播的复盘一般可以分为人员复盘、数据复盘和内容复盘三个部分。

一、网络直播的人员复盘

（一）任务描述

当前的网络直播，尤其是电商直播已经成为一种团队作战，由不同的岗位负责不同的板块，执行不同的任务，所有的岗位在直播的前期、中期和后期只有配合默契才能更好地完成直播。但是所有的团队合作并不都是一帆风顺的，所以在直播结束后，团队成员需要对自己的工作进行反思，提出自己在团队合作过程中存在的问题。本部分将围绕人员复盘的内容，讲解人员复盘的操作步骤。

（二）方法步骤

学生以小组为单位，根据任务主题，在直播结束后对各个岗位的工作情况进行复盘，从而更好地进行人员安排。

1. 团队成员自我阐述

在直播结束后，所有的团队成员要依次进行自我阐述，阐述内容包含直播中扮演的角色、工作任务和任务完成情况等。在阐述前，可以将阐述内容填入表7-13，从而更好地进行汇报。

表7-13　人员复盘中团队成员自我阐述

自我阐述思考方向	自我阐述内容
直播中扮演的角色	
工作任务	
任务完成情况	
存在的失误及原因	
可供他人借鉴的方法	
需要改进之处	
为团队其他成员提供的建议	

2. 分析原因与评价总结

在某个团队成员进行自我阐述后，其他成员需要对该成员的工作情况进行深入剖析，找出失误的原因，给出解决方案，并讨论如何避免该问题的发生。当所有成员都完成了自我阐述和评价后，运营人员需要针对本场直播的整体工作情况及各岗位的协调配合情况进行总结，对优秀的做法提出表扬，对存在问题的做法进行重点提示。如有工作调整，也应在此时指出，以便更好地组织人员开始下次直播的准备工作。

如果以"畅销书直播销售"为主题展开实训，小组成员在完成直播后，从事主播、运营、中控等相关岗位的学生需要进行自我阐述，并对其他同学的工作和相互之间的配合进行点评。在此基础上，由担任运营的组员对直播中人员的配合和整体的工作情况进行总结和点评。如果选择其他主题，可以参照本主题进行网络直播的人员复盘。

（三）效果评价

小组间讨论人员复盘内容是否合理，再由指导教师或企业导师进行点评和总结。

二、网络直播的数据复盘

（一）任务描述

网络直播的数据能够直观地展现直播效果，为了方便直播团队进行复盘，各直播平台都提供了详细的直播复盘数据，供直播团队调整和优化直播。总体而言，在进行数据复盘时，团队成员需要对用户画像、直播间流量、直播间转化和直播间互动四项数据进行分析。本部分将围绕数据复盘的内容，讲解各项数据的查看步骤与复盘方法。

（二）方法步骤

学生以小组为单位，根据任务主题，利用电商罗盘在直播结束后查看直播数据，并对数据进行分析，从而提升直播效果。

如果以"畅销书直播销售"为主题展开实训，小组成员在完成直播后，需要在巨量百应中单击"关联平台"，并单击下拉菜单中的"电商罗盘"，这样即可自动用当前账号登录电商罗盘，查看直播的相关数据，并在此基础上对数据进行分析。电商罗盘查找页面如图7-38所示。如果以其他主题展开实训，同样可以参照如下方法进行数据复盘。

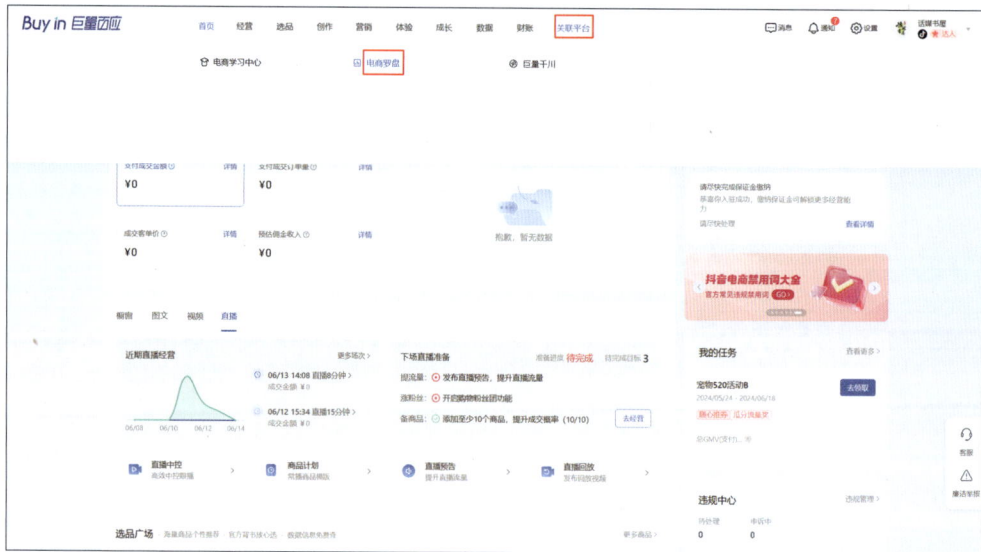

图7-38 电商罗盘查找页面

进入电商罗盘之后，可以单击上方的"直播"，之后单击左侧的"直播明细"，选择对应场次的直播后单击"大屏"即可查看与直播相关的数据。电商罗盘的直播数据查找页面如图7-39所示。

图7-39 电商罗盘的直播数据查找页面

在电商罗盘中，需要重点查看与关注以下4个数据。

1. 用户画像数据

电商罗盘支持查看每场直播中看播用户和购买用户的画像，包含用户的性别、年龄、所处地域等信息。直播后查看用户画像数据，能为后续内容复盘提供一定的帮助，也能从侧面看出在前期账号搭建和直播策划中所描绘的用户画像是否准确。

　　使用电商罗盘查看直播用户画像的方法较为简单，可以在直播大屏页面中单击左侧的"人群"，查看当场直播看播与购买的核心用户画像，从而分析未来的商品选择与直播话术撰写应主要面向哪些群体。电商罗盘的用户画像数据如图7-40所示。

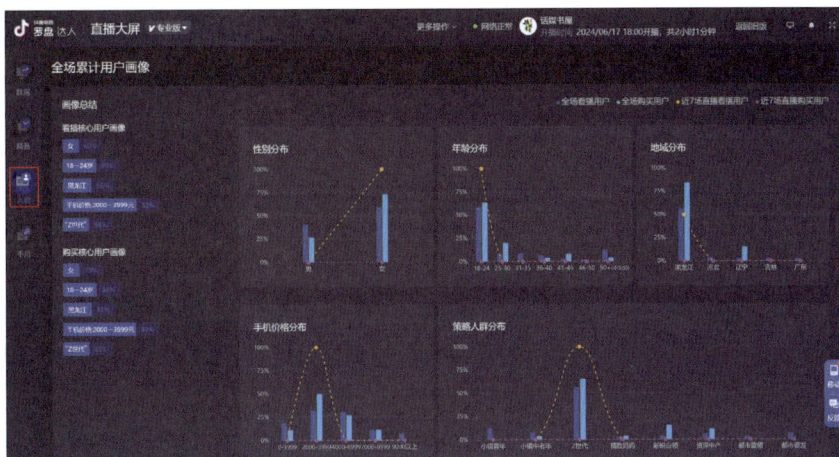

图7-40　电商罗盘的用户画像数据

2．直播间流量数据

　　直播间的流量数据包含观看人次、人气峰值、平均停留时长、用户来源情况等数据，对这些流量数据进行分析能够看出直播间的热度、高峰观看时间、对用户的吸引力等，可以为后续的内容复盘提供有力的数据支撑。

　　在电商罗盘直播大屏页面中，可以单击左侧的"数据"，从"综合趋势"中可以看到平均在线人数、人均观看时长等数据，之后可以单击下方的"流量分析"，查看分钟级流量结构，分析直播的流量高峰出现的时间，也可以查看全场流量结构，为后续直播的时间和推广方式选择提供依据。电商罗盘的直播间流量数据如图7-41所示。

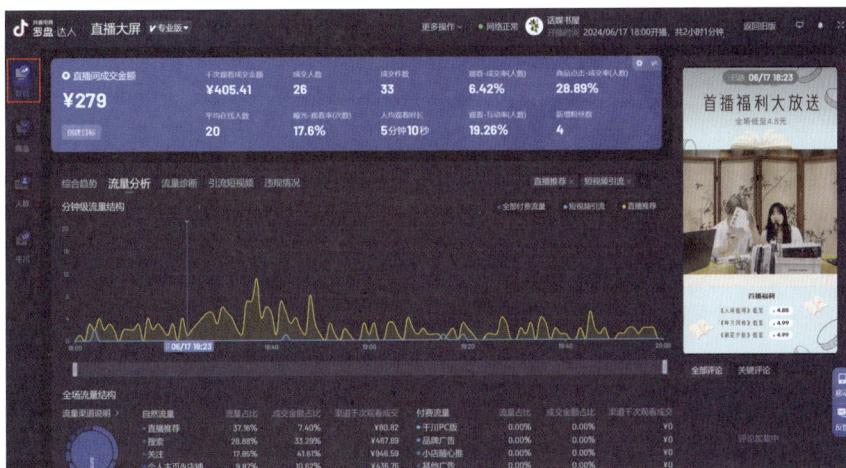

图7-41　电商罗盘的直播间流量数据

3．直播间转化数据

　　直播间的转化数据包含直播间成交金额、千次观看成交金额、成交件数、成交人数、观看-成交率和商品点击-成交率等，能够帮助运营者查看商品成交的整体效果。利用电商罗盘查看上述转化数据可以直接点击直播大屏页面上端蓝色区域的数字。

直播间的转化数据还有更为详细的成交转化数据和互动转化数据。成交转化数据包含直播间曝光人数、直播间观看人数、商品曝光人数、商品点击人数和成交人数，上述数据会以漏斗形式呈现，运营人员可以从这些数据中看出转化较差的部分，从而进一步分析原因，并在下次直播中有针对性地改善。互动转化数据包括直播间曝光人数、直播间观看人数和内容互动人数，同样以漏斗形式呈现。漏斗的倾斜度越小，说明互动转化效果越好；反之说明互动转化效果有待提升。在电商罗盘中查看成交转化数据和互动转化数据需要在图7-39所示的"直播明细"中单击"数据详情"，并在打开的页面中向下滑动，找到成交转化漏斗与互动转化漏斗。电商罗盘的成交转化数据和互动转化数据如图7-42所示。

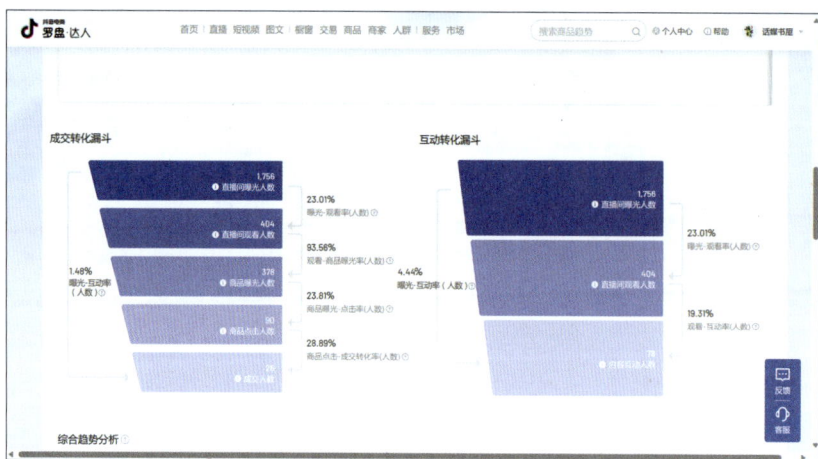

图7-42　电商罗盘的成交转化数据和互动转化数据

4．直播间互动数据

直播间的互动数据能够反映直播间的用户互动情况，包含点赞次数、评论次数等内容。在了解直播间互动数据的整体表现后，在后期内容复盘时将能更有针对性地对话术、商品等运营事项进行及时的调整。

在电商罗盘中查看互动数据需要在图7-39所示的"直播明细"中单击"数据详情"，并在打开的页面中向下滑动，找到综合趋势分析，在其中勾选互动指标中的"新增粉丝数""新加直播团人数""评论次数""点赞次数"即可查看直播间的互动数据，如图7-43所示。

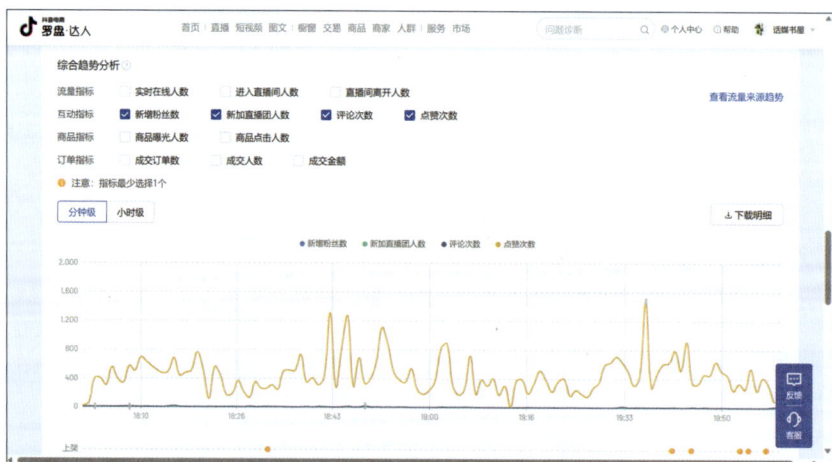

图7-43　电商罗盘的直播间互动数据

（三）效果评价

小组间讨论数据复盘的方法是否合理，再由指导教师或企业导师点评和总结。

三、网络直播的内容复盘

（一）任务描述

内容复盘是在人员复盘和数据复盘的基础上，对直播流程和商品进行的复盘，主要包含整场直播亮点的提炼与总结、问题的归纳与反思、直播话术的优化策略，并从直播形式、直播话术、直播商品和用户体验等角度提出优化与调整的策略。本任务将重点讲解内容复盘的操作步骤与方法。

（二）方法步骤

学生以小组为单位，根据任务主题，在完成人员和数据复盘后，对直播间的内容呈现和整体效果进行分析，从而更好地完成下次直播。

如果以"畅销书直播销售"为主题展开实训，小组成员在完成直播后，需要根据人员和数据复盘的结果，从整体的直播内容角度出发，完成相应表格的填写。如果选择其他主题，可以参照本主题的形式进行网络直播的内容复盘。

1．直播形式的复盘

直播形式承载了直播内容，所以在进行内容复盘时，需要根据直播间的分钟级用户观看数等数据的表现确定直播的时间、带货模式等设置得是否合理，是否能够达到预期的直播效果，下次直播是继续保持当前的形式，还是从某一个角度进行调整，应该如何调整。

2．直播话术的复盘

直播话术是直播内容的基本表现形式，所以在进行内容复盘时，要侧重对直播话术进行复盘。这部分的复盘可以在人员复盘的基础上进行，主要考虑直播话术是否完整地介绍了商品卖点，主播的语言表达风格是否与前期策划时确定的直播风格一致，哪些话术能够刺激用户下单，哪些话术的表述存在问题，后续应该如何调整。

3．直播商品的复盘

根据直播间数据复盘的结果，可以查看哪些商品的销量较高或较低，并在此基础上，判断用户更加倾向于何种类型、何种价位的商品且将该结果进行记录，在此基础上思考下次直播应该取消哪些商品，应该增加哪些商品。

4．用户体验的复盘

用户体验的复盘主要关注用户的反馈，短期的用户反馈是来自直播评论区的相关评论。在分析短期的用户反馈时，应总结用户在直播中的提问是否都得到了充分的回应。如果没有得到回应，是哪个岗位引起的？下次应该如何避免？长期的用户反馈是从用户收货后对商品的评价中得到的，包括用户对商品、服务、物流、售后等的评价。

当小组成员完成了对上述问题的思考后，需要将相关内容填入表7-14。

表7-14　直播内容复盘总结

内容复盘方向	内容总结
直播形式	
直播话术	
直播商品	
用户体验	

（三）效果评价

小组间讨论内容复盘后给出的方案是否合理，再由指导教师或企业导师点评和总结。

课后巩固提升

【案例分析】

在学习了理论知识并完成了课中任务后，学生需要继续通过案例分析的形式了解各类直播中的高人气直播间。

案例1：抖音平台高人气直播间案例

抖音平台于2017年年末推出直播功能，在多年的发展中，抖音平台的直播类型逐渐多元，包含资讯、娱乐、电商等多种类型，越来越多充满创意的直播间走进了人们的视野，也在一定程度上改变了人们的娱乐方式和生活方式。

抖音平台在2022年曾有一场超过3.5亿人次观看的直播，即抖音平台官方直播的刘德华线上演唱会《把我唱给你听》，直播仅用一个半小时就获得了3亿人的观看，最终累计观看人次达到了3.5亿。这是一场典型的娱乐直播，抖音平台邀请刘德华举办免费的线上演唱会，在直播中刘德华演唱了《笨小孩》《冰雨》等诸多经典的歌，获得了较高的流量，其直播截图如图7-44所示。

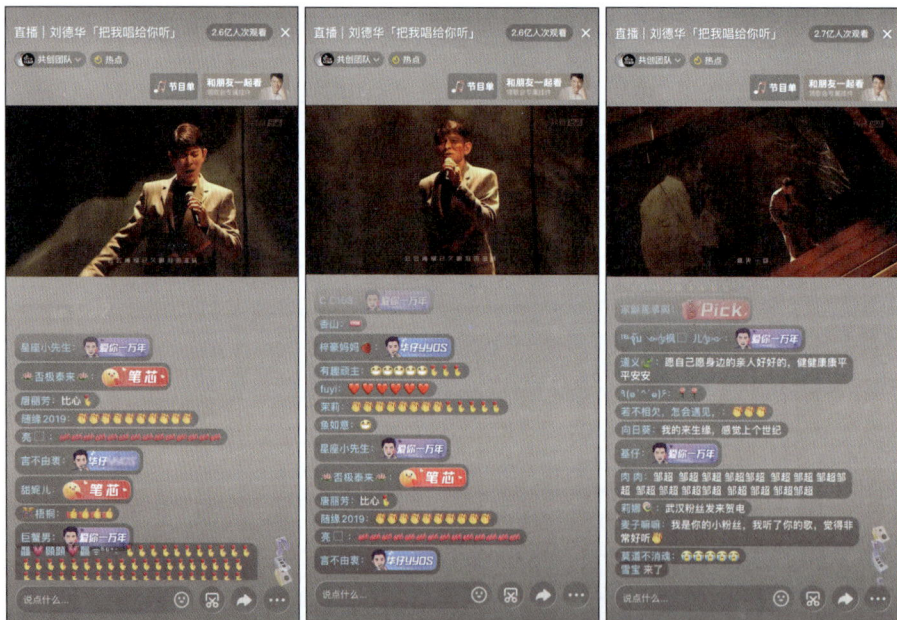

图7-44　刘德华线上演唱会《把我唱给你听》直播截图

案例2：快手平台高人气直播间案例

快手平台于2016年推出直播功能，直播功能的上线，不仅为用户提供了丰富的互动体验，还通过直播打赏、带货等方式让达人账号实现了商业变现。快手平台的直播功能上线后，迅速吸引了大量用户，尤其是以"小镇青年"为主的用户群体。这些用户因为娱乐方式较少且时间充裕，愿意在虚拟世界中通过点赞、评论、发弹幕、打赏等形式与主播构建亲密关系，对娱乐直播的参与性较高。

快手平台当前的定位主要为娱乐直播平台，在平台的扶持下产生了大量的直播达人。2023年起，为了推介各地旅游资源，丰富文化生活，快手平台官方推出了"快手直播大舞台"系列直播。直播活动通过"主持人+网络主播+视频介绍"的形式，推介各地的旅游资源和农副产品，形成线上线下演出、宣传、带货的惠民文艺新方式。该系列直播活动目前已经成功在山东乐陵、江苏苏州等地开展，其中乐陵站的直播累计观看人次超过2亿。快手直播大舞台的直播现场图片如图7-45所示。

图7-45 快手直播大舞台的直播现场图片

案例3：淘宝直播平台高人气直播间案例

淘宝直播是阿里巴巴公司于2016年推出的直播功能，定位是消费类电商直播，当前支持店家、达人、机构入驻，在为商家带来更高销售转化率和用户黏合度的同时，也在改变着用户传统的消费与购物模式。

淘宝直播平台中的高人气直播间较多，其中有一部分带动了当地经济发展，主打地方特色的直播间受到了用户的青睐。以淘宝"烈儿宝贝"在2024年6月进行的一场直播为例，该场直播以"云南好物"为主题，直播间中的商品均为云南地区的特色商品，如云南米线、普洱茶、玫瑰精油、羊肚菌汤包等，而且直播间采用具有云南特色的布料与花纹进行布景，请到了当地商户进行商品讲解，让该直播间当日的直播观看人次超过1 000万，取得了较好的直播效果。其直播截图如图7-46所示。

图7-46 "烈儿宝贝"云南好物专场直播截图

【拓展训练】

根据本项目所学的知识和技能，学生以小组为单位，注册抖音账号，完成粉丝积累后，选定特定垂类，进行一场电商直播。

项目八

H5制作与传播

内容概要

H5在当今的新媒体市场上已经成为一种重要的媒介形态和内容承载形式，制作H5是新媒体工作者必须掌握的实务技能。从技术层面而言，H5是指第5代超文本标记语言（Hypertext Markup Language 5），它是构建Web内容的一种语言描述方式，同时也是构建以及呈现互联网内容的一种语言方式。从作品角度来讲，H5是一种能够在多终端观看的作品形态，即一种移动网页，可以呈现文字、图片、音频、视频、动效、交互等元素，这些内容可以以全新的叙事和组合方式呈现，并将多种媒体资源深度整合，比单纯媒体资源的叠加具有更丰富的含义。本项目将通过案例与实操的形式讲解H5的制作与传播。

知识目标

➢ 了解H5的基本形态。
➢ 了解H5的应用场景。
➢ 了解H5与App的区别。
➢ 掌握H5的制作流程。

能力目标

➢ 具备策划H5的能力。
➢ 具备查找、加工制作H5所需素材的能力。
➢ 具备设计H5页面的能力。
➢ 具备H5交互设计的能力。
➢ 具备H5运营与传播的能力。

素养目标

➢ 具备一定的审美素养、创新素养与资料整合素养。
➢ 树立正确的新媒体从业观念。

课前自学

一、强互动的微场景体验案例分析

H5是一种移动网页作品，其标志性的特征为自身的强交互属性，能够通过文字、图片、音频、视频、动效、手势交互、传感器交互等形式为用户提供多元互动的场景，让用户在接收H5内容的同时，也可以通过手指触摸屏幕、调用手机传感器等方式与作品产生互动，从而让H5页面发生多元的变化。基于这种形式，H5能够打造各类强交互的微场景，促进内容传播、产品营销、品牌宣传等。

案例

强互动的H5应用场景

二、App 与 H5 的区别案例分析

App是在智能移动终端上运营的第三方应用程序，能够弥补原始手机系统功能的不足，其技术开发较为复杂，所以能够提供更为个性化的内容和更为丰富的体验手段。用户可以在App中看到海量的内容，体验到多样化的交互形式。

案例

App与H5的区别

H5是基于HTML5技术写出的网页，用户不需要下载和安装，直接借助手机浏览器或者其他App便可以轻松浏览，没有下载和安装的麻烦，但是受制于技术，H5的内容承载量与交互形式还远不及App。

两者的区别主要集中在运行方式、开发成本等方面，具体如表8-1所示。

表8-1　App与H5的区别

区别	App	H5
基本属性	在移动终端运行的第三方应用	采用 HTML5 技术写出的移动网页
运行方式	需要下载到移动终端方可使用；占用本地空间	无须下载；基于浏览器或其他 App 查看
开发成本	开发成本高；不同平台的开发语言不同	开发成本低；适配多种系统，制作简单
更新维护	需要更新迭代升级；需维护前续版本	无须更新；可在后台修改版本
内部功能	功能多，交互强；内容和形式多样	功能和交互动态受限；内容承载有限
系统权限	本地权限多；可以发送提醒通知	本地权限少；仅能调用部分手机功能

三、H5 应用案例分析

H5的应用领域较为多元，主要应用于新闻报道、品牌营销、活动邀请、招生招聘等多种场景。无论哪一种场景，H5均能为用户带来多元的交互体验，而且其能够将图文、音频、视频等媒体形式融于一身，大大缓解了用户在阅读过程中的疲劳，提高了用户对信息的持续关注度。

案例

H5的多元应用场景

1. 新闻报道场景

H5中新闻报道的场景建构多是各类媒体主导的，但这种场景并不是对新闻内容的简单陈述，而是趣味性地选择新闻中的某个角度，通过交互的形式让用户在体验新技术和新形式的同时，加深对某个新闻主体的认知。

2. 品牌营销场景

H5中品牌营销的场景建构多是各类企业和品牌主导的，这类场景建构的核心目标是通过H5提高企业和品牌的知名度和用户好感度，让用户从作品中感受到企业和品牌的核心价值理念，从而带来营业额与销售额的提升。

3. 活动邀请场景

H5中活动邀请场景的建构多用于各类活动的前期预热。企业、品牌或账号在举办活动时，通常会采用与活动主题、活动风格、活动内容相关的H5作品向用户发出邀请，从而让用户对活动主办方和活动本身产生兴趣。

4. 招生招聘场景

H5中招生招聘场景的建构多用于学校、机构、企业的形象宣传，让目标用户在体验H5深度交互的过程中，沉浸式感受上述几类组织的核心价值理念和文化内核，从而被吸引，产生报名和应聘等行为。

课中任务展开

本项目通过任务的模式进行，学生在了解H5的制作流程与制作所需的辅助软件的基础上，通过选题与策划、素材查找与加工、方正飞翔软件使用、交互设计与作品发布、运营与传播等多个任务训练H5的制作与传播。在本项目中，学生可以以小组为单位，选择以"皮影戏的传播"为主题完成实训任务，也可以依托其他主题展开本次实训。

任务一　H5的制作流程与制作所需的辅助软件

H5的制作，并不局限于对软件的学习，还涉及很多工作，诸如作品的选题策划、查找与加工作品所需素材、作品页面的设计等。本任务主要介绍H5的制作流程以及H5制作所需的辅助软件。

一、H5 的制作流程

（一）任务描述

在制作H5之前，学生需要了解各个环节的工作，从而为后续的实训奠定基础。本部分将通过对皮影戏作品的观看，让学生以小组为单位，结合相关知识，更好地探索H5制作流程中各环节的工作，从而能带着问题进行后续的实训。

案例

皮影戏作品

（二）方法步骤

学生以小组为单位，总结案例中H5制作流程中各环节的工作，并在此基础上完成表8-2的填写。

表8-2　H5制作流程中各环节的工作

H5 制作流程	工作
H5 选题与策划	
H5 素材的查找与加工	
H5 页面设计	
H5 的交互设计与作品上线	
H5 的传播与运营	

（三）效果评价

小组成员根据总结的表格内容进行讨论，再由指导教师或企业导师点评和总结。

二、H5制作所需的辅助软件

（一）任务描述

在了解H5的制作流程之后，学生还应学习和掌握各个环节需要的辅助软件，让H5制作更加快捷、高效。本部分主要介绍H5制作所需的辅助软件的使用方法。

（二）方法步骤

学生以小组为单位，下载相关软件并学习其操作。

1. 使用思维导图软件绘制作品流程图

作品流程图的绘制是H5策划的关键步骤，是对H5制作逻辑的规划，所以在正式学习H5制作之前，需要先对皮影戏作品的制作逻辑进行分析，为绘制流程图做好铺垫。在绘制作品流程图时，首先需要在网页中搜索"寻简思维导图"，再根据页面提示登录后单击"创建"，尝试根据案例作品每页的逻辑绘制页面交互的流程图。寻简思维导图网页截图如图8-1所示。

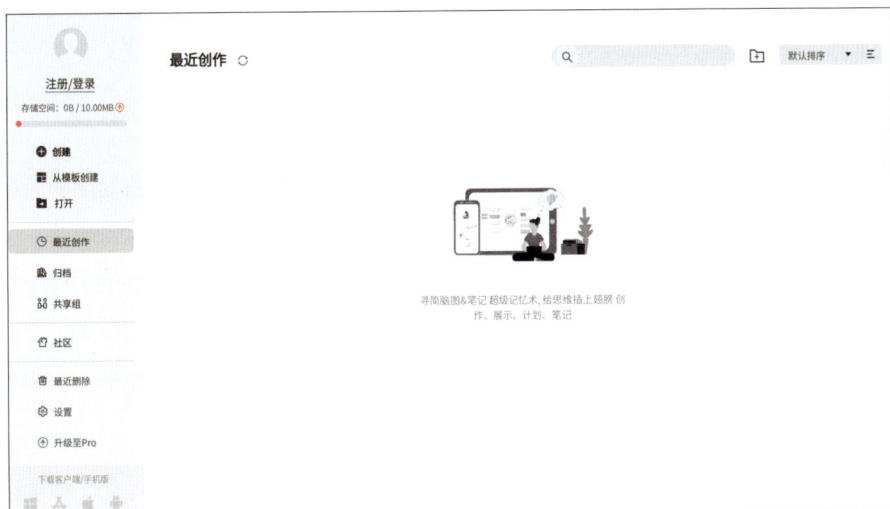

图8-1　寻简思维导图网页截图

2. 使用格式工厂软件压缩素材内存

H5作为一种移动网页，在打开时会受到作品大小的限制，为了保证H5打开的流畅度，需要将作品中较大的素材进行压缩。因此在前期需要掌握图片、音频、视频等各类文件的压缩方法。在进行素材格式修改与压缩之前，需要先在计算机应用商店中下载"格式工厂"，之后将教材配套资源中给定的PNG格式图片转化为JPG格式，将10MB的图片压缩至1MB以内。

📖 **知识拓展**

格式工厂的强大功能

格式工厂是一款免费的多媒体文件处理工具，包含音视频的剪辑、合并、分割，以及水印去除等功能，能够帮助内容制作者快捷地实现图片格式、文档格式、光盘格式的转换和压缩，是H5制作中常用的基础软件之一。格式工厂的操作页面如图8-2所示。

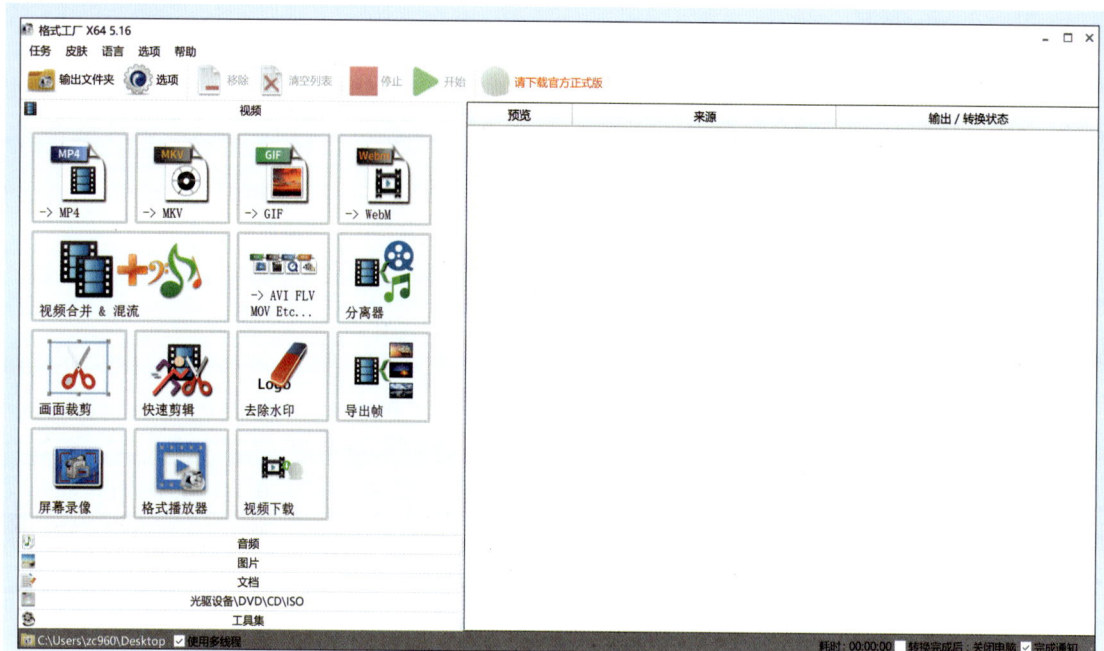

图8-2　格式工厂的操作页面

3．使用草料二维码生成器将网址转成二维码

在H5运营环节，制作者会将已经制作完成的H5通过多种渠道进行传播，需要用到网页链接和二维码两种形式。很多时候为了方便作品传播，需要将H5的链接转为二维码，以方便用户查看。在进行二维码转换时，首先在网页中搜索"草料二维码生成器"，打开官网，依次单击"网址""网址静态码"，再将教材配套资源中提供的作品链接输入文本框，单击"生成二维码"后，将其保存到计算机。草料二维码生成器网页截图如图8-3所示。

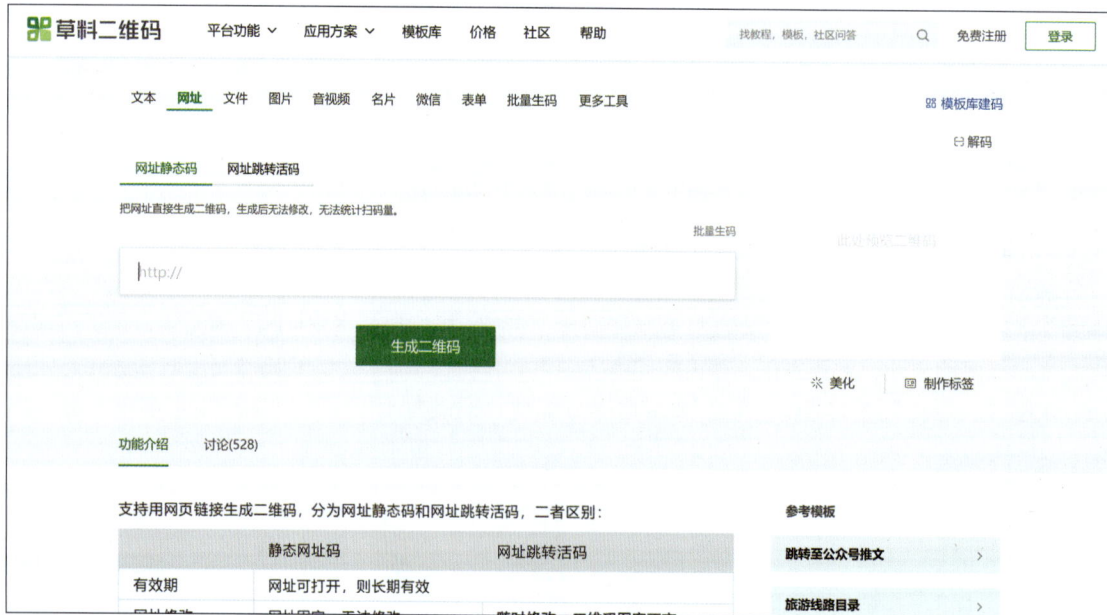

图8-3　草料二维码生成器网页截图

（三）效果评价

各小组下载相关软件并学习其操作方法后，互相讨论交流，再由指导教师或企业导师点评和总结。

任务二　H5的选题与策划

衡量一个H5优秀与否，技术并不是唯一的指标，需要从作品的页面设计、交互形式、运营与传播效果等多方面考量，而决定这些效果是否达到预期的关键则是作品的选题与策划。在H5的选题与策划中需要规划作品的主题、风格、交互、运营方式等多个方面，并对其进行综合分析和考量，从而保障H5的优质呈现效果。

一、H5 的选题

（一）任务描述

选题是H5制作的方向，只有确定了一个合适的选题，才能有效保障作品的质量和传播效果，所以在选题过程中需要对其进行精心的考量，不仅需要思考在作品中呈现什么内容、以什么形式呈现，还要思考已经确定的选题是否适合使用H5呈现。

任务提示

由于本项目的实训可以选择已经确定的主题"皮影戏的传播"，如果后续跟随本主题制作作品，则可跳过本任务；如果选择其他主题，学生则需要在授课教师的带领下完成本任务。

（二）方法步骤

学生以小组为单位，利用各个新媒体平台查找最近的热词，并利用巨量算数平台中的热词关注度和关联搜索情况，对热词进行排序和筛选。最终，组内讨论确定最适合使用H5呈现的选题。

（1）使用微博、百度、抖音、微信等平台，进行网络热点调研，小组成员相互讨论后确定适合使用H5展现的热词，并将其填入表8-3。

表8-3　近期热词汇总表

序号	近期热词	热词成因
1		
2		
3		
4		
5		

（2）将组内确定的热词分别在巨量算数平台中进行搜索，在关联分析中查找用户对该热词的关注度及对该热词的关注角度。

例如，在巨量算数平台分别查看"皮影戏""藏戏""珠算"等热词的关键词指数，可以看出用户对皮影戏的关注度更高。该平台的关键词指数截图如图8-4所示。

再如，在巨量算数平台查看皮影戏的搜索关联词，以此确定用户对皮影戏的关注角度，如图8-5所示。

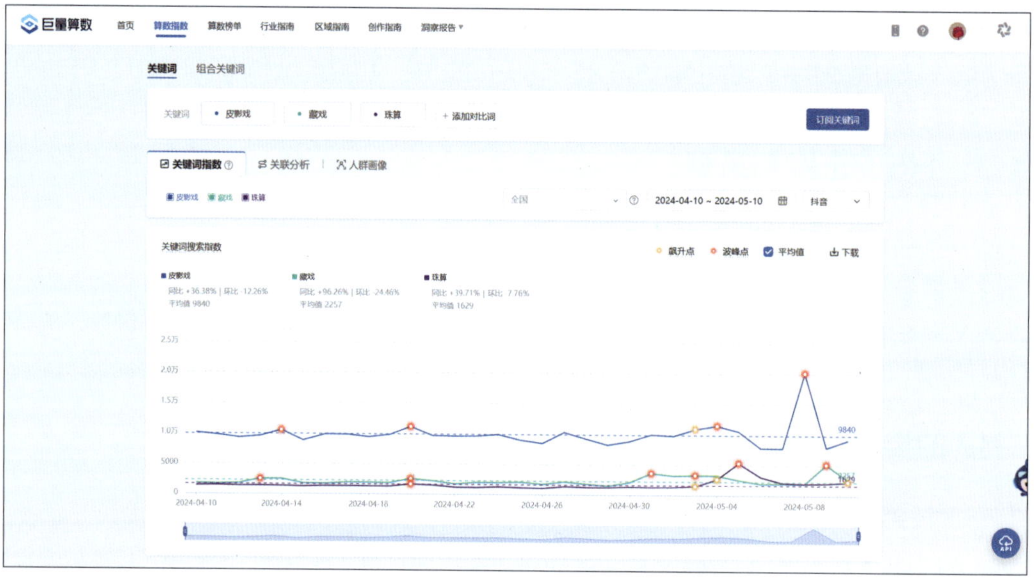

图8-4　巨量算数平台的关键词指数截图

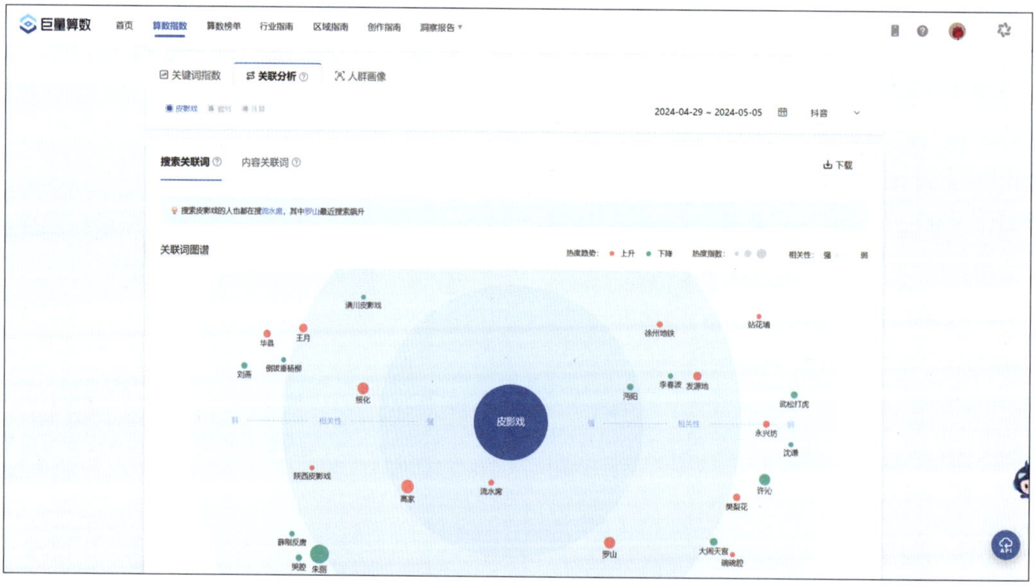

图8-5　巨量算数平台的搜索关联词截图

（3）在使用巨量算数平台分析热词后，找到用户关注度最高的三个热词，以及这三个热词的关联词，并将其填入表8-4。

表8-4　用户关注度最高的三个热词及其关联词

序号	热词	热词的关联词
1		
2		
3		

（4）组内成员进行讨论，根据上一步筛选的三个热词，思考表8-5中的问题，并填写"√"与"×"，如果"√"更多，则说明该热词更适合使用H5呈现，在筛选后以其中一个作为后续的选题。

表8-5　关于近期热词的思考问题

思考问题	热词 1	热词 2	热词 3
该热词是否为名词			
该热词是否为正向词汇			
该热词是否为物品／地点／事件			
该热词是否有足够的关联词			
该热词是否不需要大段文字阐述			
该热词是否可以使用卡通形象表示			
该热词是否可以在网上找到充足的素材			

（三）效果评价

小组内部互相讨论确定合适的选题，再由指导教师或企业导师点评和总结。

二、H5 的策划

（一）任务描述

H5的策划是针对作品选题的进一步展开，能够保证后期的制作方向不会跑偏。学生在策划阶段需要明确作品的创作目的、用户画像、用户需求、作品风格、功能设计与交互应用、运营策略等多个方面。

（二）方法步骤

学生以小组为单位，根据选题进行讨论，完成H5的策划，并将策划信息填入表8-6。

表8-6　H5策划信息

作品选题	
创作目的	
用户画像	年龄：　　　　　　　　性别： 所处地域：　　　　　　职业： 身体信息： 偏好：
用户需求	1. 2. 3.
作品风格	整体风格： 主辅色的应用： 图片素材风格： 图片素材颜色调性： 音视频素材风格： 字体素材风格：
功能设计与交互应用	本作品需要制作（　　）页 本作品的功能设计： 本作品各页面间的逻辑关系及交互应用情况：
运营策略	主要发布平台： 营销推广模式：

1．明确创作目的

根据选题确定H5的创作目的，可以是解读内容、普及知识、宣传精神、营销推广、报道新闻等，在此基础上确定H5的标题。以"皮影戏的传播"选题为例，可以将其创作目的确定为普及知识，即利用H5的形式，让用户通过交互了解皮影戏的历史、剧目及皮影的制作方法等。

2．明确用户画像

根据选题和创作目的，确定作品的用户画像，即明确哪些用户会观看该选题的H5，需要包含用户的年龄、性别、所处地域、职业和偏好等信息。

> 📖 **知识拓展**
>
> #### 用户画像应该如何描绘？
>
> 用户画像是用标签尽可能精准地对某一类用户的情况进行的描述，平台、账号、内容、商品、活动都需要用户画像，用户画像一般可以分为三级：
>
> 第一级，用户的基础信息（年龄、性别、所处地域、身体信息）；
>
> 第二级，用户的客观信息（收入、学历、职业、家庭）；
>
> 第三级，用户的行为信息（阅读偏好、消费偏好、社交偏好等）。
>
> 需要注意的是，在开始制作H5之前，应以一级用户画像描绘为主，后续层级如果在描绘时存在困难可以在制作作品时或在传播作品时进行细化和调整。

3．明确用户需求

根据选题绘制出的用户画像，往往为作品内容和形式的呈现提供了方向，但是用户画像较为零散，需要从用户画像中总结出更直观的用户需求，从而为作品制作提供依据。用户需求的表达方式较为简单，如"目标用户希望以新形式体验皮影戏""目标用户希望为传统文化传播助力"等。

4．明确作品风格

作品的风格设计是策划阶段的重要工作。首先，需要确定作品的整体风格，如扁平、立体、水墨、写实、手绘、卡通等。其次，需要确定页面以何种颜色为主色，以何种颜色为辅助色和点睛色。最后，根据页面的风格和主辅色确定页面所需图片、音视频，以及字体的风格。

> 📖 **知识拓展**
>
> #### 何为作品的主色、辅助色与点睛色？
>
> H5的页面颜色可以分为三种形式。
>
> 主色：H5的主要色调，在页面中所占面积较大，不仅会影响H5的传达效果，还会影响用户情绪，是页面颜色的关键。
>
> 辅助色：在H5中辅助主色展示，使页面更美观。
>
> 点睛色：在页面中所占面积较小，但是醒目，具有提示性的功能，一般用于按钮、图标或关键元素的展示。
>
> 需要注意的是，辅助色和点睛色在H5中并不唯一，应围绕主色进行选择，一般以2～3种为宜。H5作品常用的颜色如图8-6所示。

图8-6　H5作品常用的颜色

5. 明确功能设计与交互应用

在明确作品的风格后，需要根据选题和创作目的，大致规划出作品的页面数量、各页面的主要内容、各页面间的逻辑关系及交互应用情况，并利用寻简思维导图制作作品的流程图或手绘出作品大致的页面逻辑。

6. 明确运营策略

在H5策划中，需要根据作品内容提前规划发布平台，还需要规划作品的营销推广模式，如与其他账号联合、与某个品牌联合推广等，方便后续结合各个平台的属性和内容方向制作H5。

（三）效果评价

小组内部根据选题进行策划，再进行小组间互评，最后由指导教师或企业导师点评和总结。

任务三　H5的素材查找与加工

素材是制作者从现实生活中搜集到的、未经整理加工的、感性的、分散的原始材料。视频作品的素材多来自现实生活或使用虚拟技术制作，而H5的素材多来自绘制，或是对从各类网站上查找到的卡通与动画素材进行技术加工而得来的。本任务将聚焦于H5制作所需的图片、音频素材的查找与加工及字体素材的查找。

一、H5 图片素材的查找与加工

（一）任务描述

图片素材是H5中重要的组成部分，学生需要根据前期选题与策划阶段得到的热词进行图片检索，但是通过常规搜索引擎找到的图片素材往往风格不一，质量参差不齐，所以需要使用专业的素材网站查找图片素材，并对其进行加工。

（二）方法步骤

学生以小组为单位，在素材网站中查找相关的图片素材，并对其进行加工，存储为PNG格式文件以备用。手绘能力较强的学生，可以选择使用绘图软件绘制与皮影相关的图片，并存储为PNG格式文件以备用。

1. 图片素材的查找

进入千图网的"元素"模块，如果以"皮影戏的传播"为主题制作作品，可以用"皮影戏"为关键词进行图片素材搜索，如图8-7所示。如果选择制作其他主题的H5，可以以作品主题为关键词进行图片素材搜索。

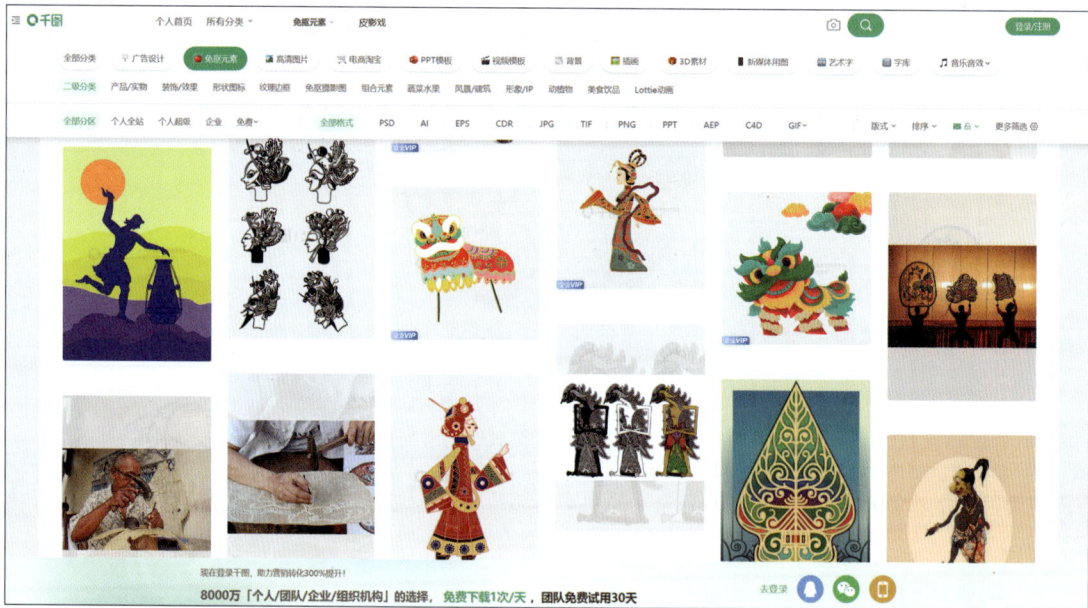

图8-7　千图网搜索页截图

　　根据前期的策划选择与作品风格一致的素材后，下载到本地。本步骤往往需要循环多次，直至搜集到足够多与作品有关的图片素材。

📖 知识拓展

各类图片素材网站

　　当前，互联网中的图片素材网站较为多元，但是不同图片素材网站中的素材具有不同的特征。H5中的背景图片和写实的图片建议使用昵图网查找；各类卡通的图片素材建议使用千图网查找；如果需要对素材进行拼合和整页的视觉设计，建议使用可画网；如果需要各类图标素材，可以选择iconfont。另外，在制作商用作品时，若无法判别图片的来源，可以使用百度识图明确图片来源。上述图片素材网站的首页截图如图8-8所示。

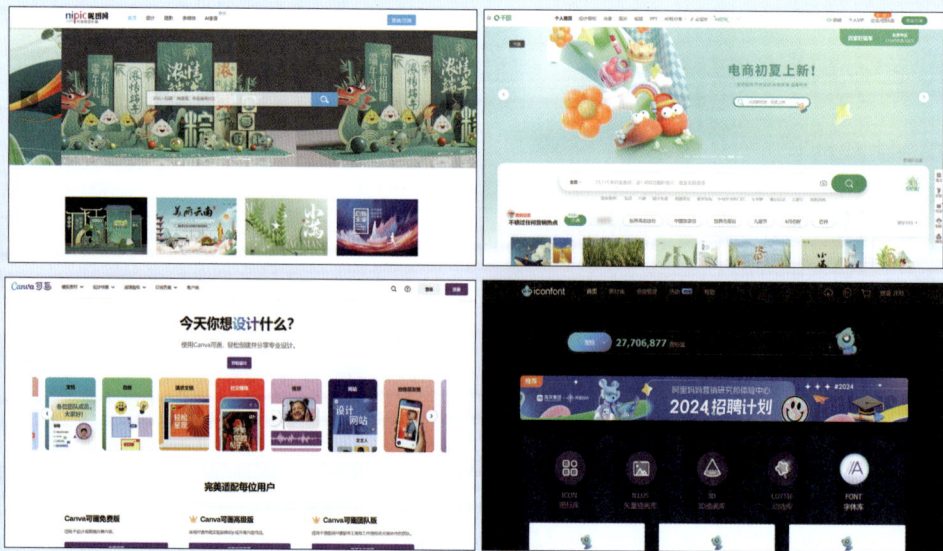

图8-8　部分图片素材网站的首页截图

2．图片素材的加工

将下载的压缩包解压到本地，使用Adobe Photoshop将PSD图片修改为透明背景并输出，格式为PNG，图片大小保持在1MB以内，关于Adobe Photoshop的操作可以参照项目五中讲解的内容。

以此类推，完成作品所需的其他图片素材的加工工作。

（三）效果评价

小组内部根据前期策划衡量图片素材的可用性，由指导教师或企业导师点评和总结。

二、H5 音频素材的查找与加工

（一）任务描述

音频素材是H5的加分项，能够让整个作品更加生动和立体。总的来说，H5的音频素材可以分为背景音乐素材和触发式音频素材，需要在不同的音频素材网站中查找。

（二）方法步骤

学生以小组为单位，在音频素材网站中查找与前期作品策划中风格一致的背景音乐素材和触发式音频素材，导出格式为MP3。

1．背景音乐素材的查找与加工

背景音乐素材需要在网易云音乐、QQ音乐、酷狗音乐等音乐播放器中搜索。

如果选择以"皮影戏的传播"为主题制作H5，可以进入网易云音乐搜索关键词"诗经-桃天"并下载。网易云音乐搜索页面截图如图8-9所示。如果制作其他主题的作品，可以根据前期策划，在网易云音乐中搜索相关歌曲后下载，格式为MP3。

图8-9　网易云音乐搜索页面截图

如果背景音乐素材的大小超过10MB，则需要使用Adobe Audition将素材压缩或剪辑后保存到本地。

2．触发式音频素材的查找与加工

触发式音频素材需要在站长素材等音频共享网站中搜索。

如果选择以"皮影戏的传播"为主题制作H5，可以进入站长素材网站，分别以"二胡""四胡""笛子""扬琴"为关键词进行搜索，选择合适的音频后下载。站长素材网站搜索页面截图如图8-10所示。如果制作其他主题的作品，可以根据前期策划，在站长素材网站中根据选题需要搜索相关关键词，查找对应的音频并根据提示下载备用。需要注意的是，触发式音频一般时长较短，无须进行剪辑与加工，如需较长的触发式音频，同样可以利用Adobe Audition进行剪辑与加工。

图8-10　站长素材网站搜索页面截图

（三）效果评价

小组内部根据前期策划衡量音频素材的可用性，相互讨论后选出可用的音频素材，由指导教师或企业导师点评和总结。

三、H5 字体素材的查找

（一）任务描述

H5作为一种融媒体形式，不仅需要展示内容，而且需要带给用户"美"的感受，而作品中各种类型字体的应用，就是提高作品美观度的重要方式之一。在制作H5时，需要根据作品的风格，选择适当的字体，以达到作品风格的一致性。另外，制作H5需要使用的字体类型很多，有用来作为标题展示的表现型字体和作为正文展示的功能型字体等。在前期的字体查找阶段，主要查找的字体为表现型字体。

（二）方法步骤

学生以小组为单位，在字体网站或字体软件中搜索相关的字体，并将其安装至计算机备用。

1．方正字库的下载与安装

在网页中搜索"方正字库"，打开官网，根据提示在官网中下载方正字库客户端，并安装到计算机中。方正字库官网及客户端截图如图8-11所示。

2．利用方正字库安装字体

如果选择以"皮影戏的传播"为主题制作H5，可以进入方正字库客户端搜索"方正字迹-安景臣行楷-简"和"方正大黑简体"，并激活，激活页面如图8-12所示。如果制作其他主题的作品，可根据前期策划，在方正字库中根据选题需要，搜索相应风格字体，根据提示下载并激活。

图8-11 方正字库官网及客户端截图

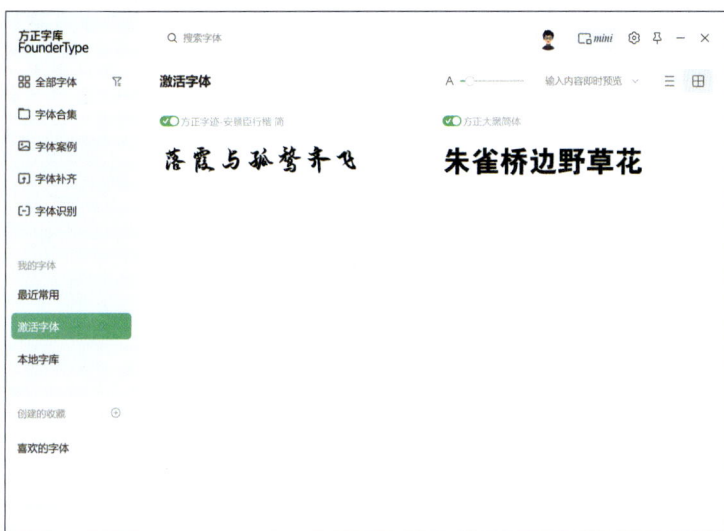

图8-12 方正字库客户端激活页面截图

（三）效果评价

小组内部根据前期策划衡量字体素材的可用性，由指导教师或企业导师点评和总结。

知识拓展

素材的商用与侵权

在制作H5时会用到从互联网中下载的素材，虽然部分素材是免费或通过支付一定的资金下载的，但是拥有素材并不代表拥有了这些素材的使用权。如果使用这些素材制作的H5用于教育教学或个人练习，则不会存在侵权风险；如果用于商业目的，且没有得到素材版权方的使用授权，则存在侵权风险，轻则需要将作品下架，重则面临被起诉与赔偿风险。因此在制作商用H5时一定要提前获得素材的使用权，以规避侵权风险。

任务四 H5的设计软件——方正飞翔概述

当前国内较为成熟的H5制作网站有易企秀、兔展、MAKA等，这些网站都为制作者提供了丰富的模板，在制作时可以直接套用。同时，这些网站也为制作者提供了制作与编辑功能，制作者仅需简单拖曳就可以进行内容添加与修改，但是这些网站的功能还不够完善，交互效果的制作欠佳，难以达到理想的效果。H5设计软件应运而生，其中功能较为完善的为"方正飞翔"融媒体交互HTML5设计软件，又名方正飞翔。

方正飞翔兼容多种文件格式，提供按钮、擦除、自由拖曳、合成图片等40多个互动组件，制作者只需要在对话框中输入相应的素材即可完成作品创建，同时可以快速地完成作品的发布、传播、管理与输出。方正飞翔软件截图如图8-13所示。

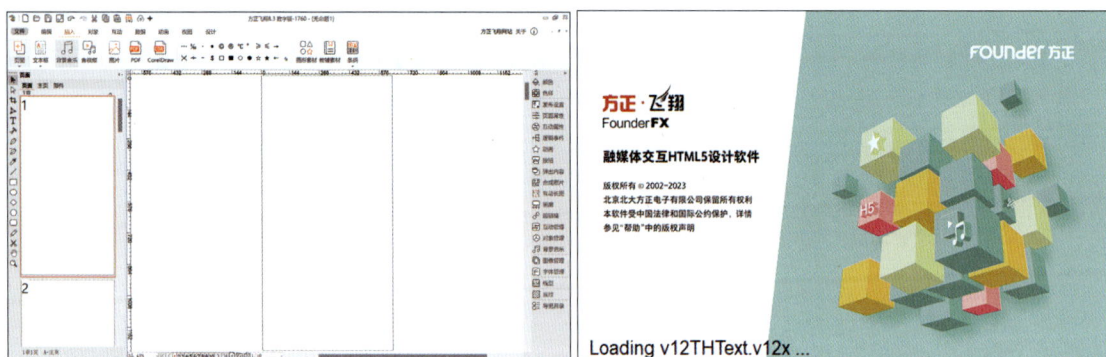

图8-13　方正飞翔软件截图

一、方正飞翔的下载与安装

（一）任务描述

后续的实训任务将会围绕方正飞翔进行H5制作的实操训练，在制作之前，学生需要先进行软件的下载与安装。

（二）方法步骤

学生以小组为单位，下载并安装方正飞翔。

1. 方正飞翔的下载

（1）在百度搜索"方正飞翔"，如图8-14所示，进入方正飞翔云服务官网。

图8-14　搜索"方正飞翔"

（2）单击"产品系列"，单击"方正飞翔（数字）"，如图8-15所示。

（3）在打开的页面中单击"立即下载"，在打开的页面中选择下载"方正飞翔V8.3数字版云授权版"或"方正飞翔V8.3数字版单机版"，如图8-16所示。

图8-15　单击"方正飞翔（数字）"

图8-16　方正飞翔下载页面截图

📖 **知识拓展**

方正飞翔V8.3数字版云授权版和单机版的区别

　　两个版本的内部功能完全一致，区别在于云授权版为账号登录，制作者需要注册账号用于登录软件，以制作H5；单机版为利用加密锁登录，制作者需要购买加密锁，并将加密锁插在计算机的USB插口上，方可正常使用软件。

　　在方正飞翔官网中，单击"试用"，填写手机号即可获得7天的试用账号，后续可以在方正飞翔官网进行账号续期，故为了完成本书后续的任务，建议下载方正飞翔V8.3数字版云授权版。

2. 方正飞翔的安装

下载方正飞翔V8.3数字版云授权版后，可以按照提示将下载的压缩包解压后，找到安装程序，将其安装至计算机，双击桌面图标即可打开软件，输入云授权的账号和密码后即可使用。

（三）效果评价

小组内部互相帮助完成软件的下载、安装与账号的申请。随后，各小组相互讨论解决遇到的问题，再由指导教师或企业导师点评和总结。

二、方正飞翔的基础图文排版

（一）任务描述

图文排版是利用方正飞翔制作H5的基础步骤，因为H5本身不仅是一件技术产品，更是一件艺术品，需要有高质量的图文支撑，这样才能更好地展现图文效果。本部分聚焦于如何利用方正飞翔进行基础的H5图文排版。

（二）方法步骤

学生以小组为单位，利用方正飞翔完成作品的新建，并完成基本的图文排版。

1. 新建作品

打开方正飞翔，登录后，在弹出窗口中可以进行作品的新建。如果选择制作以"皮影戏的传播"为主题的作品，可以选择"竖版"标准页面，页面大小为640px×1 260px，页数为10页，如图8-17所示。如果选择制作其他主题的H5，可以根据前期策划，新建任意布局和任意页数的作品。需要注意的是，为了保证H5与手机屏幕的适配性，无论制作横版还是竖版作品，都建议选择640px×1 260px的页面大小。

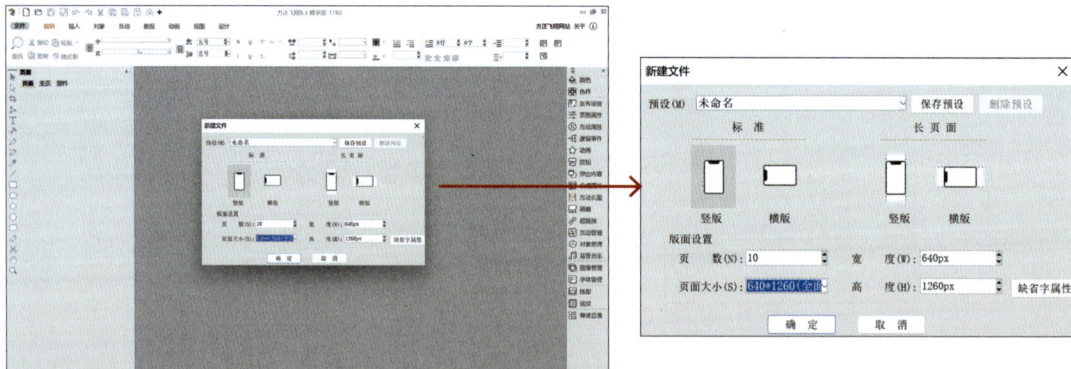

图8-17　新建文件

2. 添加背景图片

风格一致、颜色统一的背景图片，能让H5看起来更加协调、美观，但是H5的页面往往很多，每页添加一次背景图片较为耗时，故可以使用方正飞翔中的"背景"功能为作品添加统一的背景图片，操作步骤如下。

首先，单击软件首页左侧页面视图中的"主页"。其次，单击功能选项卡中的"插入"，再单击"背景"，在打开的对话框中选中"背景图"。最后，选择格式为JPG的背景图片，单击"确定"即可。如果选择制作以"皮影戏的传播"为主题的作品，可以选择插入教材配套资源中的背景图片。添加背景图片示例如图8-18所示。如果选择制作其他主题的作品，可以根据前期策划，寻找合适的背景图片。

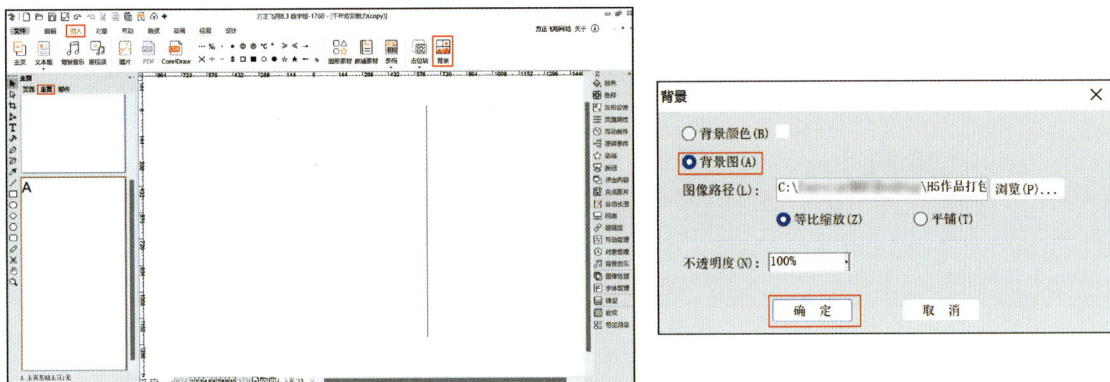

图8-18　添加背景图片示例（部分）

3．添加页面图片

页面中除了背景图片，还需要添加其他图片，以提升页面的视觉效果。在页面视图中单击"页面"，单击"插入"，单击"图片"，在弹出的对话框中即可添加JPEG、PNG、GIF等格式的图片。添加页面图片示例如图8-19所示。

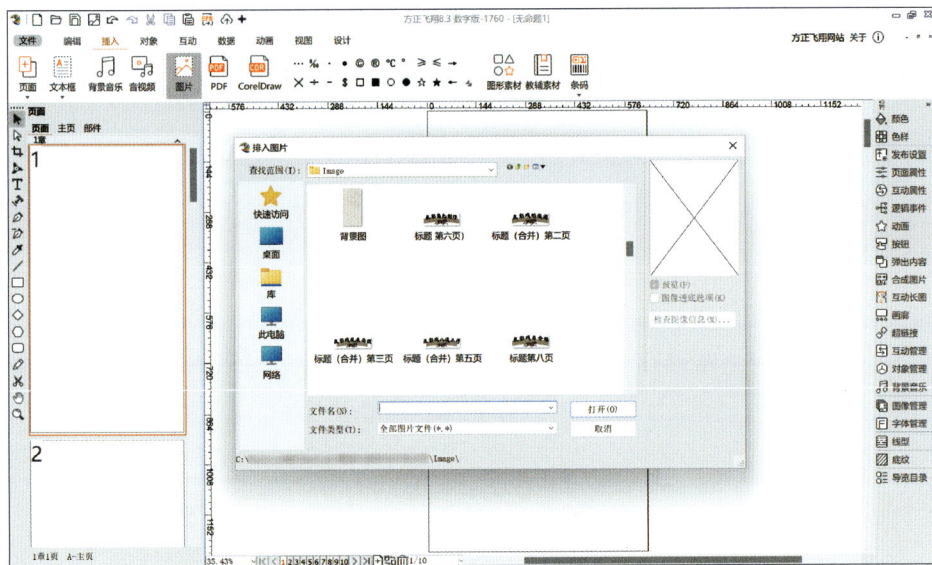

图8-19　添加页面图片示例（部分）

如果选择制作以"皮影戏的传播"为主题的作品，可以参照教材配套资源中的作品成稿，将本作品中的所有图片插入页面指定位置；如果选择制作其他主题的作品，可以根据前期策划，将前期搜集到的图片素材添加到页面指定位置。

需要注意的是，当选中要插入的图片后，可以按住鼠标左键并拖曳矩形框改变图片的大小和位置；也可以将鼠标指针移至合适位置后单击，将图片等比例插入页面后再单击拖动图片四角的小矩形以改变图片大小。图片大小的修改示例如图8-20所示。如需将错误插入的图片删除，可以选中指定图片后，使用键盘上的"Delete"键删除。

4．添加与编辑页面文字

除了图片，文字是H5中必不可少的元素之一，它起到串联作品逻辑、解释说明内容的关键作用。如需在页面中添加文字，可单击左侧工具栏中的"T"图标，将鼠标指针放在页面的指定位置，并在相应的文本框中输入文字。文字的输入示例如图8-21所示。

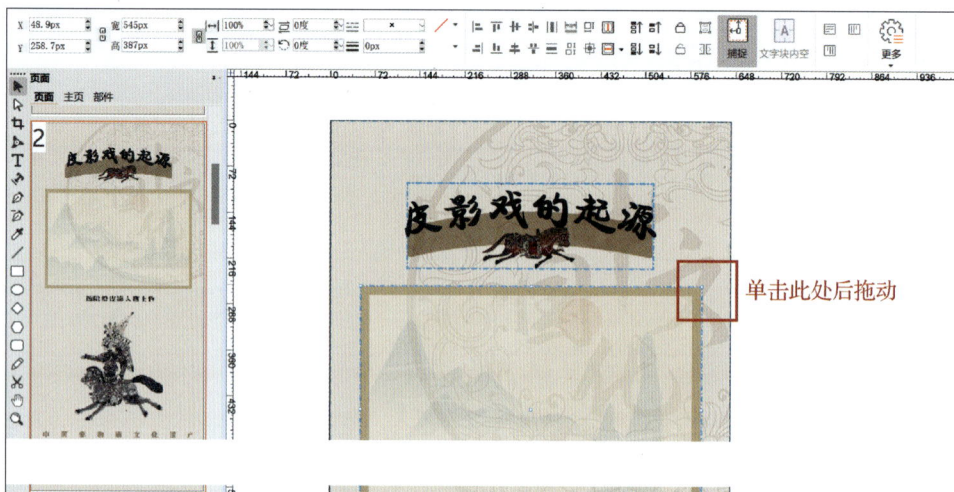

图8-20　图片大小的修改示例

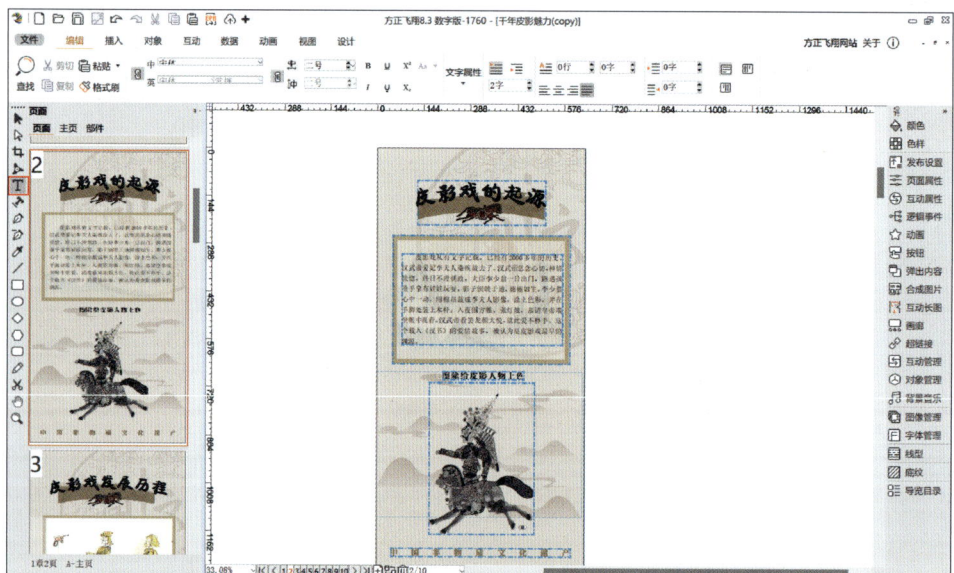

图8-21　文字的输入示例

在添加文字后，如需对文字的字体、字号、行间距、对齐方式等进行修改，可以选中指定文字后，单击功能选项卡中的"编辑"，在编辑选项卡中可以对文字的各种格式进行修改，操作方法与Word文档的修改方法大致相同。

如果选择制作以"皮影戏的传播"为主题的作品，可以参照教材配套资源中提供的作品成稿，将本作品中的所有文字复制到页面指定位置。所有正文文字的格式统一为：宋体，二号，0.5字行间距，两端对齐和首行缩进两字，其他格式保持系统默认即可。文字格式的编辑如图8-22所示。如果选择制作其他主题的作品，可以根据前期策划，将文字添加到页面指定位置并修改文字格式。

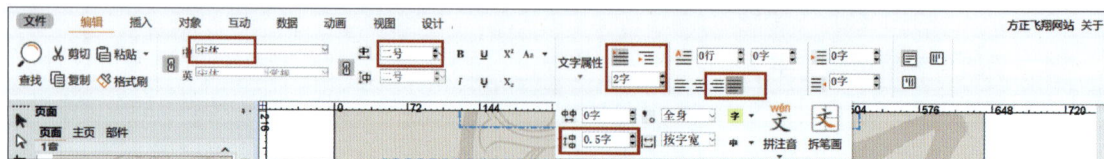

图8-22　文字格式的编辑

5．文本框转图像块

为了防止文字串行、乱码等情况的发生，当文字的内容与格式确定后，需要将文本框转为图像块，在操作时需要在工具栏中单击 ，再选中指定文本框后，在功能选项卡中单击"转图像块"。文本框转图像块的方法如图8-23所示。需要注意的是，当文本框转为图像块之后，无法撤销，所以需要确保文字内容无误后，再将文本框转为图像块。

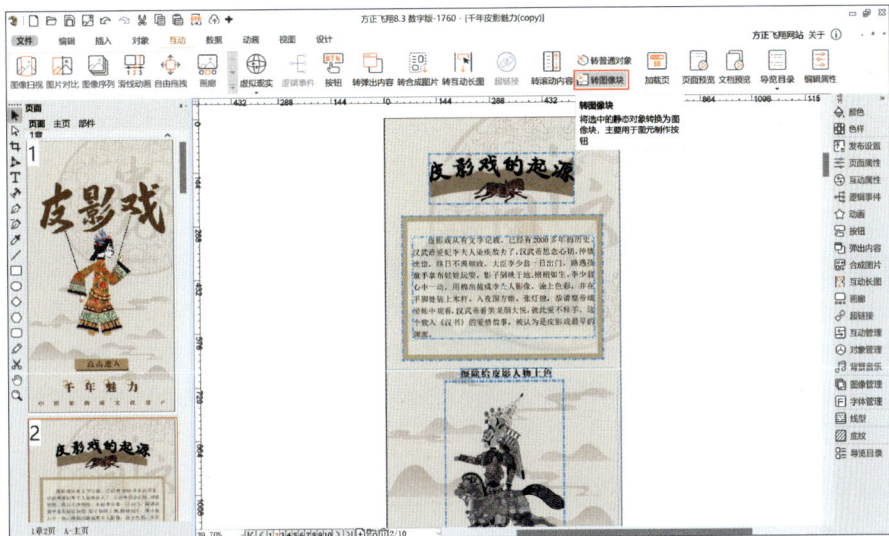

图8-23　文本框转图像块的方法（部分）

（三）效果评价

各小组根据教材配套资源中提供的文字和图片，将全部要素放置在指定位置。随后，各小组之间讨论操作是否准确，再由指导教师或企业导师点评和总结。

三、方正飞翔作品的保存与打开

（一）任务描述

当图文设计完成后，便可以开始交互设计，从图文设计到交互设计往往要经历很长一段时间，所以在这个过程中需要反复开关机多次。如果未对作品进行妥善保存，会导致作品丢失，所以本部分重点介绍使用方正飞翔保存与打开作品的方法，方便后续流程的顺利开展。

（二）方法步骤

学生以小组为单位，使用方正飞翔完成作品的保存，并将保存后的文件重新使用方正飞翔打开。

1．方正飞翔作品的保存

为方便保存源作品，同时方便编辑与后续制作，可以选择"文件"菜单中的"另存为"，如图8-24所示，将".ffx"格式的文件保存在计算机中的指定位置。

这种保存方法的优点是保存速度快，如果后续还会使用同一计算机继续制作作品，建议使用这种方法。这种保存方法的缺点是只能保存作品框架，无法保存作品图片素材，在需要更换计算机制作后续内容时，建议使用文件打包保存方法。

文件打包会将作品的图片、音视频等素材全部打包进一个文件夹中，即使更换计算机，也可以继续制作。这种保存方法的缺点是耗时较长、占用内存较大，但是更为安全，可以有效防止素材丢失。在操作时，可以选择"文件"菜单中的"打包"，如图8-25所示，将作品打包存放在计算机中的指定位置即可。

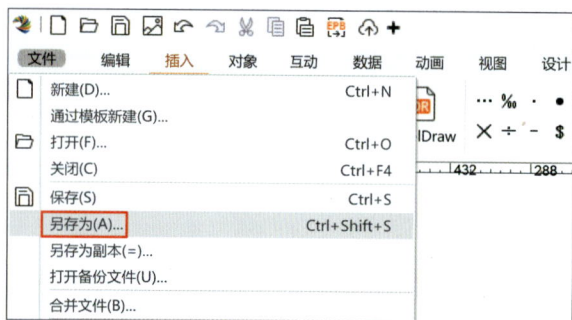

图8-24　单击"另存为"

图8-25　单击"打包"

2．方正飞翔作品的打开

当要继续制作先前保存的作品时，需要在方正飞翔中打开先前保存的文件。打开文件的方式有两种：第一种是直接在计算机的文件夹中打开先前保存的文件，系统会默认选择方正飞翔来打开；第二种是先打开方正飞翔，后选择"文件"菜单中的"打开"，如图8-26所示，在打开的对话框中找到先前保存的文件并打开。

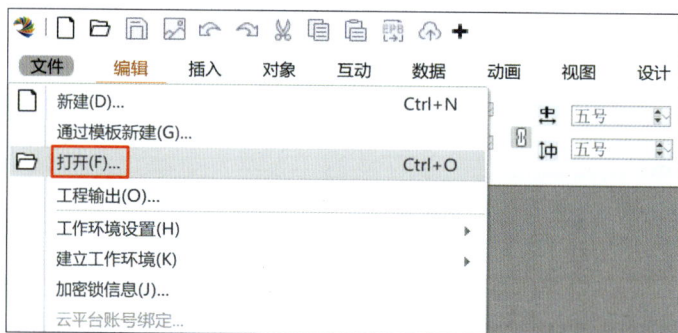

图8-26　单击"打开"

（三）效果评价

小组成员相互帮助，使用方正飞翔练习作品的保存与打开。随后，各小组互相讨论并解决遇到的问题，再由指导教师或企业导师点评和总结。

任务五　H5的交互设计与作品发布

交互设计定义了两个或多个互动的个体之间交流的内容和结构，从而使之互相配合，共同达成某种目的。对H5的交互设计而言，制作者主要利用触摸屏、移动传感器和融媒体等媒介为用户带来新的体验，让用户通过手指的滑动或使用手机的某种功能，以达到与作品互动的目的。

一、基于音视频的交互设计

（一）任务描述

音视频是H5中必不可少的关键元素，由于本项目中以"皮影戏的传播"为主题制作的作品大多都围绕音频交互设计的相关内容展开讲解，故视频部分的内容仅部分提及。在前期查找与加工素材的环节已经进行了音频素材的查找与加工，所以本部分仅介绍如何利用方正飞翔进行音频插入。

（二）方法步骤

学生以小组为单位，利用方正飞翔完成音频插入。

1．背景音乐的插入

为了提升用户沉浸感和体验感，H5作品中往往包含背景音乐。单击功能选项卡中的"插入"，再单击下方的"背景音乐"，就可以在打开的对话框中添加背景音乐文件，如图8-27所示。

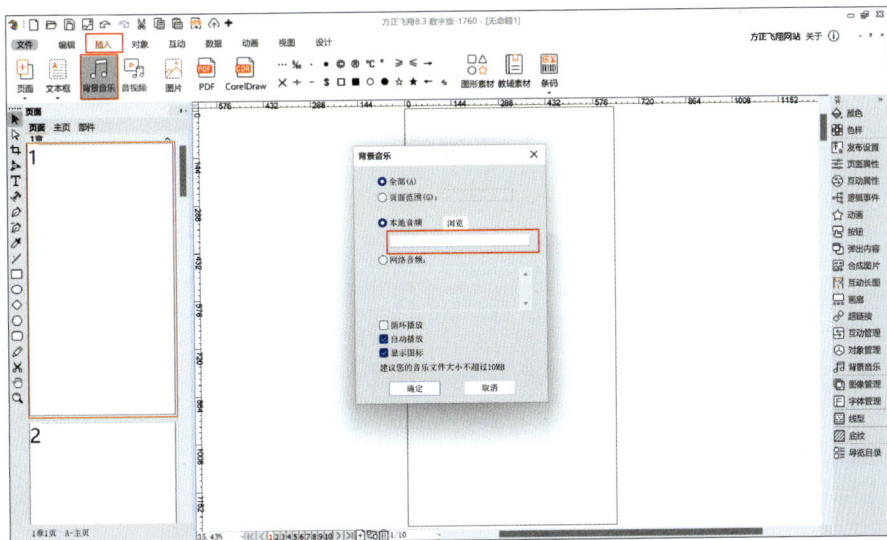

图8-27　H5的背景音乐插入方法

如果选择制作以"皮影戏的传播"为主题的作品，可以将在任务三中查找到的背景音乐添加到作品中，属性设置为全部页面、循环播放、自动播放和显示图标，如图8-28所示。如果选择制作其他主题的作品，可以将前期搜集到的背景音乐插入作品中，并参照图8-28进行属性设置。

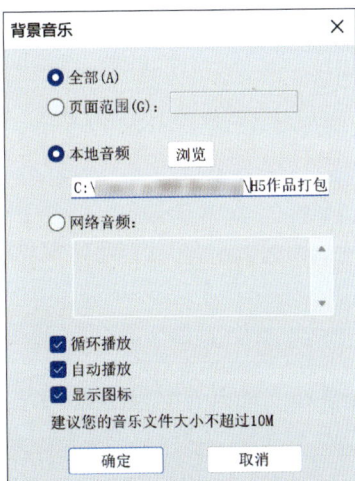

图8-28　背景音乐的属性设置

2．音视频的插入

音视频可以在用户翻至某个页面时自动播放，也可以与按钮相搭配，让用户点击屏幕的某个位置后，触发音视频的播放。无论是哪一种触发效果，都需要将音视频先插入作品中，插入方式与背景音乐类似：单击功能选项卡中的"插入"，再单击"音视频"，在打开的对话框中添加音视频文件。选中指定的音视频后，软件会自动识别格式。H5的音视频插入方法如图8-29所示。

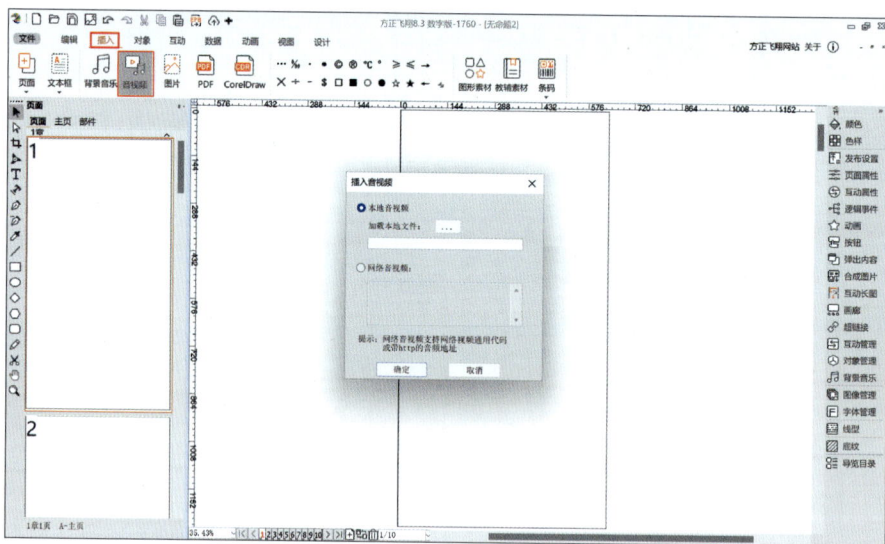

图8-29　H5的音视频插入方法

音视频内容属于交互效果的一种，所以在插入音视频后可以先将其选中，再单击右侧浮动面板中的"互动属性"，从而设置音频的占位图、是否自动播放、是否循环播放和播放音频时背景音乐是否静音等，设置视频的占位图、是否自动播放、是否循环播放、是否弹出式全屏播放和是否显示播放控制等。H5的音视频属性设置方法如图8-30所示。

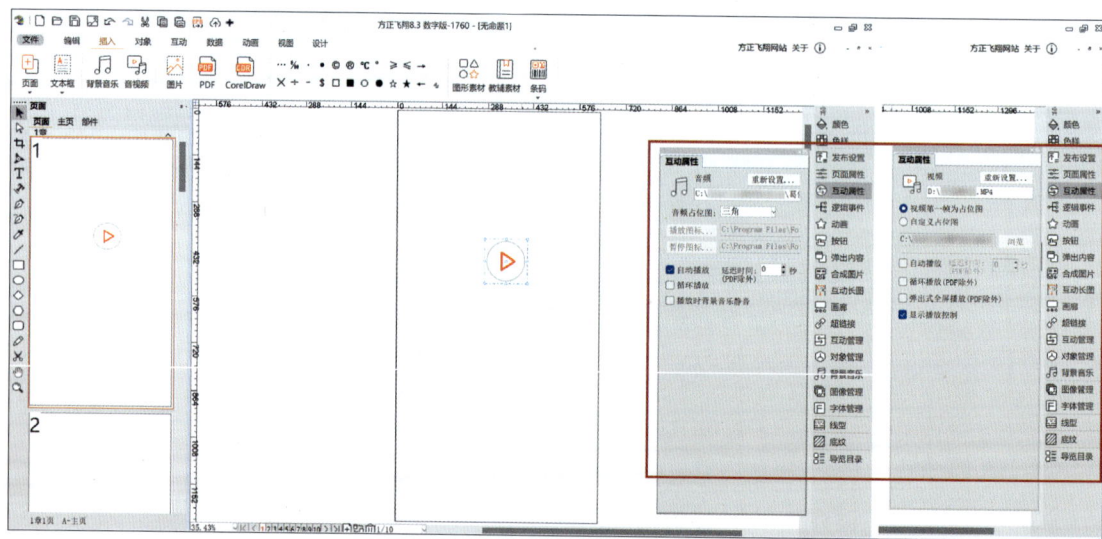

图8-30　H5的音视频属性设置方法

如果选择制作以"皮影戏的传播"为主题的作品，需要在作品第四页中添加在任务三中所查找到的"二胡""四胡""笛子""扬琴"四个音频，将这四个音频插入页面左侧的白色辅助板中，并将音频属性设置为三角占位图，不勾选"自动播放"与"循环播放"，勾选"播放时背景音乐静音"。H5的音频互动属性设置如图8-31所示。如果选择制作其他主题的作品，可以将前期搜集到的音视频插入作品中，并根据作品策划对其互动属性进行设置。

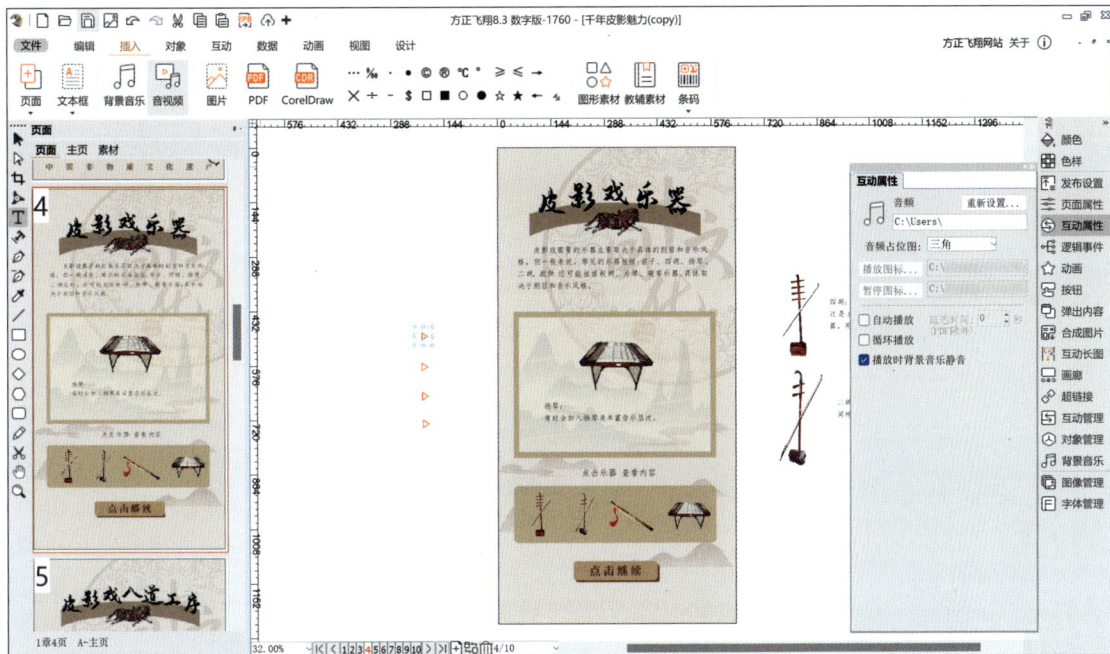

图8-31　H5的音频互动属性设置

（三）效果评价

小组成员相互帮助，使用方正飞翔为作品添加背景音乐和音视频。随后，各小组互相讨论并解决遇到的问题，再由指导教师或企业导师点评和总结。

二、基于加载页的交互设计

（一）任务描述

H5作为一种移动网页作品，在移动端打开时需要耗费一定的时间，所以在此时需要利用加载页让用户在等待作品打开时，能够大致了解作品的风格与主题，加载页是品牌植入的主要场景之一。本部分主要介绍利用方正飞翔制作加载页的方法。

（二）方法步骤

学生以小组为单位，利用方正飞翔完成加载页的添加、设置、制作。

1. 自定义加载页的添加与设置

"加载页"在方正飞翔功能选项卡的"互动"和"数据"模块中均可找到。单击"加载页"，可以在打开的对话框中修改加载样式、进度条颜色、前景图片、背景图片、背景颜色、百分比颜色和前缀文字，如图8-32所示。需要注意的是，如果不对加载页的样式进行设置，则加载页会保持默认的样式，效果较差，所以在制作任何H5作品时，都需要对加载页进行修改。

2. 自定义加载页的制作

如果选择制作以"皮影戏的传播"为主题的作品，需要在"加载页设置"对话框中将加载样式修改为"进度条"，将进度条前景色修改为棕色，将进度条背景色修改为白色，将不透明度设置为100%，将前景图片的路径信息删除，背景图片使用教材配套资源中的加载页背景图，显示加载进度百分比和前缀文字保持默认设置即可，如图8-33所示。

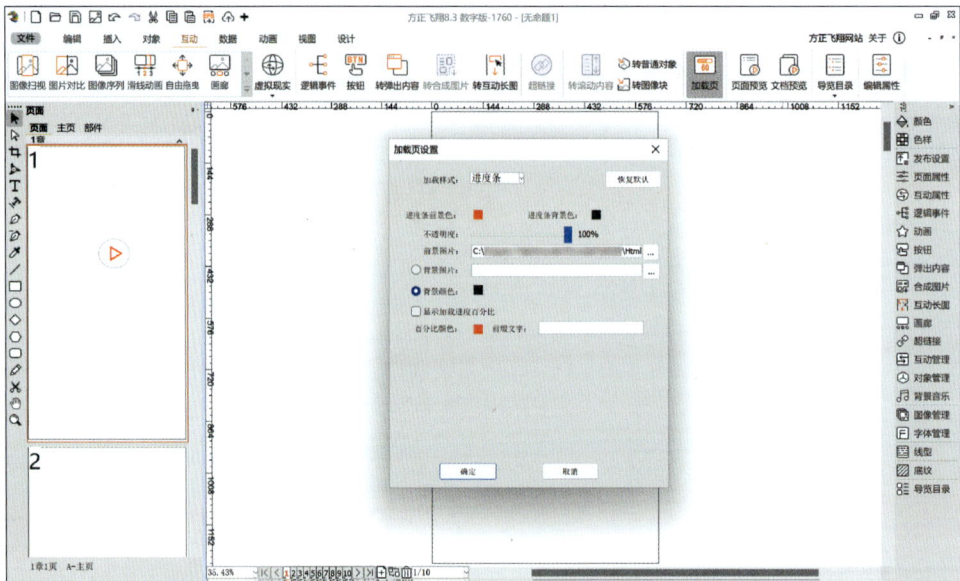

图8-32 "加载页设置"对话框

图8-33 H5加载页的制作

（三）效果评价

小组成员相互帮助，使用方正飞翔为作品添加、设置与制作加载页。随后，各小组互相讨论并解决遇到的问题，再由指导教师或企业导师点评和总结。

三、基于图像序列的交互设计

（一）任务描述

图像序列是方正飞翔中基于图像展示的一种交互设计，制作者可以通过导入一组图片，让这组图片在作品的版面中通过自动或手动的形式显示为直观的动态效果。本部分主要介绍如何利用方正飞翔制作H5中的图像序列效果。

（二）方法步骤

学生以小组为单位，利用方正飞翔完成图像序列的添加、设置、制作。

1. 图像序列的添加

图像序列的添加与一般的图片不同，需要先在计算机中将一组序列图片存入同一个文件夹中，并按照顺序对图片进行命名，之后在方正飞翔的功能选项卡中单击"互动"，单击"图像序列"后，在打开的对话框中（见图8-34）选中已经准备好的序列文件夹，将其以图片形式导入页面。

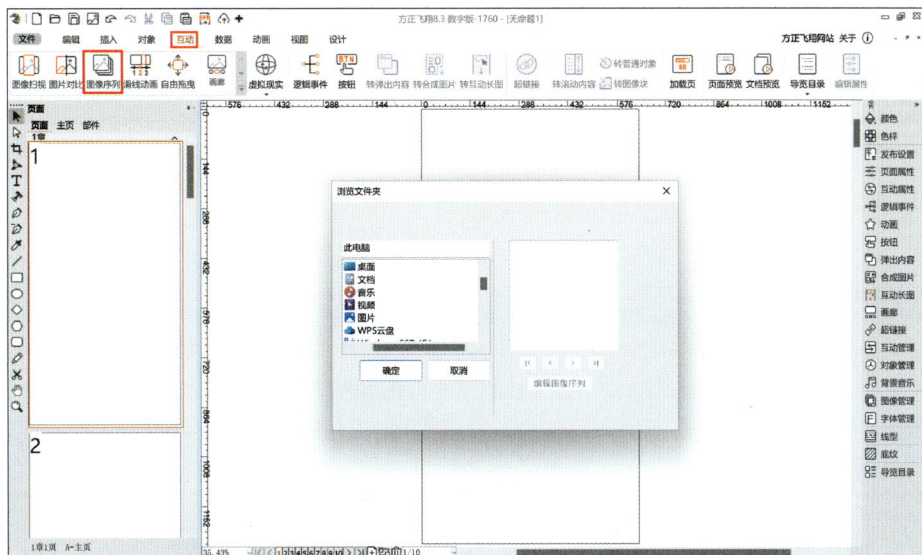

图8-34　"浏览文件夹"对话框

需要注意的是，添加图像序列虽然可以导入整个文件夹的多张图片，但是在制作页面中仅会显示文件夹中的第一张图片。

2. 图像序列的设置

将图像序列导入页面后，可以对其互动属性进行设置。首先选中页面中的图像序列，再单击右侧浮动面板中的"互动属性"，在打开的对话框中设置图像序列是否自动播放、自动播放速度、是否反序播放、是否点击播放/暂停、是否循环播放等。图像序列的互动属性设置如图8-35所示。其中，自动播放速度可以设置为0~60帧/秒，数值越大则图像序列播放速度越快。

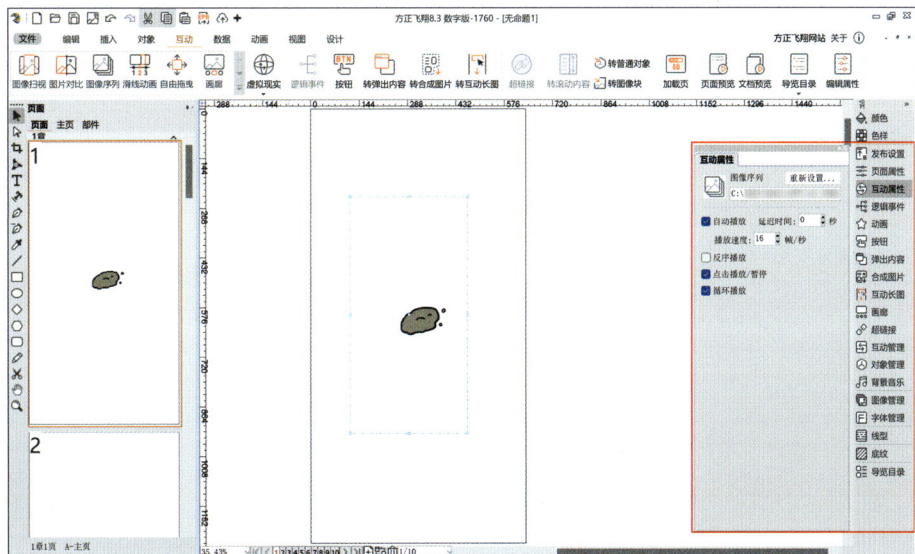

图8-35　图像序列的互动属性设置

3. 图像序列的制作

如果选择制作以"皮影戏的传播"为主题的作品，需要在作品的第一页和第八页插入两组图像序列。

首先，将教材配套资源中有两张皮影戏图片的序列文件夹导入作品的第一页，并设置其互动属性为自动播放、循环播放，并将播放速度修改为1帧/秒，如图8-36所示，这样就可以让两张图片达到动态效果。

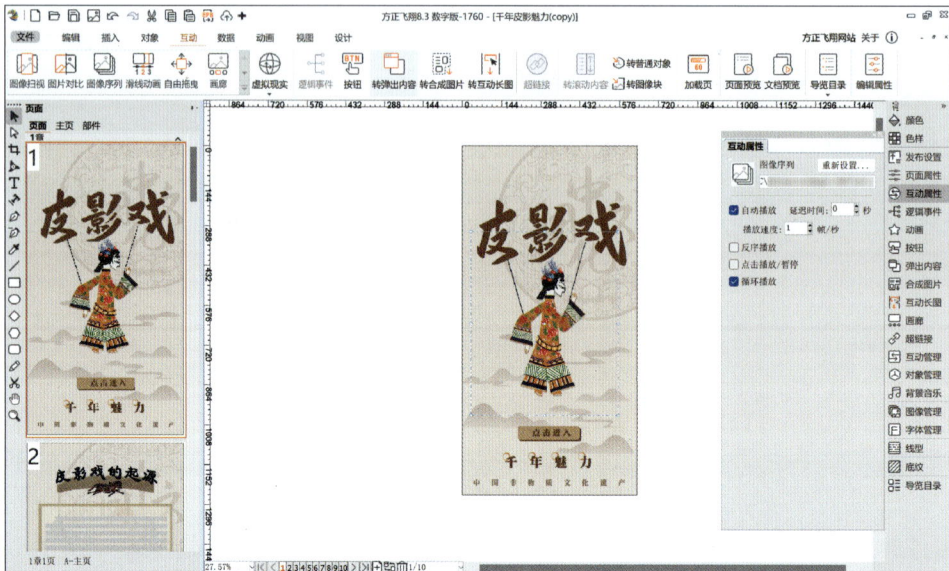

图8-36 图像序列的制作1

其次，将教材配套资源中有三张皮影戏图片的序列文件夹导入作品的第八页，并设置其互动属性为点击逐帧切换、循环播放，其他效果保持默认，如图8-37所示，这样就可以让用户通过点击图片的形式查看其他角色图片。

如果制作其他主题的作品，可以根据策划和内容需要，制作合适的图像序列效果。

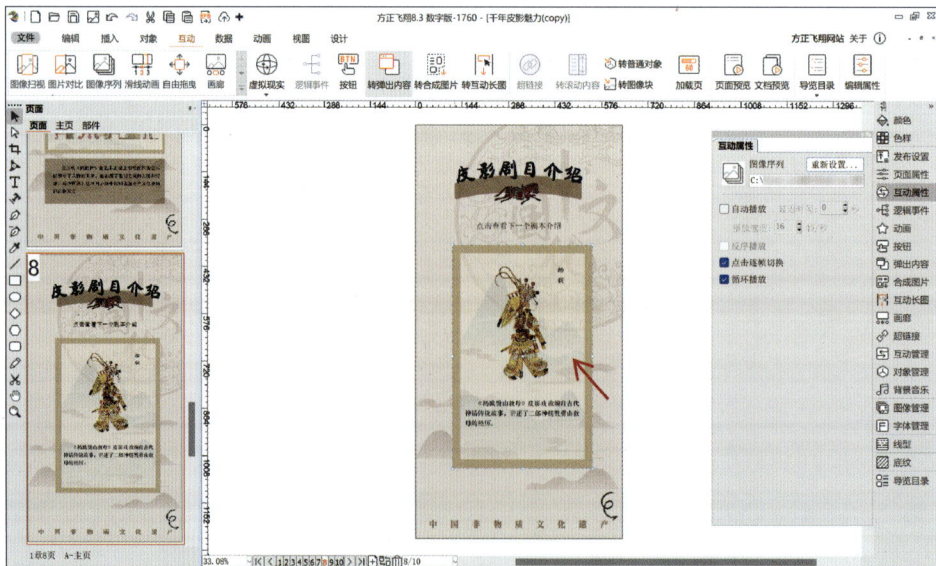

图8-37 图像序列的制作2

（三）效果评价

小组成员相互帮助，使用方正飞翔制作图像序列的交互效果。随后，各小组相互讨论并解决遇到的问题，再由指导教师或企业导师点评和总结。

四、基于滑线动画的交互设计

（一）任务描述

方正飞翔中的滑线动画效果由多组图像序列组成，制作者需要将多组图像序列导入同一个滑线动画的文件夹中，再进行制作。制作完成后，用户手动控制滑竿方可查看画面变化，这也是滑线动画效果与图像序列效果最大的差别。本部分主要介绍如何利用方正飞翔制作H5中的滑线动画效果。

（二）方法步骤

学生以小组为单位，利用方正飞翔完成滑线动画的添加、设置、制作。

1. 滑线动画的添加

滑线动画的添加是在图像序列的基础上进行的。先将多张图片按顺序命名后，置于一个图像序列文件夹，再把有多组图像序列的文件夹置于同一个滑线动画文件夹，之后在方正飞翔的功能选项卡中单击"互动"，单击"滑线动画"后，在打开的对话框（见图8-38）选中已经准备好的滑线动画文件夹，将其以图片形式导入页面。

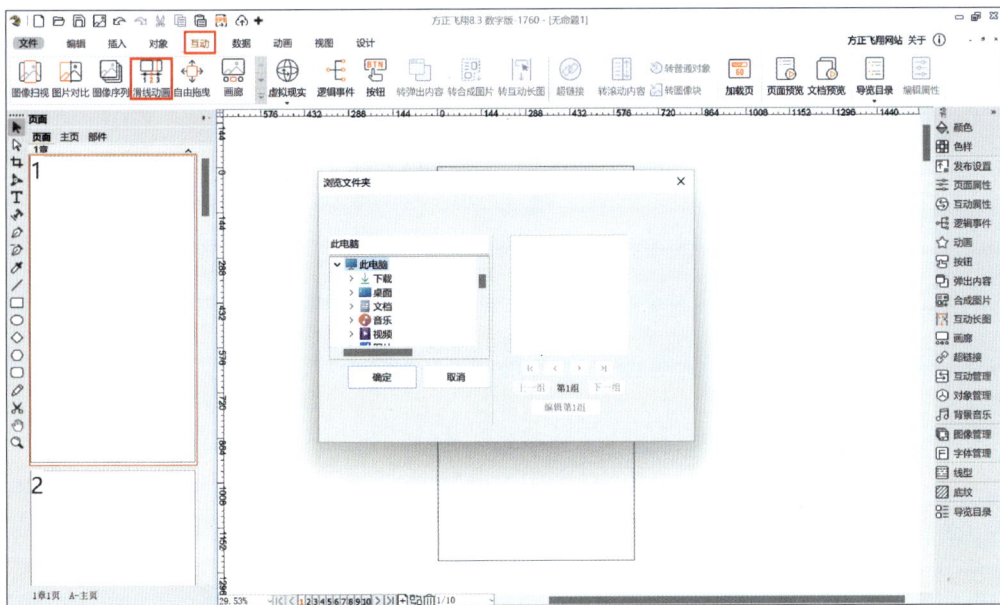

图8-38　"浏览文件夹"对话框

与图像序列一样，滑线动画在制作页面中也只会显示文件夹中的第一张图片。

2. 滑线动画的设置

将滑线动画导入页面后，可以对其互动属性进行设置。选中页面中的滑线动画，再单击右侧浮动面板中的"互动属性"，从而设置滑线动画的节点名称、节点音频、加载滑线图标、播放速度、播放节点方式、是否循环播放、是否自动播放、是否点击播放/暂停等。滑线动画的互动属性设置如图8-39所示。

需要注意的是，一般情况下，滑线动画不会自动播放，需要用户通过滑动手指查看后续图片。

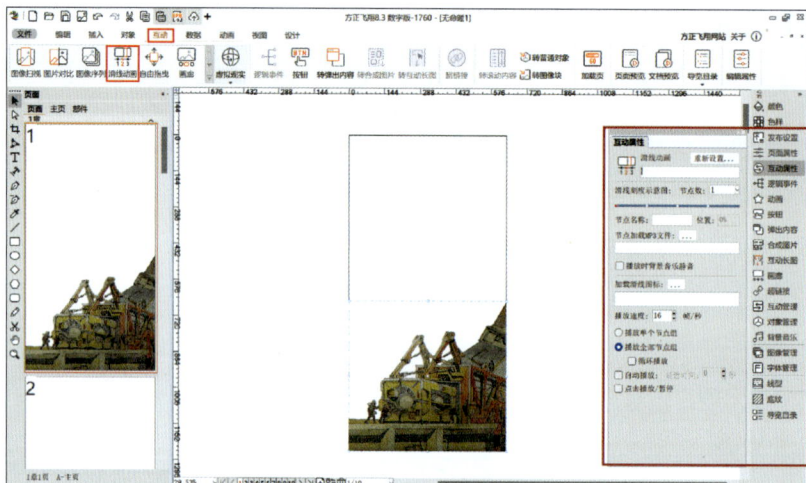

图8-39　滑线动画的互动属性设置

3．滑线动画的制作

如果选择制作以"皮影戏的传播"为主题的作品，需要将教材配套资源中的滑线动画文件夹导入作品的第五页，加载滑线图标使用教材配套资源中的滑线图标文件，其他内容保持默认即可。滑线动画的制作如图8-40所示。如果制作其他主题的作品，可以根据需要，制作合适的滑线动画效果。

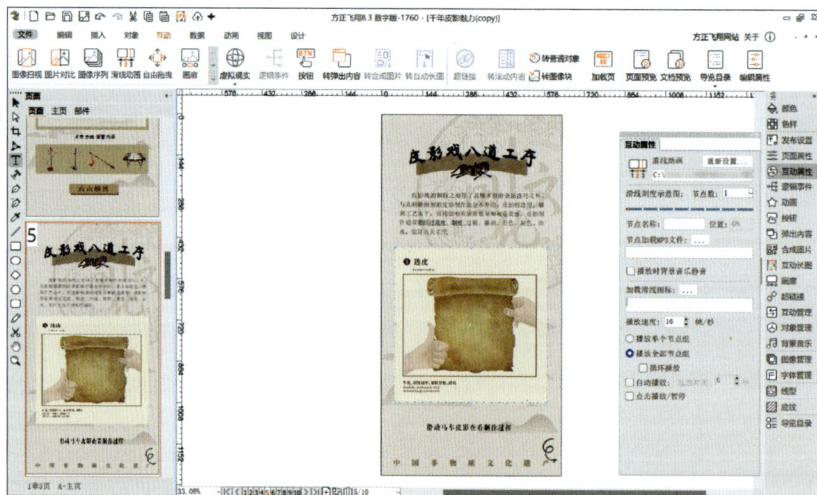

图8-40　滑线动画的制作

（三）效果评价

小组成员相互帮助，使用方正飞翔制作滑线动画的交互效果。随后，各小组相互讨论并解决遇到的问题，再由指导教师或企业导师点评和总结。

五、基于擦除的交互设计

（一）任务描述

在方正飞翔中可以为图片设置擦除效果，让用户在擦除某张图片后，看到其背后的内容。擦除的设置较为简单，但是应用场景很多元，如擦除污渍、擦除遮挡等，学生可以结合作品的主题和场景进行设计。本部分主要介绍如何利用方正飞翔制作H5中的擦除效果。

（二）方法步骤

学生以小组为单位，利用方正飞翔完成擦除的添加、设置、制作。

1. 擦除的添加

相较于图像序列和滑线动画而言，擦除的添加较为简单。首先，单击方正飞翔的功能选项卡中的"互动"。其次，双击灰色的"▽"，找到"擦除"并单击。最后，在打开的对话框中选择需被擦除的图片，导入页面即可。需擦除图片的导入如图8-41所示。

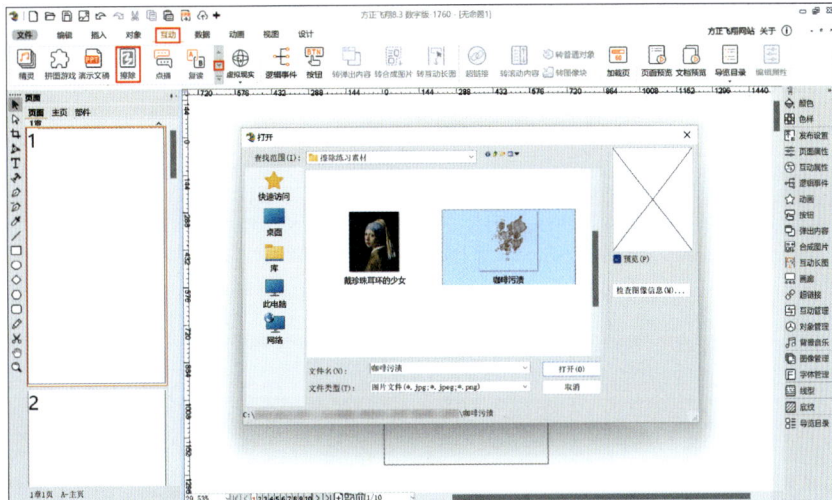

图8-41 需擦除图片的导入

需要注意的是，擦除的效果在制作页面仅会显示图片的占位图，需要在预览效果下或移动端进行交互测试。

2. 擦除的设置

将图片导入页面后，可以对其互动属性进行设置。首先，选中页面中的需添加擦除的图片。其次，单击右侧浮动面板中的"互动属性"，从而设置擦除的不透明度、擦除半径和图片消失的百分比。擦除的互动属性设置如图8-42所示。需注意的是，如果想设置图片擦除到指定比例后消失，需要先勾选"图片消失"复选框。

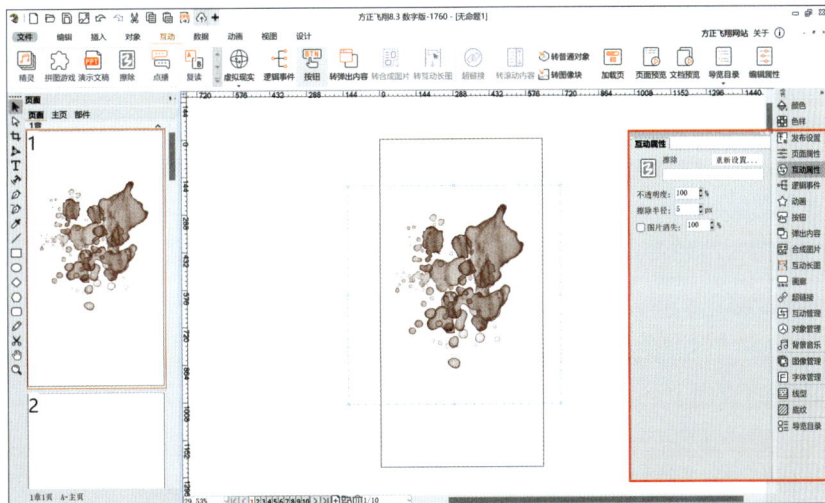

图8-42 擦除的互动属性设置

3．擦除的制作

如果选择制作以"皮影戏的传播"为主题的作品，需要将教材配套资源中的黑白擦除图片以擦除的形式插入第二页，并让其完整地覆盖原第二页的彩色图片，让两张图片完全重合，并设置其互动属性为不透明度100％，擦除半径50px，勾选"图片消失"复选框后，将其比例设置为50％。擦除的制作如图8-43所示。如果制作其他主题的作品，可以根据需要制作合适的擦除效果。

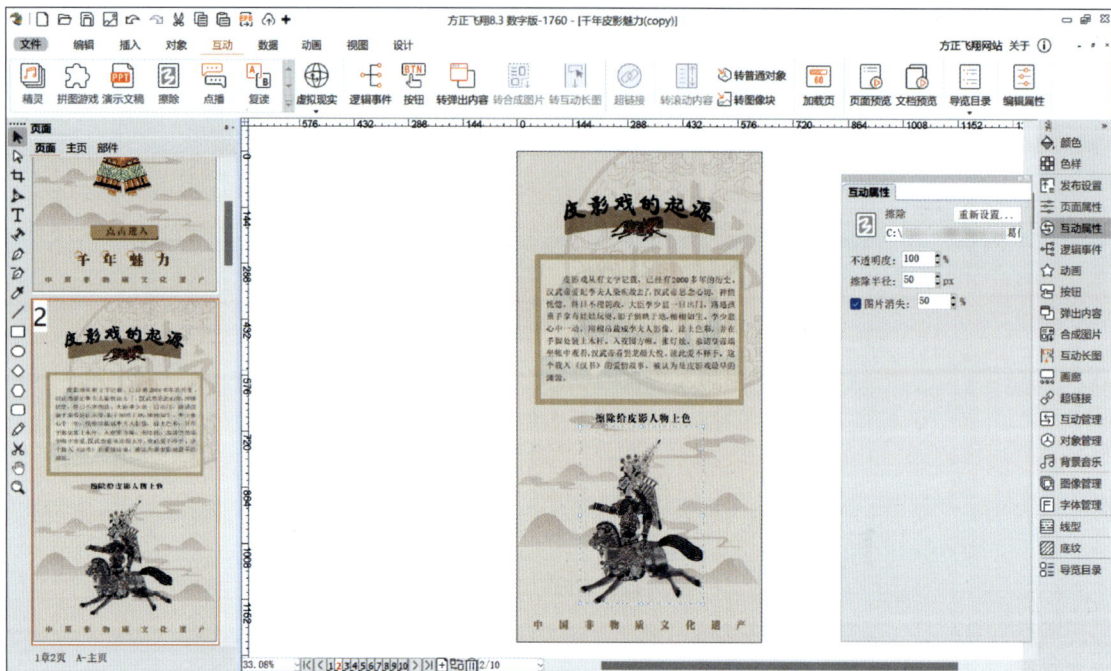

图8-43　擦除的制作

（三）效果评价

小组成员相互帮助，使用方正飞翔制作擦除的交互效果。随后，各小组相互讨论并解决遇到的问题，再由指导教师或企业导师点评和总结。

六、基于图像扫视的交互设计

（一）任务描述

利用方正飞翔中的图像扫视功能可以实现让某一张尺寸较大的图片在某个较小的视窗区域内显示，即在某个视窗内，对象图片可只呈现局部，用户可以通过手指滑动或缩放调整图片呈现范围，以查看其他部分，也可通过镜头摇移、放映图像等方式实现图片的自动调整。本部分主要介绍如何利用方正飞翔制作H5中的图像扫视效果。

（二）方法步骤

学生以小组为单位，利用方正飞翔完成图像扫视的添加、设置、制作。

1．图像扫视的添加

图像扫视可以直接在页面中添加，但是添加的必须是一张较长或较宽的图片，才能更好地实现图像扫视的效果。首先，单击方正飞翔的功能选项卡中的"互动"。其次，单击"图像扫视"。最后，在打开的对话框中将需被扫视的图片导入页面的指定位置即可。图像扫视的添加如图8-44所示。

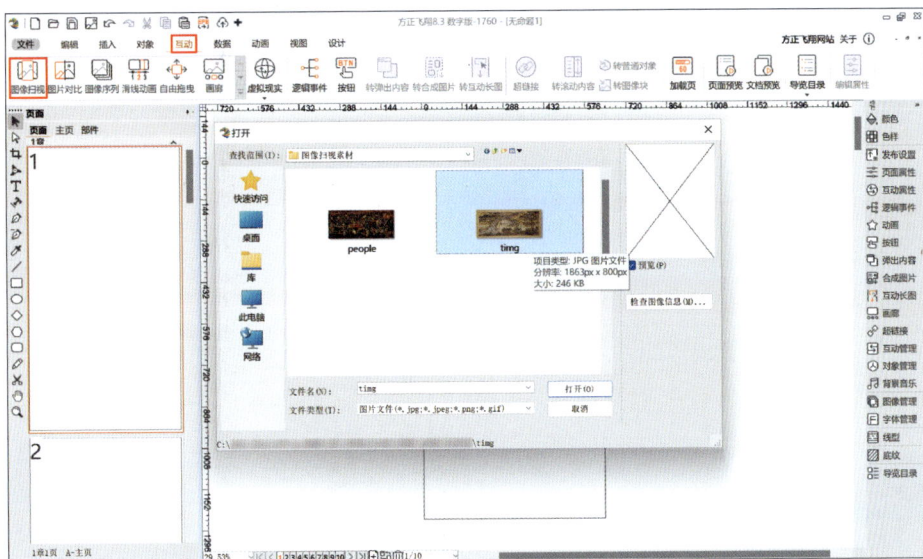

图8-44　图像扫视的添加

2.　图像扫视的设置

将图片导入页面后，可以对其互动属性进行设置。如果需要调整图片大小，可以直接拖动图片四周的控制点；如果需要调整图片的可视区域，可以按住"Ctrl"键并拖动图片四周的控制点；如果需要调整图片的可见位置，可以使用工具栏中的透明箭头，即"穿透工具"。

另外，同样可以单击右侧浮动面板中的"互动属性"，设置图像扫视的初始偏移量和比例、是否镜头摇移、有无自动滚屏和是否允许手动缩放等，如图8-45所示。

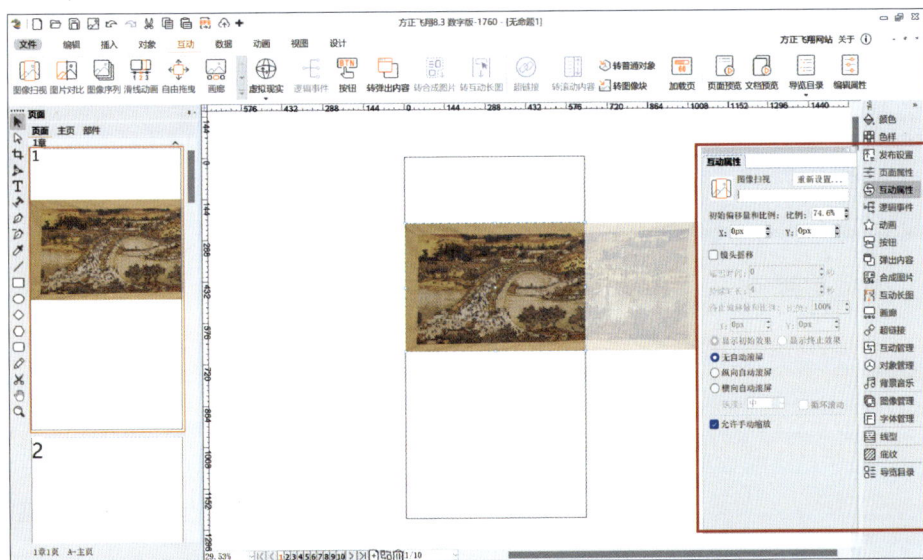

图8-45　图像扫视的互动属性设置

3.　图像扫视的制作

如果选择制作以"皮影戏的传播"为主题的作品，需要将教材配套资源中的《宝莲灯》长图以图像扫视的形式插入第三页，插入后选中该图，将其尺寸设置为516px×360px，放在已经排入的背景图的背景框之上，并将可视区域调整至与背景框等大；在"互动属性"对话框中勾选"镜头摇移"复选框，修改延迟时间为1.2秒，持续时长为4秒；利用穿透工具将初始位置调整到图片最左侧，将终止位置调整到图片最右侧。图像扫视的制作如图8-46所示。如果制作其他主题的作品，可以根据需要制作合适的图像扫视效果。

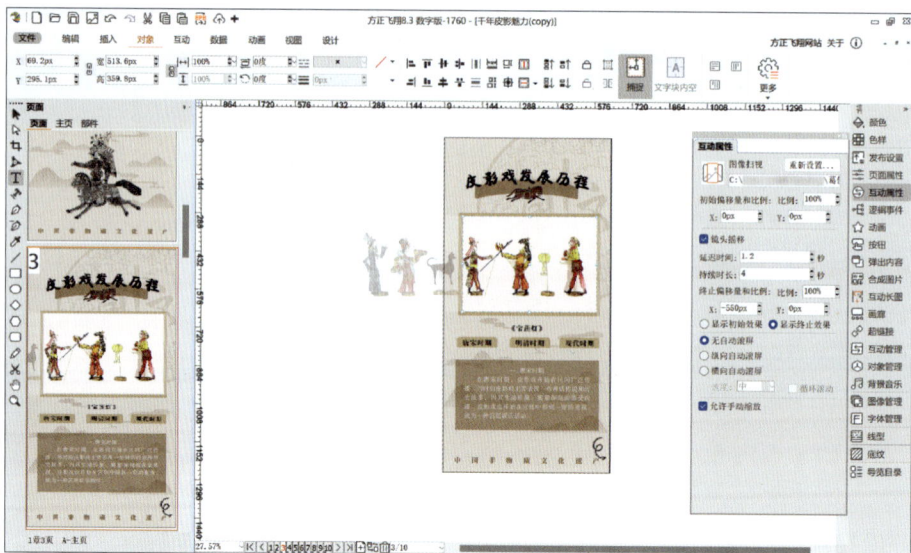

图8-46　图像扫视的制作

（三）效果评价

小组成员相互帮助，使用方正飞翔制作图像扫视的交互效果。随后，各小组相互讨论并解决遇到的问题，再由指导教师或企业导师点评和总结。

七、基于画廊的交互设计

（一）任务描述

基于画廊的交互设计是在页面同一区域导入多张图片，制作出在阅读终端上放映的幻灯片效果，并且用户可以对画面的切换速度、效果等进行调整。画廊不仅能有效节约页面空间，也可以为作品带来更丰富的交互效果。本部分主要介绍如何利用方正飞翔制作H5中的画廊效果。

（二）方法步骤

学生以小组为单位，利用方正飞翔完成画廊的添加、设置、制作。

1. 画廊的添加

画廊的添加方式与其他的交互组件相同。首先，单击"互动"。其次，单击"画廊"。然后，在打开的对话框中选择两张及以上的图片并导入画廊，根据实际需要选择下方的"走马灯（无需按钮）""一对一按钮""导航式按钮"等画廊形式。最后，将画廊以图片的形式导入页面。画廊的添加如图8-47所示。需要注意的是，画廊在导入页面后以首张图片作为占位图，其他图片可以在浮动面板中的"画廊"中查看，或在移动端查看。

2. 画廊的设置

将画廊导入页面后，可以选中画廊，单击右侧浮动面板中的"画廊"，在打开的对话框中对其属性进行设置。选中画廊后，通过向上或向下的箭头可以改变画廊中的画面顺序；单击⬚可以将选中的画面删除；单击⚙可以设置图像是否自动播放、是否允许手动滑动图像和图像效果切换方式等。画廊的属性设置如图8-48所示。

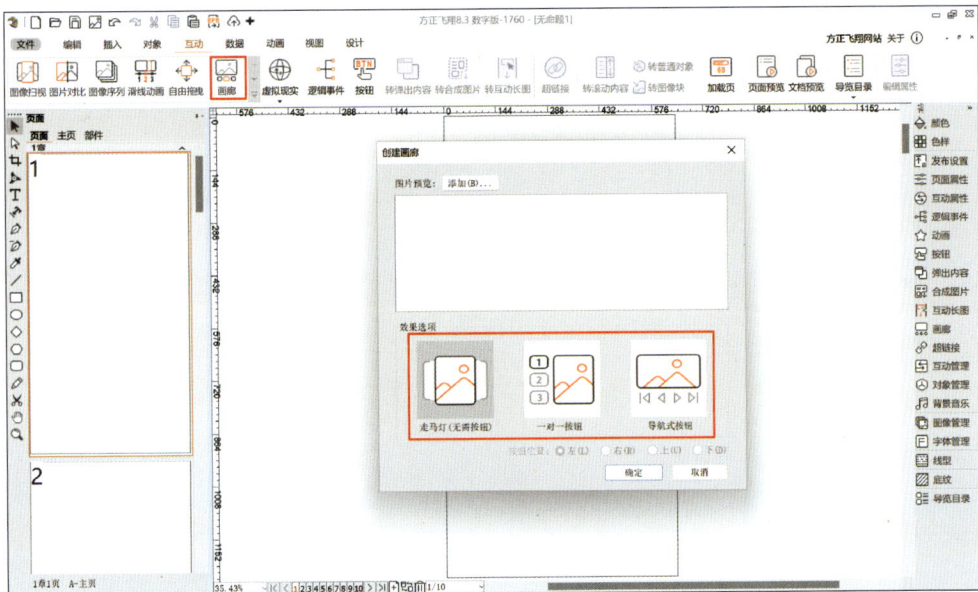

图8-47　画廊的添加

图8-48　画廊的属性设置

3．画廊的制作

如果选择制作以"皮影戏的传播"为主题的作品，需要在作品的第七页和第十页插入两组画廊。

首先，将教材配套资源中有皮影戏片段的两张图片以"走马灯（无需按钮）"画廊形式插入作品的第七页，并在属性设置中取消自动播放和手动滑动图像，将图像效果切换方式改为从右向左无缝切换。需要注意的是，需要将《西游记》这一图片置于画面1，将《白蛇传》这一图片置于画面2，便于后期与按钮相搭配。该画廊的制作如图8-49所示。

其次，将教材配套资源中有皮影戏角色的四张图片以"一对一按钮"画廊形式插入作品的第十页，并将画廊中的四张图片放置在棕色的矩形块上，在属性设置中取消自动播放和手动滑动图像，将图像效果切换方式改为从右向左无缝切换。该画廊的制作如图8-50所示。

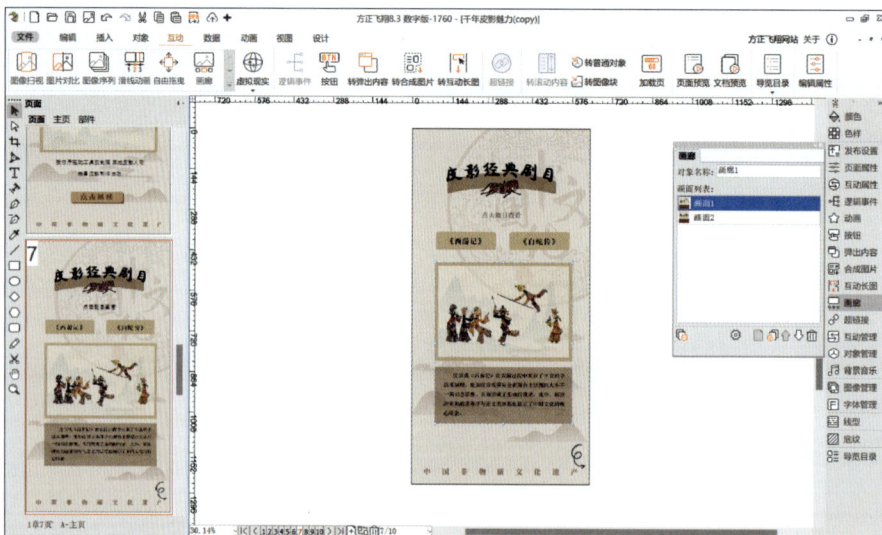

图8-49　画廊的制作1

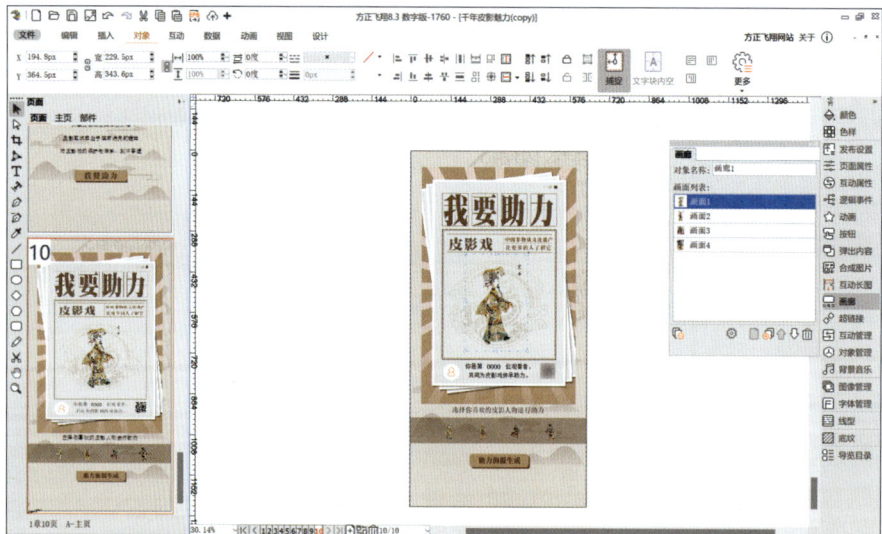

图8-50　画廊的制作2

如果制作其他主题的作品，可以根据策划和内容需要，在页面中制作合适的画廊效果。

（三）效果评价

小组成员相互帮助，使用方正飞翔制作画廊的交互效果。随后，各小组相互讨论并解决遇到的问题，再由指导教师或企业导师点评和总结。

八、基于按钮的交互设计

（一）任务描述

按钮是触发H5页面变化的入口，制作者可以将页面中的指定元素设置为按钮，让用户可以通过点击、双击或长按按钮，实现页面跳转、调整画面状态、控制音视频播放、控制弹出内容等功能。按钮在H5的交互设计中应用十分广泛，能够延伸出多种效果。本部分主要介绍如何利用方正飞翔制作H5中的按钮效果。

（二）方法步骤

学生以小组为单位，利用方正飞翔完成按钮的添加、设置、制作。

1. 按钮的添加

第一种按钮添加方式是单击功能选项卡中的"互动"后单击"按钮"，打开图8-51所示的对话框，在其中添加按钮外观并设置动作后插入页面。

图8-51　第一种按钮添加方式

第二种方式是先在页面中插入按钮图片，选中该图片后单击右侧浮动面板中的"按钮"，单击图8-52所示的"按钮"对话框中唯一亮起的图标即可将该图片变为按钮，再单击"按钮"对话框中按钮名称下的 即可为该按钮添加动作。

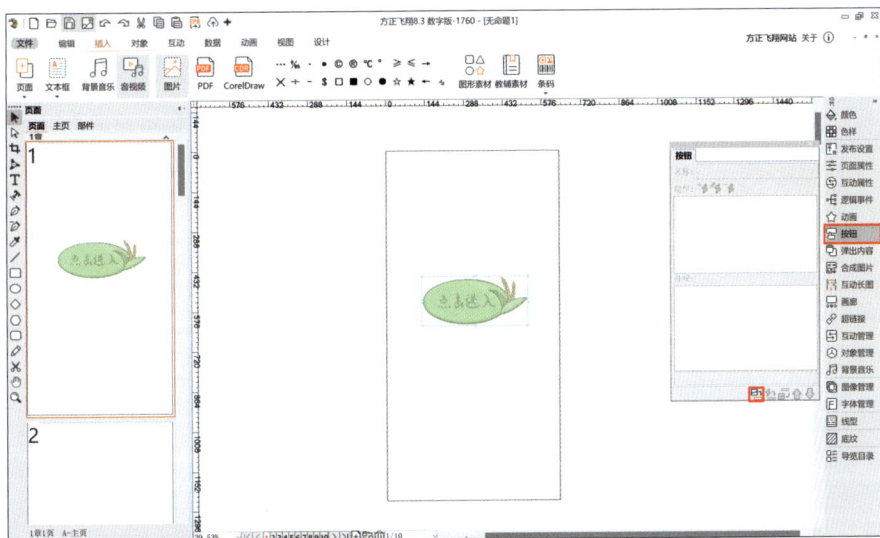

图8-52　第二种按钮添加方式

2. 按钮的设置与制作

方正飞翔中提供了多元的按钮功能，常用的主要有切换页面、调整画面状态和控制动态组件三个功能。

首先，可以利用按钮切换页面。在"创建按钮"对话框中添加按钮动作的下级菜单中选择"切换页面"，即可设置用户点击当前按钮后可以跳转的页面，如下一页、上一页、首页、末页等；也可以选中当前页面中已有的图片，单击右侧浮动面板中的"按钮"，在打开的对话框中将图片转为按钮，然后为其添加切换页面的按钮动作。切换页面的按钮设置如图8-53所示。

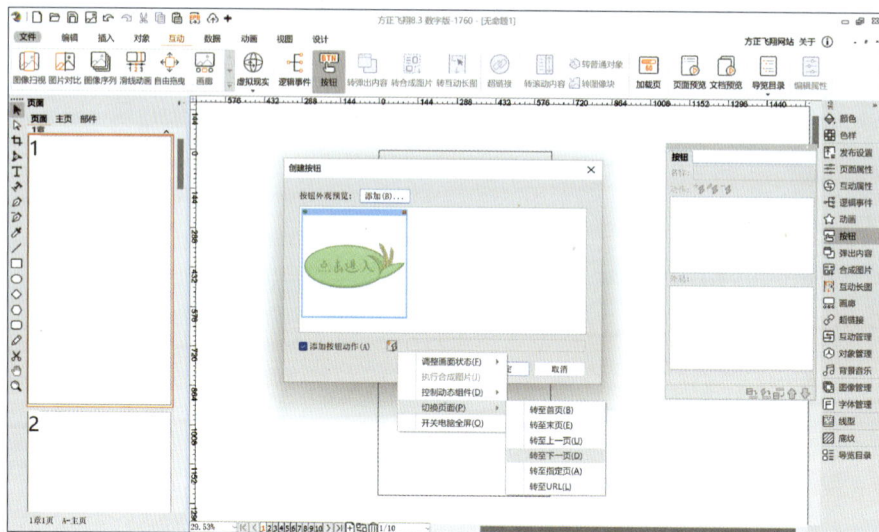

图8-53 切换页面的按钮设置

如果选择制作以"皮影戏的传播"为主题的作品，作品中的很多页面都需要添加切换页面的按钮，以作品第一页为例，需要将"点击进入"的图片转为按钮，并将动作设置为"转至下一页"，如图8-54所示。与此同时，需要将作品第四页、第六页的"点击继续"图片，第九页的"我要助力"图片，第三页、第五页、第八页的"回转箭头"图片，均转为按钮，并将动作设置为"转至下一页"。

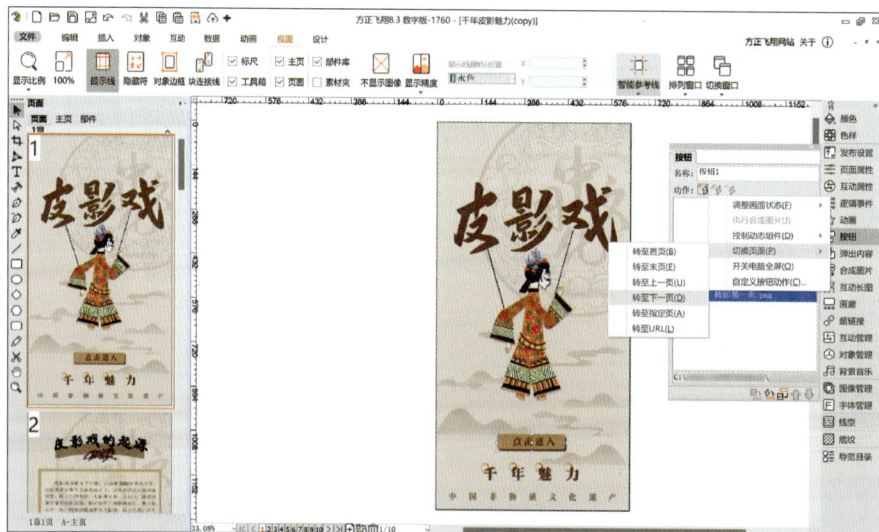

图8-54 切换页面的按钮制作

其次，可以利用按钮调整画面状态。在"创建按钮"对话框中添加按钮动作的下级菜单中选择"调整页面状态"，这个功能可以用来控制画廊中的画面切换，可以选择"转至画面"或"转至下一画面"等。

如果选择制作以"皮影戏的传播"为主题的作品，需要在第七页中将"《西游记》"和"《白蛇传》"两张图片转为按钮1和按钮2，并设置这两个按钮的动作为"调整画面状态"中的"转至画面"。在打开的对话框中，将按钮1的跳转页面设置为转至画面的"画廊1"，将按钮2的跳转页面设置为转至画面的"画廊2"。调整画面状态的按钮制作如图8-55所示。

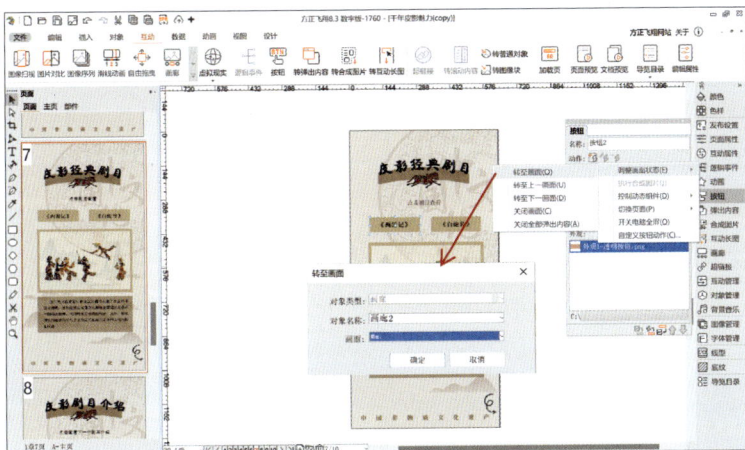

图8-55 调整画面状态的按钮制作

最后，可以利用按钮控制动态组件。在添加按钮动作的下级菜单中选择"控制动态组件"，这个功能可以用来控制页面中的音频、视频、图像序列和滑线动画的播放、暂停或停止。

如果选择制作以"皮影戏的传播"为主题的作品，需要在第四页中将四胡、二胡、笛子、扬琴四张图片按顺序分别设置为按钮1—4，将这四个按钮的动作设置为"控制动态组件"，并选择其中的"播放动态组件"，对应选择之前插入本页的四个音频，让按钮与音频一一对应。控制动态组件的按钮制作如图8-56所示。

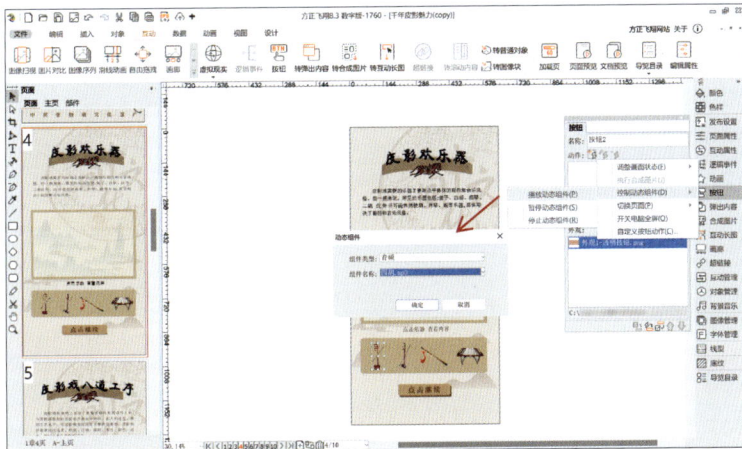

图8-56 控制动态组件的按钮制作

（三）效果评价

小组成员相互帮助，使用方正飞翔制作按钮的交互效果。随后，各小组相互讨论并解决遇到的问题，再由指导教师或企业导师点评和总结。

九、基于自由拖曳的交互设计

（一）任务描述

自由拖曳可以让用户通过手指在H5内移动、放大、旋转图片，使画面发生变化，制作者可以设置范围与操作的限制。本部分主要介绍如何利用方正飞翔制作H5中的自由拖曳效果。

（二）方法步骤

学生以小组为单位，利用方正飞翔完成自由拖曳的插入与编辑。

1. 自由拖曳的插入

单击方正飞翔功能选项卡中的"互动"，单击"自由拖曳"，在打开的对话框中插入需要被拖曳的图片，如图8-57所示。

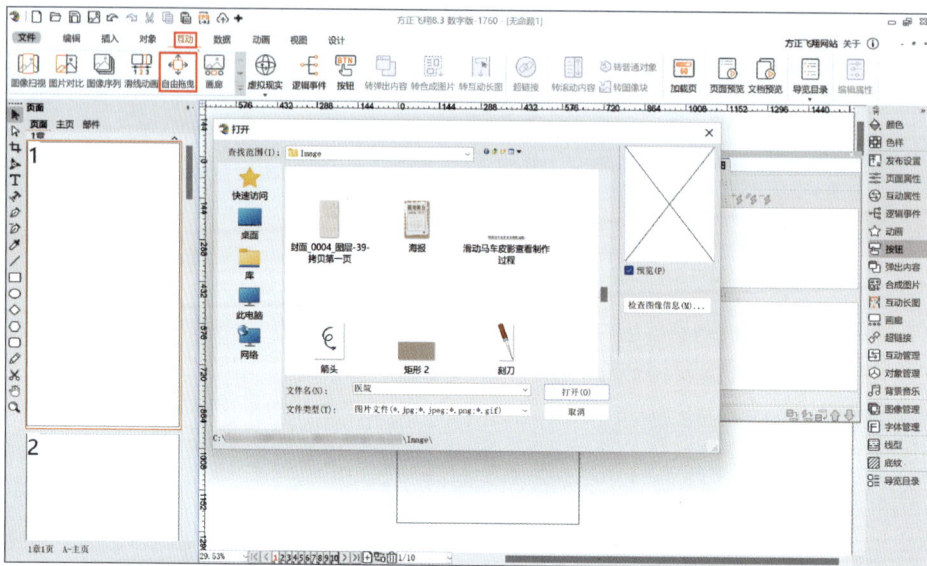

图8-57　自由拖曳的插入

将图片插入页面后，同样可以在右侧的浮动面板中单击"互动属性"，以调整是否允许拖曳、是否允许缩放、是否允许旋转及拖曳距离等。

如果选择制作以"皮影戏的传播"为主题的作品，需要在第六页的指定位置插入三张自由拖曳图片，互动属性保持默认即可。自由拖曳效果的制作如图8-58所示。

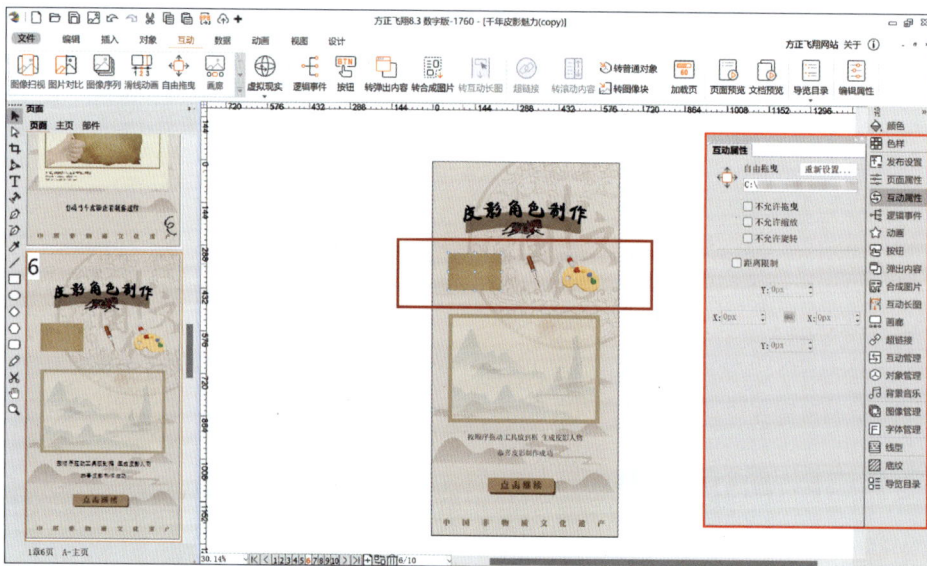

图8-58　自由拖曳效果的制作

2．自由拖曳与逻辑事件的结合

自由拖曳的插入与编辑较为简单，但若想提高交互效果的艺术性与合理性，提升用户的使用体验，则需要将自由拖曳与逻辑事件相结合。逻辑事件可以让某个对象处于特定的时机时，触发某个动作。自由拖曳与逻辑事件的结合主要是在自由拖曳结束时，利用逻辑事件触发页面元素的变化，从而达到深入交互的目的。

以制作皮影戏主题的作品为例，可以为上述三张自由拖曳图片添加逻辑事件。首先，为自由拖曳1添加逻辑事件：单击牛皮纸纹理贴图，单击功能选项卡中的"互动"，单击"逻辑事件"，在打开的对话框中设置触发时机为"自由拖曳结束时"，触发动作选择"调整对象属性"中的"自由拖曳1 可见性为不可见""牛皮纸纹理贴图 可见性为可见""自由拖曳2 可见性为可见"，如图8-59所示。

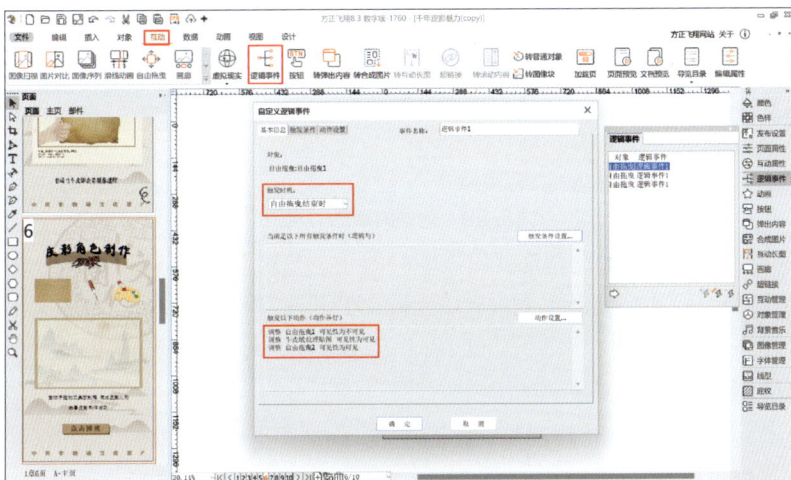

图8-59　自由拖曳逻辑事件的添加

其次，为自由拖曳2添加逻辑事件，添加方式、触发时机与自由拖曳1一致，但是触发动作需要修改为"调整对象属性"中的"自由拖曳2 可见性为不可见""刻刀 可见性为可见""自由拖曳3 可见性为可见"。

最后，参照上述操作，为自由拖曳3添加逻辑事件。

（三）效果评价

小组成员相互帮助，使用方正飞翔制作自由拖曳的交互效果。随后，各小组相互讨论并解决遇到的问题，再由指导教师或企业导师点评和总结。

十、基于动画的交互效果

（一）任务描述

方正飞翔中预设了动画形式，包含进入、强调和退出三种形式，能够让静态的图像、文字块、图元块或交互组件产生不同的动效。本部分主要介绍如何利用方正飞翔为作品中的各类元素添加动画效果。

（二）方法步骤

学生以小组为单位，利用方正飞翔完成动画的添加、设置、制作。

1．动画的添加与设置

如果想为页面中的元素添加动画，可以在选中元素后单击功能选项卡中的"动画"，并选择进入动画、强调动画或退出动画。当页面中的元素被添加了动画之后，右侧将自动弹出"动画"对话框，在其中可以设置动画的触发事件、延迟时间、持续时长、播放次数等属性，并可以通过拖动的形式改变多个元素的动画执行顺序。动画的添加与设置如图8-60所示。

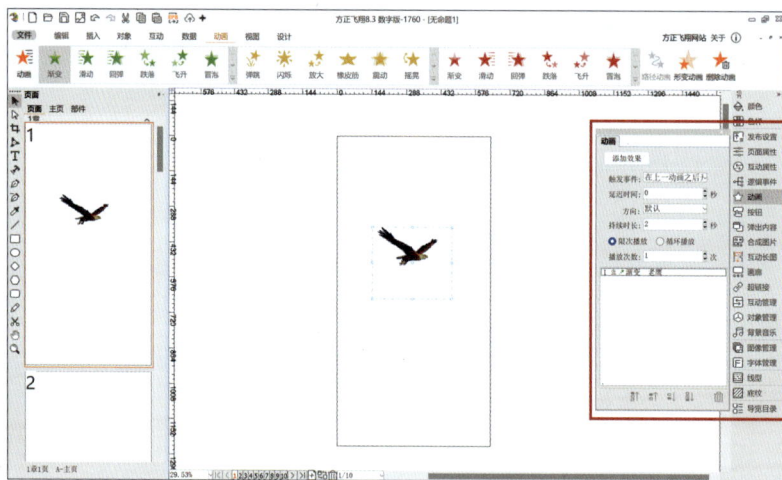

图8-60　动画的添加与设置

需要注意的是，三种预设的动画形式可以同时为一个元素添加，出现的顺序一般是"进入—强调—退出"，但是为元素添加了退出动画后，该元素会在动画结束后，从页面中消失，所以除了特殊情况，一般只为元素添加进入动画，并通过动画出现的先后顺序，营造出层次感。

2．动画的制作

如果选择制作以"皮影戏的传播"为主题的作品，作品的每一页都需要添加指定的动画，以第一页为例，本页共需要为7个元素添加动画，均为进入动画。

首先，需要为"皮""影""戏"三张文字图片按顺序添加"跌落"动画。其次，为第一页按钮和图像序列添加"滑动"动画，方向为"自左上部"。再次，为"千年魅力"和"中国非物质文化遗产"添加"渐变"动画，方向为"默认"。最后，统一修改本页所有动画的触发事件为"在上一动画之后开始"，延迟时间为0秒，持续时间为2秒。动画的制作如图8-61所示。

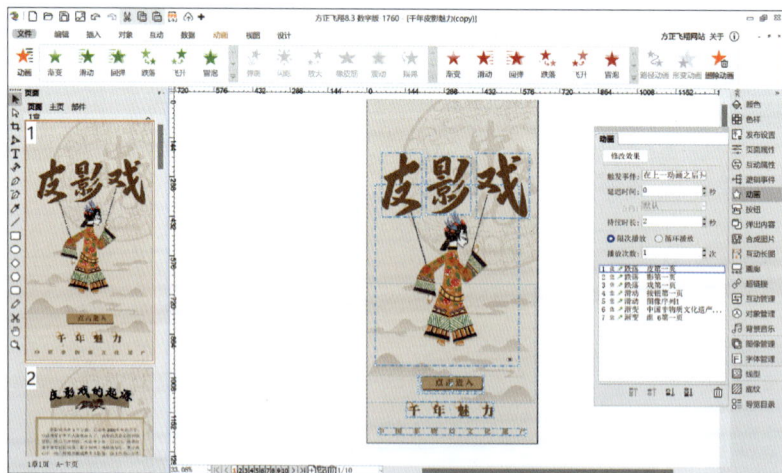

图8-61　动画的制作

后续其他页面的动画执行顺序可以在教材配套资源的文档中找到，学生可以在教师的指导下完成设置，或根据自己的创意添加动画。若制作其他主题的作品，也可以根据策划与内容需要，参照上述方式，为作品添加动画。

（三）效果评价

小组成员相互帮助，使用方正飞翔为页面元素添加动画效果。随后，各小组相互讨论并解决遇到的问题，再由指导教师或企业导师点评和总结。

十一、作品的预览和发布

（一）任务描述

制作完成后，需要预览作品、设置发布属性、发布作品等操作，才能让作品更好地被用户看到，本部分主要介绍如何利用方正飞翔预览并发布作品。

（二）方法步骤

学生以小组为单位，利用方正飞翔进行作品的预览和发布。

1. 作品的预览

在完成页面设计、交互制作和发布属性设置后，要在发布前对H5进行预览，确保所有环节无误后再进行发布。若要预览，需要在功能选项卡中单击"互动"，然后单击"页面预览"或"文档预览"。页面预览只能查看当前页面的内容，而文档预览可以查看整个作品的内容。两种预览方式均需使用浏览器，推荐使用谷歌浏览器。作品的预览如图8-62所示。

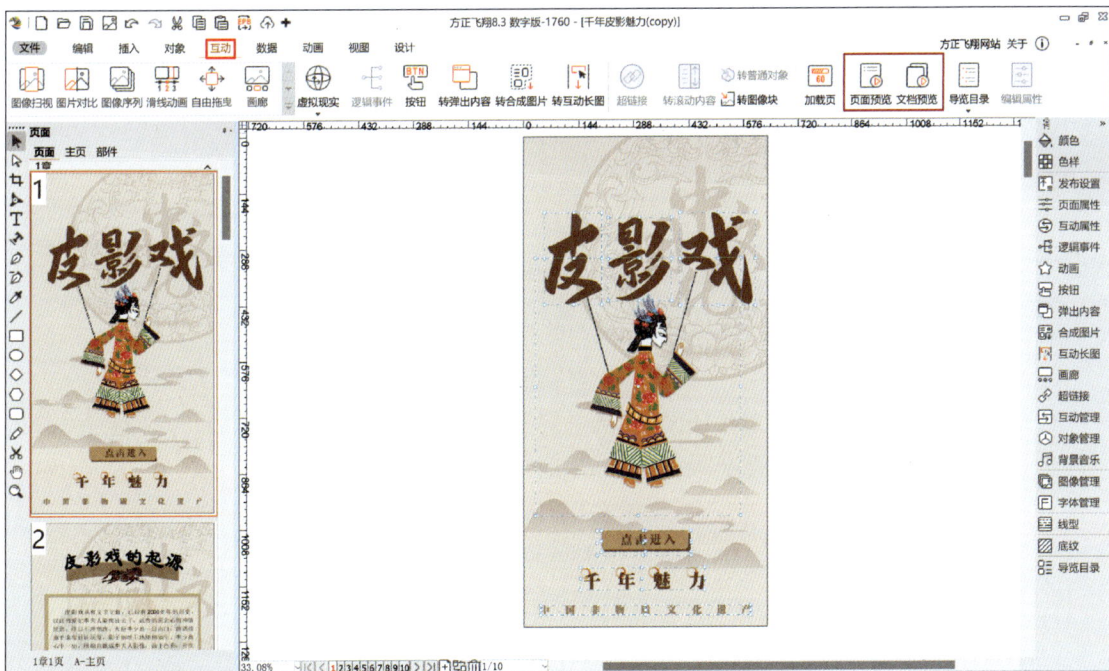

图8-62　作品的预览

2. 作品的发布

在预览作品后，如作品内容无误，可以单击右侧浮动面板中的"发布设置"，在打开的对话框中为作品命名、进行翻页设置、进行浏览设置等。若选择制作以"皮影戏的传播"为主题的作品，需要将作品命名为"千年皮影魅力"，翻页设置为平移、纵向，循环效果为是，翻页时间设置为1 500毫秒，并勾选"禁止滑动翻页"复选框，浏览设置保持默认即可。完成上述操作后，可以单击"上传同步"，将作品上传至方正飞翔的后台。作品的发布设置如图8-63所示。

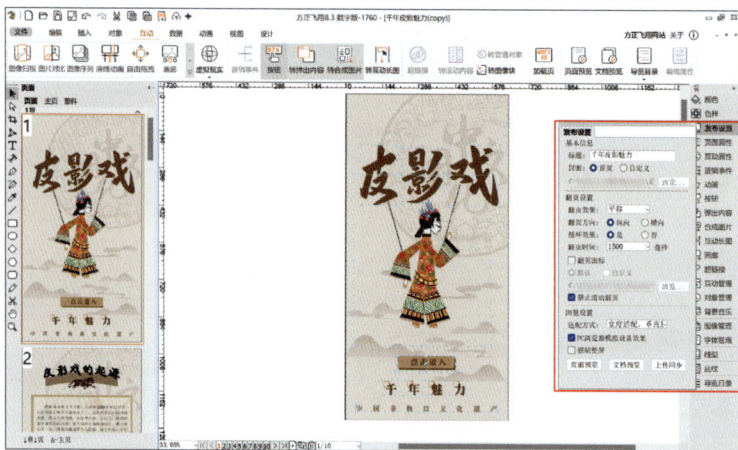

图8-63　作品的发布设置

单击"上传同步"后，需要等待弹出的对话框的进度条到达100%，之后单击"查看上传结果"，即可跳转至方正飞翔的后台。作品的上传同步如图8-64所示。

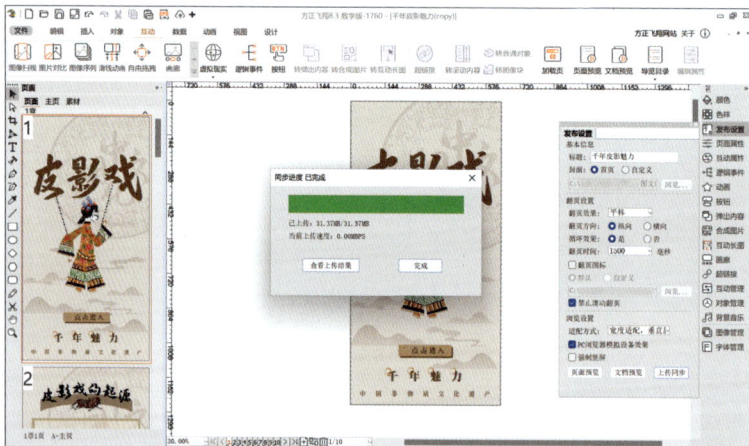

图8-64　作品的上传同步

在方正飞翔的后台可以看到作品还没有发布，需要选中作品后单击"发布作品"，本作品才会正式发布，之后可以复制链接、下载二维码，进入作品的运营与传播阶段。作品的发布如图8-65所示。

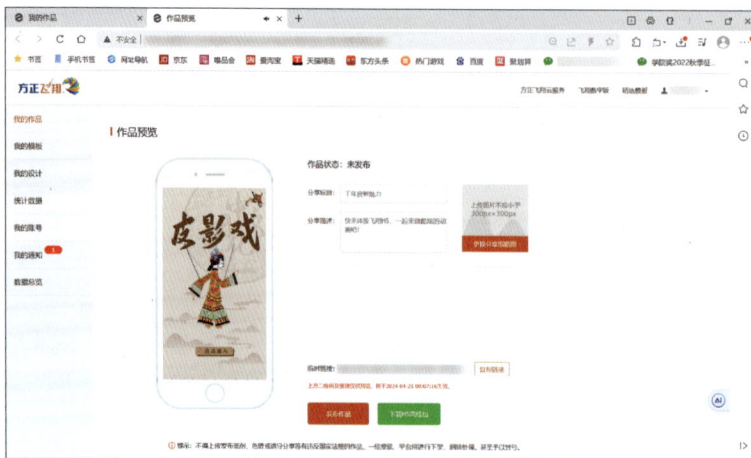

图8-65　作品的发布

（三）效果评价

小组成员相互帮助，使用方正飞翔完成作品的预览和发布。随后，各小组相互讨论并解决遇到的问题，再由指导教师或企业导师点评和总结。

任务六　H5的运营与传播

H5作为一种新型的营销与宣传工具，能够更好地为各级各类媒体、企事业单位、各类品牌提供内容推广、品牌营销、产品销售等服务，并能够为他们吸引大量的用户。但是要想让H5更好地达到上述目的，除了精心策划和制作H5，还需要更加合理的运营和推广手段做支撑，这样才能形成作品的裂变式传播。

（一）任务描述

在H5的前期策划阶段，已经对作品的发布平台与营销方式进行了简单的规划，而在作品完成后，需要进一步规划作品的运营方式，以期作品能更好地被传播。

任务提示

本项目的实训任务如果选择以"皮影戏的传播"为主题的H5，则可继续跟随此处内容完成该作品的运营与传播方式制定，也可以为自选主题的H5制定运营与传播方案。

（二）方法步骤

学生以小组为单位，根据作品进行讨论，完成H5的运营方式探索，并将运营与传播方案填入表8-7。

1．明确用户浏览目的

在前期策划阶段，已经根据作品的选题，绘制了较为精准的用户画像，当作品制作完成后，需要根据作品中包含的交互设计情况明确用户的浏览目的，即明确用户的浏览欲望从何而来，当前作品戳中了用户的哪些痛点。

2．确定传播平台

传播平台决定着内容的传播效果，必须在运营阶段精心地选择。当前，H5的主要传播平台为微信、微博、今日头条等社交和媒体平台，淘宝、京东等电商平台。

3．明确内容发布主体与形式

当选定了传播平台之后，需要对内容的发布主体与形式进行规划，如可以与哪些账号合作发布本作品，可以将本作品嵌入哪些App中进行宣传，可以将二维码放置在何处让用户扫码观看，可以与哪类线下活动联合推广本作品。

4．确定发布时间

H5的传播与众多的新媒体内容一样，需要考虑在何时发布才能获得更高的流量。一般情况下，各个新媒体平台的流量高峰在12:00—13:00和18:00—21:00，在这两个时段发布一般会有更多的用户观看。

除了具体的发布时间，还需要考虑作品能否借助热点事件或节日进行传播。如果H5围绕某个热点事件展开，则需要在制作完成后立即发布；如果H5围绕某个节日展开，则需要在节日前2～3天发布。

5．明确传播周期

H5的传播周期是有限的，随着热点事件热度的退散、节日的结束、活动的截止，需要在合适的时间节点下线H5，以确保用户不会被已经过时的内容所误导。

需要注意的是，以内容宣传、产品推广为目的的作品应在其流量消失后再下线，以活动营销为目的的作品应在活动结束后立刻下线。

表8-7 H5的运营与传播方案

作品选题	
创作目的	
用户浏览目的	
传播平台	1. 2. 3.
内容发布主体与形式	个人／达人／媒体账号： 企业／电商账号： 可嵌入的 App： 线下渠道：
发布时间	
传播周期	

（三）效果评价

小组内部针对作品进行运营与传播模式的探索，然后小组间互评，由指导教师或企业导师点评和总结。

课后巩固提升

【案例分析】

在学习了理论知识并完成课中任务后，学生需要继续通过案例分析的形式了解H5多元的表现形式。

H5的表现形式较为多元，总体来说，可以分为图文展示型、场景展示型、趣味答题型、交互游戏型。

案例1：图文展示型H5

图文展示型H5以图片和文字为主体，重点突出内容信息的重要性，多用于新闻报道和宣传展示。

由网易推出的作品《我在童话里遇到你的时光》采用一镜到底的图文形式，将历史上的人物和事件串联起来，精美的设计和层层递进的画面，让用户产生穿越时空的感觉。作品在最后自然过渡到了网易推出的"态度日历"，并让用户可以点击按钮直接跳转购买，对产品起到了一定的宣传和推广作用。其作品截图如图8-66所示。

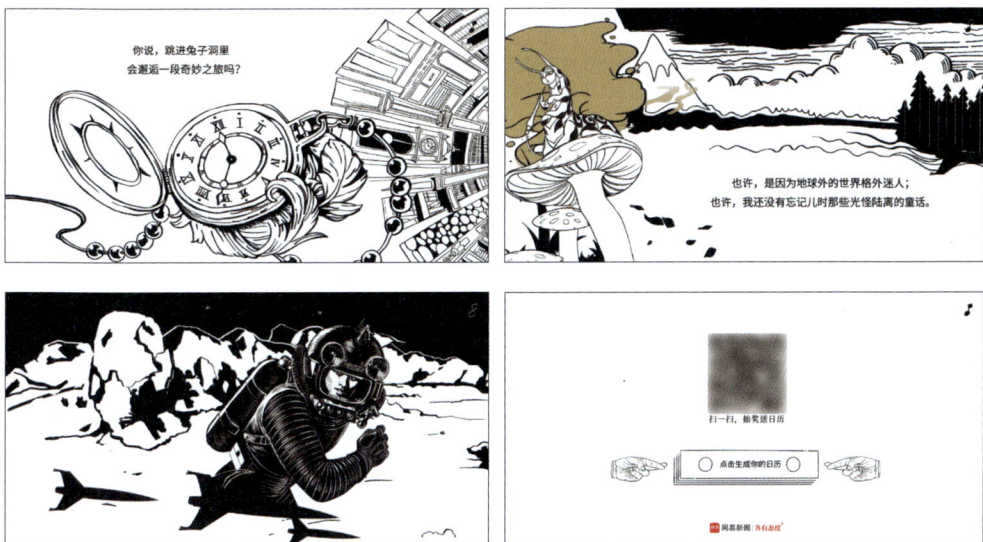

图8-66　《我在童话里遇到你的时光》作品截图

案例2：场景展示型H5

场景展示型H5通过综合运用多种交互方式，重点突出场景的重要性，更加看重用户体验，多用于节庆宣传和广告宣传。

由好人家、网易文创、网易哒哒联合推出的作品《阳台火锅局》是非常典型的场景展示型H5，作品通过让用户自主布置场景、选择食材和装饰等方式，为其带来一种身临其境的感觉。在作品最后，用户可以邀请朋友线上加入火锅局，或将自己的布景照片保存并分享。值得一提的是，该作品不仅让用户感受到了真实的场景，获得了一定的情绪价值，而且还对好人家火锅底料进行了宣传推广。其作品截图如图8-67所示。

图8-67　《阳台火锅局》作品截图

案例3：趣味答题型H5

趣味答题型H5通过问答的形式，让用户选择不同的答案，从而得到不同的结果，以刺激用户进行传播，多用于品牌营销推广。

招商银行推出的趣味答题型H5《测一测谁是色彩大师》首先通过一段视频引入场景，让用户快速进入测试场景。在视频之后，用户可以选择《星空》《呐喊》等世界名画，并为画作填充颜色。在完成涂色之后，系统会根据用户的涂色情况，判定其作品风格，并邀请用户保存分享或跳转到招商银行的活动页面。本作品打破了通过问答形式获得结果的传统测试方式，在让用户感到眼前一亮的同时，达到了活动宣传与品牌推广的目的。其作品截图如图8-68所示。

图8-68 《测一测谁是色彩大师》作品截图

案例4：交互游戏型H5

交互游戏型H5综合运用多种交互设计和互动效果，重点突出娱乐性和趣味性，多用于趣味宣传和品牌营销推广。

京东推出的交互游戏型H5《我是努力家》，让用户分别把床垫、沙发、马桶垒高，以帮助京东吉祥物Joy到达更高的房间。通关之后，用户可以滑动图片，选择自己的新家，并写下自己对新家的定义。该作品的核心目的是宣传3月28日至5月2日的"京东家装节"，所以作品中带有"3.28—5.2"字样，旨在让用户体验游戏的同时，能够更好地了解"京东家装节"。其作品截图如图8-69所示。

图8-69 《我是努力家》作品截图

【拓展训练】

学生根据本项目所学的知识和技能，下载教材配套资源中的交互游戏型H5《种植绿意，拥抱新生》的图片素材，尝试独立完成H5的制作。